Stürickow · Paris mörderisch

Regina Stürickow

Paris mörderisch

Ein kriminalhistorischer Führer mit Straße und Hausnummer

Das Neue Berlin

Inhalt

Danksagung

An dieser Stelle möchte ich all denen danken, die mich bei meinen Recherchen in Paris unterstützt haben. Mein besonderer Dank gilt Madame Astruc und Monsieur Charlot vom Musée de la Police bei der Préfecture de Police sowie Monsieur Le Cudennec, der mir die Fälle Lætitia Toureaux und Georges Rapin ans Herz gelegt und unermüdlich Archivmaterialien über mehrere Etagen (ohne Fahrstuhl) durch das Haus geschleppt hat. Ebenfalls bedanke ich mich bei dem Kriminalkommissar a.D. und Schriftsteller Jacques Delarue, der als erster den Fall Henry Girard einer breiteren Öffentlichkeit bekannt gemacht und uns freundlicherweise gestattet hat, ebenfalls die Überschrift, »Monsieur Girard« zu verwenden. Danken möchte ich auch Monsieur Rouquette und Michel Delahaye für ergänzende Informationen, vor allem jedoch meinem Lebensgefährten Bernard Cohn, ohne dessen unendliche Geduld dieses Buch nicht zustande gekommen wäre.

Die dunkle Seite von Paris

Enge Gassen, uraltes Kopfsteinpflaster, windschiefe, handtuchschmale Häuser. Schmutzige Laternen an den Hausfassaden verbreiten nur spärliches Licht. Argwöhnisch mustern die mißtrauischen Bewohner dieser schon längst versunken geglaubten Welt den Fremden, den unerwünschten Eindringling, als sei er ihr potentieller Feind. Wehe dem, der es wagt, hier seinen Fotoapparat zu zücken. Im besten Falle büßt er lediglich seinen Film ein, im schlimmsten kassiert er eine Tracht Prügel und geht seiner Ausrüstung verlustig.

Der Tourist, der ein verlängertes Wochenende in der vielgepriesenen *Hauptstadt der Welt* verbringt, lernt diese Seite von Paris wohl kaum kennen. Vielleicht möchte er sie aber auch gar nicht kennenlernen, sondern viel lieber den unverwüstlichen Mythos Paris bestätigt finden und sich an all dem Schönen freuen, das die Stadt zu bieten hat: weltstädtische Lebensart, prächtige Stadtpalais aus dem 18. und 19. Jahrhundert, elegante Geschäfte, schicke Restaurants und Cafés. Wer denkt beim Anblick der kalten Pracht der *Place de la Concorde*, der piekfeinen *Avenue Montaigne* oder der prächtigen Häuser mit den sündhaft teuren Wohnungen im noblen Passy schon an die andere Seite von Paris!

Wer an dieses »dunkle« Paris denkt, verbindet damit vermutlich Eugène Sues Roman »Die Geheimnisse von Paris«, oder Leo Malets eifrigen Privatdetektiv Nestor Burma. Und welcher Krimifreund hat hier nicht George Simenons berühmten »Kommissar Maigret« vor sich, den es übrigens wirklich gegeben hat. Allerdings hieß jener Kommissar, der

dem belgischen Schriftsteller als Vorbild für seine Romanfigur gedient hat, George Massu. Wir werden ihn in einer der Geschichten vorstellen.
Dem Krimileser gilt eher London als die klassische Stadt des Verbrechens. Die Docks von Soho mit dem immerwährenden Nebel, durch den Jack the Ripper irrt, haben unsere Vorstellung schauriger Mordstorys stärker beeinflußt als die Pariser Massenmörder Landru oder Petiot. Doch bereits vor diesen beiden ehrenwerten Herren pflegte man auch in Paris sehr erfinderisch die Kunst, einander ins Jenseits zu befördern. Bevorzugter Ort war dabei der *Louvre* zu Zeiten Katharina de Medicis, deren Giftmischerei so manche und mancher zum Opfer fiel. Auch mit dem Dolch war man schnell bei der Hand – gleich, ob das Opfer nun König oder Bettelmann war. Nicht zuletzt aus den Romanen eines Victor Hugo, Alexandre Dumas oder Honoré de Balzac ist uns die bizarre und verwinkelte Stadtlandschaft dieses »geheimnisvollen« und »mörderischen« Paris vertraut.
So manch passionierter Stadtwanderer, der einmal ziellos – aber neugierig – durch die Stadt gelaufen ist, wird sich gewiß schon zufällig in einem jener heruntergekommenen Stadtviertel wiedergefunden haben, die in der vielgepriesenen Hauptstadt der Welt so bizarr anmuten. Aber es gibt sie hier noch, die Gegenden, wo dem Besucher eine Gänsehaut überkommt und er sich unversehens in die Kulisse eines Kriminal- oder Horrorfilms verirrt glaubt. Doch diese Welt wird bald der Vergangenheit angehören, denn es handelt sich dabei in erster Linie um Sanierungsgebiete. Man muß sich wohl beeilen, um noch etwas von jenem alten Paris mitzubekommen, das den Ende des 19., Anfang des 20. Jahrhunderts entstandenen Fotografien des berühmten Paris-Fotografen Eugène Atget noch so ähnlich ist. Auch von Eugène Dabits »Hôtel du Nord« existiert nur noch die Schrift an der Hauswand. Das Quartier am Kanal *Saint-Martin*, das Dabit so eindringlich geschildert hat, ist weitgehend zerstört und nur noch ein Schatten seiner selbst. Die Planierraupe kennt kein Pardon und hat bereits ganze Stadtviertel dem Erdboden gleichgemacht, dabei die alteingesessene Bevölkerung in gesichts-

lose Neubauten gedrängt oder in die Banlieue vertrieben, in unwirtliche Satellitenstädte, die sich mehr und mehr zu unberechenbaren sozialen Zeitbomben entwickeln.
Wer dieses andere Paris kennenlernen will, hat noch immer eine reiche Auswahl. Man fährt mit der Métro der Linie 12 bis *Notre-Dame-Lorette* und schlendert einmal durch die *Rue des Martyrs,* die von hier, nicht weit von der *Gare Saint-Lazare* und dem *Boulevard Haussmann* entfernt, fast bis zur *Place des Abesses* am *Montmartre* führt. In der heruntergekommenen Straße reiht sich noch Geschäft an Geschäft, selbst traditionelle Pferdeschlachtereien sind hier zu finden. Auch rund um die *Porte Saint-Martin* gibt es manche verblüffende Entdeckung zu machen, nicht weniger in der Gegend um die Métro-Station *Sentier* oder in dem Sanierungsgebiet um die *Rue des Partants* nördlich der *Avenue Gambetta* am Friedhof *Père Lachaise.* Ebenso in der *Rue Jean-Moinon,* in der *Rue Sainte-Marthe* oder rund um den gleichnamigen Platz im X. Arrondissement, zwischen dem Hôpital St. Louis und dem Boulevard de la Villette gelegen.
Wir stellen dem Leser zehn Kriminalfälle vor, die im Paris des 20. Jahrhunderts Schlagzeilen gemacht haben. Morde, die allerdings nicht nur in den heruntergekommenen Vierteln und verwinkelten Gäßchen des alten Paris geschehen sind. Im Gegenteil: Einer der widerwärtigsten Massenmörder dieses Jahrhunderts hat sein Handwerk im noblen XVI. Arrondissement verrichtet, seit eh und je die feinste und teuerste Gegend von Paris. Der Prostituiertenmörder von der *Place Pigalle,* dem Zentrum des frivolen Pariser Vergnügens hingegen, gehört in jene Stadtlandschaft, die ihren unnachahmlichen Reiz aus dem so faszinierenden Nebeneinander von Halb- und »großer« Welt bezieht.
Wir wollen versuchen, dem Leser mit »Paris mörderisch« einen Hauch von jenem »alten« Paris zu vermitteln, das mitunter gar nicht so weit von den traditionellen Touristenattraktionen entfernt liegt. Wir werden an den beschriebenen Schauplätzen noch jener authentischen Atmosphäre begegnen, für die Paris mit Recht so berühmt ist.

Chicago in Paris

Tatzeit: 1911/1912
Tatorte: 146, rue Ordener (XVIII. Arrondissement)
Gare Saint-Lazare, Place du Havre (IX. Arrondissement) und andere Orte in der Umgebung von Paris
Schlüsselorte: 54-56, rue de Provence (IX. Arrondissement)
Passage Clichy (XVIII. Arrondissement)

Mit aufsehenerregender Geschwindigkeit kurvt am Morgen des 21. Dezember 1911 ein schwarz-grün lackiertes Automobil, ein Delauney-Belleville, der es immerhin auf rund 75 km/h bringt, scheinbar ziellos durch das nördliche Paris. Wie ein Fiaker-Lenker thront der Fahrer dieser Luxus-Karosse auf einem überdachten Kutschbock, während die Insassen im geschützten Fond sitzen. Mit quietschenden Reifen biegt das schwere Automobil von der *Rue de la Chapelle* rechts in die *Rue Ordener* ein, drosselt jetzt das Tempo und hält schließlich vor dem Haus Nr. 142.

Hektischer als sonst erscheint das morgendliche Treiben heute: Die Bäcker sind die ersten, die ihre Geschäfte öffnen. Gassenhauer pfeifend ziehen die Bäckerjungen mit ihren Körben los und liefern Baguettes an die umliegenden Cafés und Bistros aus. Vom Nieselregen durchnäßt kommen die Fleischer und Gemüsehändler aus den Hallen und laden laut palavernd die frischen Waren von Handkarren und Pferdewagen. Zu Weihnachten wollen sie ihren Kunden schließlich etwas Besonderes bieten.

Ungeachtet des Regens zieht das auffällige Automobil die Aufmerksamkeit der Händler und Passanten auf sich. Der Mann am Steuer, mit Regenmantel, Lederkappe und Autofahrerbrille, schaut gelangweilt vor sich hin. Zwei oder drei Männer sitzen im Fond. Ein Gefährt dieser Klasse ist hier im XVIII. Arrondissement, nördlich der Butte Montmartre, selten zu sehen und trotz des Regens will es jeder mal aus der Nähe bestaunen. Von den Neugierigen genervt, springt der Fahrer nach einiger Zeit von seinem Wagen, startet ihn mit der Handkurbel und fährt langsam weiter …

Zur gleichen Zeit etwa ist wenige Kilometer weiter südlich der Hauptkassierer der Zentrale der Société Générale in der *Rue de Provence Nr. 54/56* damit beschäftigt, Geldscheinbündel und einige Rollen Münzen in einer Ledertasche zu verstauen. »Das ist ja wieder ein Wetter heute«, kopfschüttelnd schaut er aus dem Fenster und legt noch vorsichtig einen Packen Wertpapiere in die Tasche. »Da möchte man am liebsten den ganzen Tag im Bett bleiben.«

»Wenn's wenigstens zu Weihnachten ein bißchen Schnee geben würde, aber davon können wir hier in Paris ja nur träumen«, seufzt der Geldbote Ernest Caby und hängt sich die Ledertasche quer über die Schulter. Im Hinausgehen dreht er sich noch einmal um: »Ach ja, und frohe Weihnachten, falls wir uns vorher nicht mehr sehen sollten.«

Die Rue de Provence Nr. 56. Hier holte Ernest Caby 1911 das Geld aus der Zentrale der Société Générale. Heute sind in dem Gebäudekomplex verschiedene internationale Banken angesiedelt.

Es ist zwar schon acht Uhr durch, aber noch immer dunkel. Nur wenige Passanten sind heute morgen in der sonst so belebten Gegend unterwegs. Die Männer haben, um sich gegen den Nieselregen zu schützen, die Mantelkragen hochgeschlagen und die Hüte tief ins Gesicht gezogen. Die Frauen raffen, um nicht die Pfützen aufzuwischen, mit einer Hand ihre Röcke und halten mit der anderen den Regenschirm. Ihr Ziel ist wahrscheinlich das nahegelegene, gerade erst umgebaute und modernisierte Warenhaus Printemps auf dem *Boulevard Haussmann* oder die Galeries Lafayettes, im Vergleich zur benachbarten Konkurrenz ein eher noch unbedeutendes Unternehmen, das zur Zeit gerade sein Haus an der *Rue de la Chaussée d'Antin* durch einen Erweiterungsbau bis an die *Rue Mogador* vergrößert.

Caby fröstelt in seiner azurblauen Uniform mit den goldenen Tressen und Knöpfen. Bis zur Ecke Rue de la Chaussée d'Antin sind es nur einige Schritte. Er geht nach rechts, direkt auf die Église Trinité, die Kirche der »Heiligen Dreifaltigkeit« zu, wo er wie gewohnt die Straßenbahn in Richtung Saint Ouen nimmt. Der Schaffner nickt ihm freundlich zu. Auch heute ist wie immer noch genügend Zeit für einen kleinen Plausch: »Sie können mir sagen, was Sie wollen, ich für mein Teil finde es unverantwortlich, Kassenboten in Uniform loszuschicken. Das gleicht ja geradezu einer Aufforderung zum Raubüberfall!« Caby klopft mit der flachen Hand auf die Ledertasche: »Sie können sicher sein, daß ich die hier verteidige, als wäre sie meine eigene.« Zweifelnd schüttelt der Schaffner den Kopf. »Ob sich dieses Risiko lohnt? Für das Geld anderer Leute ...« Caby lacht: »Seien sie unbesorgt, mir passiert schon nichts. Außerdem gehen bei diesem Mistwetter nicht einmal die Banditen freiwillig auf die Straße!«
An der Haltestelle *Rue Damrémont*, Ecke *Rue Ordener* wird Caby, wie jeden Morgen, von einem Bankboten in Zivil erwartet, der ihn, aus Sicherheitsgründen, zur Filiale der Société Générale in der *Rue Ordener Nr. 146* begleitet. Die beiden Männer gehen heute, sie sind übrigens unbewaffnet, wohl wegen des ungemütlichen Wetters schweigend nebeneinander her und achten kaum auf ihre Umgebung. So bemerken sie auch nicht das schwarz-grüne Automobil, das jetzt mit laufendem Motor vor dem Haus Nr. 148 steht, von dem die beiden nur noch wenige Schritte entfernt sind. Zwei Männer sind inzwischen ausgestiegen. Der eine, er trägt einen hellen Regenmantel und eine schwarze Melone, stürzt direkt auf Caby zu. Letzterer starrt sein Gegenüber erschrocken an. Blitzschnell zieht der Mann eine Pistole und schießt ohne jede Vorwarnung aus nächster Nähe auf den Geldboten. Um Hilfe schreiend, rennt Cabys Begleiter in Richtung Bank. Der zweite Mann schießt hinter ihm her, trifft aber nicht.
Caby, inzwischen auf die Knie gesunken, umklammert krampfhaft die Tasche mit dem Geld. Der Mann mit der Melone schießt ein zweites Mal, diesmal in den Rücken seines

bereits am Boden liegenden Opfers, stürzt sich auf den Schwerverletzten, entreißt ihm die Geldtasche und läuft unter dem Feuerschutz seines Komplicen zum Auto zurück. Wahllos schießen die Flüchtenden um sich. Der Wagen rast davon, nimmt zunächst die *Rue des Cloys*, dann die *Rue Montcalm*, um schließlich in die *Rue Vauvenargues* einzubiegen. Frontal kommt ihm ein Omnibus entgegen, der wild zu hupen beginnt. Der Chauffeur des Fluchtfahrzeugs muß ein halsbrecherisches Ausweichmanöver vornehmen, fährt mit zwei Rädern über den Bürgersteig und rammt dabei die Absperrung einer Baustelle. Fassungslos schauen die Passanten den Flüchtenden hinterher.

Banditen im Automobil! Das hat es bisher noch nicht gegeben. Ist das die neue Dimension des Verbrechens? In aller Ausführlichkeit berichten die Abendzeitungen von der kaltblütigen Tat. »DREISTER RAUBÜBERFALL MIT DEM AUTOMOBIL« – »GELDBOTE IN DER RUE ORDENER ERSCHOSSEN« lauten die Schlagzeilen.

Von dem auffälligen Fluchtauto fehlt zunächst jede Spur. Zwar erinnert sich der Fleischer aus der Nr. 142 an das Kennzeichen; es ist allerdings, wie die Polizei schnell herausfinden wird, gefälscht. Dennoch haben die Ermittler Glück: Der Delauney-Belleville wird noch am selben Abend am Strand von Dieppe, einer kleinen Hafenstadt am Ärmelkanal, verlassen aufgefunden. Haben sich die Banditen – man spricht noch nicht von Gangstern – vielleicht schon nach England abgesetzt? Obwohl es keine exakten Täterbeschreibungen gibt – die Mehrzahl der Zeugen ist noch nicht vernommen worden – werden sofort die englischen Kollegen benachrichtigt. Aber wen sollen sie – gegebenenfalls – eigentlich festnehmen?

Was die Anzahl der an dem Überfall beteiligten Personen betrifft, sind die Zeugenaussagen widersprüchlich. Nur soviel steht fest: Einer der Täter hat die ganze Zeit am Steuer gesessen, zwei andere haben auf der Straße um sich geschossen. Einige Zeugen wollen allerdings gesehen haben, wie ein vierter seinem Kumpan aus dem Wagen heraus Feuerschutz gegeben hat. Ob aber tatsächlich ein vierter Mann an dem

Raubüberfall beteiligt gewesen ist, wird nie zweifelsfrei geklärt werden können.
Den Mann indes, der Caby niedergeschossen hat, können die Zeugen so präzise beschreiben, daß sich die Ermittler seiner Identität bald sicher sind. Es handelt sich, aller Wahrscheinlichkeit nach, um den 23jährigen Octave Garnier, einen bereits mehrfach vorbestraften Einbrecher, der zudem bei der Polizei als aktiver Anarchist registriert ist.
Entgegen den anderslautenden Schlagzeilen hat der Geldbote den Anschlag wie durch ein Wunder überlebt und ist trotz seiner schweren Verletzungen – eine Kugel ist in der Lunge, die andere in der Wirbelsäule steckengeblieben – bald vernehmungsfähig. Am 23. Januar 1912 legt ihm der ermittelnde Inspecteur ein Foto des Verdächtigen vor. Caby zögert nicht eine Sekunde: »Das ist der Bandit, der mich niedergeschossen hat!« Er ist sich ganz sicher.
Anhand der Zeugenaussagen kann die Polizei davon ausgehen, daß es sich bei dem Mann, der am Steuer des Fluchtfahrzeugs gesessen hat, um einen gewissen Jules Bonnot handelt, ebenfalls als Einbrecher und aktiver Anarchist erkennungsdienstlich erfaßt und zudem wegen Mordes an seinem ehemaligen Komplicen gerade zur Fahndung ausgeschrieben. Die Polizei stuft ihn als »sehr gefährlich« ein. Schon bald ist die »Bonnot-Bande« in aller Munde und beherrscht die Schlagzeilen der Tagespresse. Aber wie ist diese Bande entstanden? Wer ist dieser Bonnot? Wo kommt er her?
Jules Bonnot, 1876 als zweiter Sohn eines Eisengießers in Montbéliard, einem kleinen Ort in der Nähe von Lyon geboren, wächst in ärmlichen Verhältnissen auf. Nach dem Tod der Mutter, Jules ist gerade fünf Jahre alt, bleiben er und sein zwei Jahre älterer Bruder Justin sich selbst überlassen. Dem Vater fehlt sowohl die Zeit als auch die Kraft, sich um seine Sprößlinge zu kümmern. Die Fabrikarbeiter der sogenannten Belle Époque kennen weder Ferien noch freie Wochenenden und selbst im Krankheitsfall haben sie an ihrem Arbeitsplatz zu erscheinen. So hat auch Jules Vater einen 19-Stunden-Tag bei härtester körperlicher Arbeit, und die giftigen Dämpfe ruinieren allmählich seine Gesundheit.

Jules ist schon als Kind aggressiv und entzieht sich jeglichem Erziehungsversuch. Die Lehrer halten ihn zwar für einen nicht unbegabten Jungen, beklagen aber seine Faulheit, seine geradezu unerträgliche Aufsässigkeit und die erschreckende Brutalität, die er gleichaltrigen Kameraden gegenüber an den Tag legt.

Mit 15 beginnt er eine Lehre in der Automobil-Fabik von Peugeot, dem größten Arbeitgeber in und um Montbéliard. Als Mechaniker liegt Jules Begabung weit über dem Durchschnitt, und die Lehrherren bewundern seine Geschicklichkeit. Doch das positive Bild trübt sich bald: Jules verweigert den Gehorsam, ist aufsässig, begeht wiederholt kleinere Diebstähle und provoziert ständig Schlägereien. Mit 17 wird er erstmals wegen Diebstahls verurteilt.

Kaum aus dem Gefängnis entlassen, begehrt er immer ungestümer auf. Die unmenschlichen Arbeitsbedingungen in den Fabriken sowie die katastrophalen Wohnverhältnisse in den Arbeitervierteln empören ihn zutiefst. Fest entschlossen, sich aktiv dem Kampf gegen Unterdrückung und Ungerechtigkeit zu widmen, schließt er sich militanten, anarchistischen Ideen zugetanen Gewerkschaftern an.

Den Militärdienst absolviert Jules mit Bravour. Dabei steht jedoch seine allenthalben gelobte Disziplin in krassem Widerspruch zu seiner anarchistischen Grundhaltung. Er erweist sich als überaus sportlich und wird sogar der beste Schütze seiner Einheit. 1901 heiratet er die Bauerstochter Sophie, die allerdings mit der Landwirtschaft nicht viel im Sinn hat und Schneiderin geworden ist. Das junge Paar zieht in einen kleinen Ort an der französisch-schweizerischen Grenze, wo Jules eine gutbezahlte Stellung bei der Eisenbahn bekommt. Aber schon bald steht er als anarchistischer Agitator auf der Schwarzen Liste und wird gefeuert. Als qualifizierter Mechaniker findet er jedoch sofort wieder eine neue Stelle. Als Sophie 1904, das Paar lebt inzwischen in Lyon, einen Sohn zur Welt bringt, scheint das Familienglück perfekt. Es zerbricht jedoch jäh, als Sophie, samt dem von Jules vergötterten Sohn, zwei Jahre später mit einem anderen Mann durchbrennt.

1910 geht Bonnot vorübergehend nach London, wo ihn, so ist jedenfalls kolportiert, der Schriftsteller Arthur Conan Doyle, der geistige Vater von Sherlock Holmes, als Chauffeur seines Rolls Royce engagiert.
Zurück in Lyon, wird er Teilhaber an einer Autowerkstatt, die dank seiner Fähigkeiten schon bald zur ersten Adresse unter den Werkstätten der Stadt avanciert. Bonnots Compagnon, ein gewisser Monsieur Petitdemage, ahnt indes nicht, daß sich sein Teilhaber noch einer lukrativen Nebentätigkeit widmet; denn als Einbrecher ist er ebenso begabt wie als Mechaniker. Mit viel Geschick öffnet er nahezu lautlos die kompliziertesten Schlösser, zerschlägt nicht etwa die Scheiben, sondern zerschneidet sie mit einem Diamanten. Seine Spezialität ist das Öffnen von Geldschränken mit dem Schneidbrenner. Eine Kunst, die bisher nur wenige Experten beherrschen. Eine ganze Reihe von Einbrüchen hat er zusammen mit seinem treuen Freund und Komplicen Platano auf diese Weise schon verübt.
Monsieur Petitdemage hat auch keine Ahnung, daß viele der Autos, die Bonnot hier repariert – frisiert und neu lackiert –, gestohlen sind. Als am 12. Oktober 1911 die Polizei vor der Tür steht, kann sich Bonnot noch gerade eben aus dem Staub machen. Der völlig ahnungslose Petitdemage hingegen wird festgenommen. Bonnot beschließt unterzutauchen und findet bei einem alten Bekannten, einem Friedhofswärter namens Thollon, Unterschlupf. Thollons Frau Judith, auf die Jules schon lange ein Auge geworfen hat, wird seine Geliebte. Thollon, der ohnehin die meiste Zeit des Tages betrunken ist, läßt es geschehen.
Einer legalen Tätigkeit kann Bonnot nun nicht mehr nachgehen, würde er doch riskieren, von der Polizei aufgespürt und sofort verhaftet zu werden. Er »organisiert« ein Automobil und beschließt, sich zusammen mit seinem Kumpan Platano nach Paris abzusetzen.
Doch Bonnot trifft allein in Paris ein, zudem mit der Eisenbahn und nicht mit dem Auto. Was ist passiert? Wo ist Platano? Nur unvollständig läßt sich das Geschehen rekonstruieren:

Am Vormittag des 28. November 1911 ist ein Revierförster in einem Waldstück an der Nationalstraße Lyon – Paris unterwegs. Als er plötzlich Schüsse hört, denkt er sofort an Wilddiebe und rennt in die Richtung, aus der sie vermutlich gekommen sind. Am Straßenrand sieht er noch einen Mann mit Lederkappe und Regenmantel in ein Auto springen und davonfahren. »Jetzt kommen diese Schweinehunde sogar schon mit dem Automobil ...«, murmelt er wütend vor sich hin und begibt sich zu der Stelle, wo das Auto gestanden hat.

In der Tat führt eine Blutspur in den Wald. Doch der Förster findet kein verletztes Tier, sondern einen nur spärlich bekleideten Mann, der offenbar einem Raubüberfall zum Opfer gefallen ist.

Bei dem Toten, so ist schnell ermittelt, handelt es sich zweifellos um Platano, den Komplicen des steckbrieflich gesuchten Einbrechers und Anarchisten Bonnot.

Aus Paris schreibt Bonnot – postlagernd – täglich an seine Geliebte, Judith Thollon. Eines Tages, so verspricht er ihr, werden sie gemeinsam nach Argentinien fliehen. Er müsse nur noch das nötige Geld beschaffen. Gleich in den ersten Brief legt er 25 000 Francs. Er bittet sie, das Geld zu verstecken und alle seine Briefe zu verbrennen.

Anfang Dezember muß er aus einer Lyoner Zeitung erfahren, daß Judith Thollon verhaftet worden ist. Die Polizei hat nicht nur seine Waffen und Werkzeuge, die auf dem Friedhof in einer Gruft versteckt gewesen sind, gefunden, sondern auch die 25 000 Francs und alle seine Briefe, die Judith natürlich nicht verbrannt hat. Nun wissen die Ermittlungsbehörden, daß er in Paris ist. Wie dem auch sei. Die Veröffentlichung seines Fotos beunruhigt ihn nur wenig. Er ist ein unscheinbarer Typ und sieht aus wie tausend andere auch.

Auf dem Weg nach Paris hat er bei einem gewissen Dubois, dem Inhaber einer Autowerkstatt in Choisy-le-Roi und Sympathisanten der anarchistischen Bewegung, Zwischenstation gemacht. Dubois nennt ihm die Adresse eines gewissen Dieudonné aus Nancy, der sich zur Zeit in Paris aufhält.

Eugène Dieudonné wohnt in der *Rue Nollet Nr. 45*, einem

ärmlichen Viertel am Rande des *Quartier des Batignolles* unweit der *Place Clichy.* Er empfiehlt dem Neuankömmling eine unauffällige Familienpension im Nebenhaus und versorgt ihn mit Kontaktadressen. Die wichtigste für Bonnot ist die der Buchhandlung *L'Idée libre,* einem konspirativen Treffpunkt der anarchistischen Szene in einem düsteren, muffigen Keller in der *Passage Clichy,* einer finsteren Gasse nur ei-

In der Passage Clichy, einer düsteren Gasse unweit des gleichnamigen Platzes, befand sich, versteckt in einem Keller, die anarchistische Buchhandlung »L'Idée libre«.

nen Steinwurf vom gleichnamigen Platz entfernt. Hier lernt Jules den 20jährigen Raymond Callemin kennen, der von seinen Kameraden Raymond-la-Science, Raymond der Gelehrte, genannt wird. Bonnot weiß, daß Callemin der Kopf einer kriminellen Vereinigung ist, die der etablierten Gesellschaft der Belle Époque den Kampf angesagt hat. Sie nennen sich les illégalistes, die Illegalen, deren Ziel es ist, die »herrschende Klasse« in Angst und Schrecken zu versetzen. Ihre Aktionen haben bisher darin bestanden, Falschgeld in Umlauf zu bringen, Pässe zu fälschen, Opferstöcke in Kirchen und kleine Poststationen auszurauben. Auch einige Einbrüche in großbürgerliche Villen gehen auf ihr Konto. Von der Waffe haben sie bisher jedoch noch nie Gebrauch gemacht.

Callemin nimmt den erfahrenen Einbrecher, der mit dem Schneidbrenner umzugehen versteht und zudem auch noch ein Automobil fahren kann, nur allzu gern in seine Gruppe auf. So wird Bonnot mit einem kleinen Kreis von Anarchisten bekannt, darunter mit dem 23jährigen Octave Garnier, dem 29jährigen Édouard Carouy, dem 20jährigen René Valet und dem jüngsten, dem erst 19jährigen André Soudy.
Über seine neuen Freunde lernt Bonnot auch Victor Kilbatchiche, der sich Victor Serge nennt, kennen, der zudem Herausgeber der anarchistischen Zeitschrift »L'Anarchie« ist. Im November 1911 hat Serge den Sitz der Redaktion aus Roumainville, einem kleinen Ort in der Pariser Banlieue, direkt in die Hauptstadt, in die *Rue Fessart* in Belleville verlegt, von nun an ein beliebter Treffpunkt der Gruppe. Victor wird einige Jahre später als enger Freund Leo Trotzkis in der Russischen Revolution eine Rolle spielen und seine 1951 publizierten Erinnerungen »Mémoires d'un Révolutionnaire« werden seinen Namen weithin bekannt machen.
Zur Besprechung und Vorbereitung ihrer Aktionen trifft die Gruppe meist in Raymonds Zimmer am *Montmartre* zusammen. Ihrer Ideologie gemäß gibt es keinen Bandenchef, und so ist es mehr oder weniger ein Zufall, daß Bonnot ab jetzt das Sagen hat; denn zwei Dinge vor allem hat er den anderen voraus: Er ist ein ausgezeichneter Organisator und erstklassiger Autofahrer.
Am 14. Dezember starten Garnier, Callemin und Bonnot ihre erste gemeinsame Aktion. Am Abend observieren sie die Villa eines als wohlhabend bekannten Ehepaares am *Bois de Boulogne*. Kurz vor Mitternacht kommen sie in ihrem Delaunay-Belleville von einem Opernbesuch zurück. Als der Chauffeur den Wagen in die Garage fährt, bemerkt er nicht, daß ihn von der Straße aus mehrere junge Männer beobachten. Als alles still und das Licht im Haus erloschen ist, brechen die jungen Männer lautlos das Tor der Einfahrt und die Garage auf, schieben das Auto, um durch das Anlassen des Mo-

tors die Hausbewohner nicht zu wecken, auf die Straße. Erst als sie weit genug vom Haus entfernt sind, wirft Bonnot den Motor mit der Handkurbel an. In den kommenden Nächten wird man den schweren Delauney-Belleville mit halsbrecherischer Geschwindigkeit durch die Stadt fahren sehen: Es gibt ja noch keine Verkehrsampeln, keine Staus und keine Einbahnstraßen. Obwohl die Zahl der Kraftfahrzeuge 1911 noch relativ niedrig ist, gibt es in Frankreich doch immerhin schon dreimal soviel Automobile wie in England und Deutschland zusammen.

In der Nacht vom 20. auf den 21. Dezember beabsichtigt die Bande, bei einem Juwelier einzubrechen. Aber das Wetter macht ihnen einen Strich durch die Rechnung, denn nur bei strömendem Regen wird man in der ruhigen Gegend die Einbruchsgeräusche nicht hören können. In dieser Nacht nieselt es aber nur, und sie müssen umdisponieren. Erst gegen Morgen fällt Bonnot ein, daß er in der *Rue Ordener* schon mehrfach einen Kassenboten der Société Générale beobachtet hat, der stets zur gleichen Zeit mit der Straßenbahn kommt. So lauern sie ihm also am Morgen des 21. Dezember auf. Jules Bonnot bleibt die ganze Zeit hinter seinem Steuer, Octave Garnier und Raymond Callemin stürzen sich auf den Geldboten. Um die Polizei glauben zu machen, sie haben sich ins Ausland abgesetzt, lassen sie den Wagen am Strand von Dieppe stehen, wo er wenig später auch gefunden wird, und fahren mit der Eisenbahn nach Paris zurück. Die Enttäuschung ist groß, als sie feststellen müssen, daß die Tasche des Geldboten nur 8000 Francs Bargeld enthält und gezeichnete Wertpapiere im Wert von mehreren 100000 Francs, die für sie praktisch wertlos sind. Bei keiner Bank wird man sie ihnen eintauschen. Auch der Versuch, sie später in Belgien und Holland einzulösen, wird scheitern. Sie haben nicht gewußt, daß unter Cabys Jacke eine zweite Tasche mit einer Kette befestigt gewesen ist, in der sich rund 20000 Francs Bargeld befunden haben.

Commissaire Jouin, Vizechef der Sûreté, der die Ermittlungen gegen die Bande leitet, sorgt dafür, daß die Polizei von jetzt an mit äußerster Strenge gegen mutmaßliche Anarchisten und deren Sympathisanten vorgeht. So werden Ende Januar die Redaktionsräume von »L'Anarchie« durchsucht. Victor Serge wird wegen unerlaubten Waffenbesitzes verhaftet. Die Bande bleibt dennoch aktiv, überfällt Waffengeschäfte, verübt Einbrüche und stiehlt Autos.

Am 2. Januar 1912 werden in einem Landhaus bei Choisy-le-Roi ein 91jähriger Pensionär und seine Haushälterin erstochen, beziehungsweise erdrosselt aufgefunden. Den Tätern sind 20000 Francs Bargeld in die Hände gefallen. Ein brutaler Raubmord, der Empörung auslöst. Informanten führen die Polizei auf die Spur zweier bekannter Anarchisten: Éduard Carouy und Marius Metge, 29 und 22 Jahre alt.

Die Verbrecher wissen zu dieser Zeit noch nicht, daß man sie anhand ihrer Fingerabdrücke identifizieren kann. Eine Methode, die erst Ende des 19. Jahrhunderts von dem Pariser Kriminalisten Alphonse Bertillon entwickelt worden ist. So werden Carouy und Metge durch die am Tatort gefundenen Fingerabdrücke als mutmaßliche Täter identifiziert.

Am 27. Februar 1912 kommt es an der *Gare Saint-Lazare* zu einem folgenschweren Zwischenfall. Ein Delaunay-Belleville rast, von der *Place Clichy* kommend, durch die *Rue d'Amsterdam*, rammt einen Omnibus, rast aber unbeirrt der *Place du Havre* entgegen. Ein Polizist fordert den Fahrer, Jules Bonnot, durch Handzeichen zum Anhalten auf. Ohne sich um die Aufforderung des Ordnungshüters zu scheren, gibt Bonnot Gas. Doch da kommt ein Lastwagen aus einer Nebenstraße und versperrt ihm den Weg. Bonnot muß scharf bremsen und würgt den Motor ab. Mit der Handkurbel wirft er den Wagen wieder an. Inzwischen hat der Polizist, nicht ahnend, daß er es mit gefährlichen Verbrechern zu tun hat, das flüchtende Fahrzeug erreicht und springt aufs Trittbrett. Garnier zieht seine Waffe und schießt zweimal auf den Uniformierten. Beide Kugeln gehen mitten ins Herz. Der Polizist, sein Name ist übrigens François Garnier, stürzt tödlich getroffen von dem fahrenden Wagen. Dies alles geschieht auf dem Platz vor dem Bahnhof, genau vor dem Restaurant *Garnier*.

Die Gare Saint-Lazare an der Ecke Rue d'Amsterdam. Die Bonnot-Bande schießt hier einen Polizisten nieder.

Die Öffentlichkeit ist um so beunruhigter, weil sie weiß, daß die Polizei dieser Dimension des Verbrechens nicht gewachsen ist. Sie hat gerade erst Fahrräder bekommen, kann allenfalls auf Pferde zurückgreifen, aber an Autos ist beim besten Willen nicht zu denken.

Fester denn je ist Commissaire Jouin jetzt entschlossen, hart durchzugreifen. Am 28. Februar läßt er den bei der Polizei als Anarchisten-Sympathisanten bekannten Eugène Dieudonné in der *Rue Nollet* festnehmen. Ihm wird vorgeworfen, am Raubüberfall in der *Rue Ordener* als vierter Mann beteiligt gewesen zu sein. Dieudonné beteuert zwar seine Unschuld, und er kann in der Tat auch nachweisen, zur Tatzeit in Nancy gewesen zu sein, doch bei einer Gegenüberstellung mit dem Bankboten gibt es eine böse Überraschung für ihn. Ernest Caby korrigiert nämlich seine Aussage. Er behauptet, sich jetzt ganz sicher zu sein, daß es nicht Garnier, sondern Dieudonné gewesen sei, der auf ihn geschossen habe. Trotz dieses seltsamen Sinneswandels sieht die Polizei keine Veranlassung, die Glaubwürdigkeit Cabys in Zweifel zu ziehen.

Die Bonnot-Bande protestiert gegen diese Festnahme. Am 19. März 1912 erhält die Redaktion von »Le Matin« eine Art Bekennerschreiben, einen offenen Brief, der an den Chef der Sûreté gerichtet ist. Der Schreiber beschwört die Unschuld Dieudonnés und erklärt die Polizei für unfähig, da sie nur durch den Einsatz von Spitzeln zu ihren Erfolgen kommt, nicht aber durch gezielte Fahndung, und spricht harsche Drohungen gegen den Informanten aus. Ein Blatt mit dem Abdruck einer rechten Hand ist beigelegt. Der Vergleich der Fingerabdrücke ergibt: Es ist die Hand Octave Garniers. Bonnot will nicht nachstehen und sendet einen ähnlichen offenen Brief an den »Petit Parisien«.

Der Bonnot-Bande ist es in der Tat gelungen, das etablierte Paris der Belle Époque in Angst und Schrecken zu versetzen. Brave Bürger schaffen sich Waffen an, denn auf die Hilfe der Polizei will sich im Ernstfall niemand mehr verlassen. Einen Tag nach dem Polizistenmord an der *Gare Saint-Lazare*, in der Nacht des 28. Februar 1912, brechen Bonnot, Garnier und Callemin in die Villa eines Rechtsanwalts in Pontoise ein. Sie wollen gerade seinen Safe aufschweißen, als der Advokat im Schlafanzug mit einer entsicherten Browning in der Hand vor ihnen steht und zwei Warnschüsse abgibt. Die Einbrecher verzichten diesmal auf den Gebrauch ihrer Waffen und flüchten.

Auch die Besitzer teurer Automobile verrammeln ihre Garagen und lassen »einbruchsichere« Schlösser anbringen. Ein Auto nachts aus einer Garage zu klauen, ist fast unmöglich geworden. Die Bande muß wohl oder übel zu einer neuen Taktik übergehen.

In den Morgenstunden des 25. März 1912 lauern Bonnot, Garnier, Callemin, verstärkt durch den 19jährigen tuberkulosekranken André Soudy und den 20jährigen René Valet, ähnlich den Postkutschen-Räubern vergangener Zeiten, im Hinterhalt an der Nationalstraße Paris – Melun. Stunden des Wartens vergehen, bis endlich ein Motorengeräusch zu vernehmen ist. Ein De Dion-Bouton nähert sich. Garnier postiert sich in der Mitte der Fahrbahn, winkt mit einem Taschentuch und zwingt das Fahrzeug zum Halten. Kaum ist der Wagen zum Stehen gekommen, zieht er seinen Revolver. Callemin springt ebenfalls mit gezogener Waffe aus dem Hinterhalt hinzu. Garnier nötigt Chauffeur und Beifahrer zum Aussteigen. Da läßt ersterer langsam seine rechte Hand in die Manteltasche gleiten. Garnier fürchtet, er könne eine Pistole ziehen und feuert sofort. Gleichzeitig schießt Callemin auf den Beifahrer. Der Chauffeur ist sofort tot. Der Beifahrer überlebt und kann später die Angreifer genau beschreiben. Die Bonnot-Bande hat also wieder zugeschlagen.

Noch bevor die Polizei dazu kommt, die Fahndung nach dem gestohlenen Fahrzeug einzuleiten, ist die Bande längst in Chantilly eingetroffen. Der Wagen steht im Zentrum auf der *Place de l'Hospice-de-Candé* vor einer Filiale der Société Générale. Bonnot sitzt am Steuer. Garnier, Callemin, Valet und Soudy springen mit vorgehaltenen Waffen aus dem Wagen und stürmen die Bank. In Panik stürzen einige der Angestellten zur Tür. Wahllos schießen die drei Angreifer um sich. Garnier springt über den Tresen, rafft das Geld aus der Kasse und dem offenen Tresor zusammen. Der Lärm der Schüsse läßt vor der Bank Neugierige zusammenströmen. Soudy hält die Menge mit seinem Karabiner in Schach und gibt seinen flüchtenden Kumpanen Feuerschutz. Alle vier springen in den Wagen, der in Richtung Paris davonrast. Garnier und seine Leute haben zwei Bankangestellte im Alter von 17 und 35 Jahren getötet und einen weiteren schwer verwundet.

Zwar können die Banditen nach Paris nur eine einzige Straße nehmen, aber die Polizei ist ohne Chancen. Der Versuch einiger eifriger Polizisten, die Verfolgung des Fluchtfahrzeugs mit Fahrrädern aufzunehmen, muß jämmerlich scheitern. Die Flüchtenden sind in einer Art euphorischen Untergangsstimmung und skandieren: »Vive la mort! Vive l'anarchie!« Sie wissen nur zu gut: Wenn sie gefaßt werden, droht ihnen die Todesstrafe. Raymond Callemin holt eine kleine Pappschachtel aus der Tasche und verteilt den Inhalt an seine Kameraden. Es sind Zyankali-Kapseln. In Asnières, einem Ort in der Pariser Banlieue lassen sie das Auto stehen und fahren mit der Eisenbahn zurück nach Paris.

Unzählige Hinweise aus der Bevölkerung gehen bei der Polizei ein, aber keiner erweist sich als hilfreich. Es kommt zu einer regelrechten Psychose. Jeder will irgendwo die Banditen im Automobil gesehen haben. Immer wieder wird die Polizei alarmiert, aber jedesmal erweisen sich die Verdächtigten als harmlose Bürger.

Dank der präzisen Informationen der Polizeispitzel können schließlich drei Bandenmitglieder, nämlich André Soudy, Édouard Carouy und Raymond Callemin verhaftet werden. Vorübergehend gerät die Bonnot-Bande jedoch aus dem Blickfeld der Öffentlichkeit. Der Untergang des Luxus-Liners Titanic am 15. April 1912 beherrscht jetzt die Schlagzeilen und beschäftigt das Publikum – für einige Tage jedenfalls – weitaus mehr als die Verbrechen der Anarchisten.

Dennoch geht die Jagd nach den Banditen weiter: Am 24. April 1912 will Commissaire Jouin dem Hinweis eines Informanten nachgehen und eine Haussuchung bei einem gewissen Gauzy, einem Altwarenhändler in Ivry vornehmen. Gauzy läßt Jouin und seine beiden Kollegen ohne zu zögern in die über dem Laden gelegene Zwei-Zimmer-Wohnung gehen. Ein Polizist bleibt unten. Jouin schaut in das eine, spärlich möblierte Zimmer. Hier ist niemand. Er öffnet die Tür des zweiten Zimmers. Am Fenster steht ein Mann, der offenbar gerade flüchten will. Trotz des Gegenlichts erkennt Jouin ihn sofort. »Das ist Bonnot!« ruft er und stürzt sich auf den Gesuchten, der ihm jedoch geistesgegenwärtig mit voller Wucht einen Tisch entgegen schleudert, der ihn am Schienbein trifft. Jouin schwankt vor Schmerzen, will sich auf Bonnot stürzen. Letzterer zieht sofort eine Waffe und feuert auf die beiden unbewaffneten Polizisten. Der Beamte, der unten auf seinem angewiesenen Posten steht, rennt, als er die Schüsse hört, nach oben. Er sieht die drei Männer am Boden liegen. Jouin scheint tödlich getroffen, und Bonnot wohl ebenfalls. Ihnen kann offenbar nicht mehr geholfen werden. Der uniformierte Polizist indes bewegt sich noch. Er bringt den Kollegen nach unten und leistet erste Hilfe. Dann geht er wieder hinauf, um den getöteten Jouin ebenfalls nach unten zu tragen. Da trifft ihn fast der Schlag. Bonnot ist verschwunden.

Für den Chef der Sûreté, Xavier Guichard, ist das ein schwe-

rer Schlag: er hat nicht nur seinen besten Mann verloren, es ist zudem mehr als peinlich, daß ihm Bonnot durch die Lappen gegangen ist. Der Skandal ist perfekt. Wie konnte man die Polizisten unbewaffnet losschicken, wo man doch von der Gefährlichkeit der Bonnot-Bande wußte? Von diesem Zeitpunkt an ist übrigens die französische Polizei bewaffnet.
Schon bald stoßen die Ermittler erneut auf Bonnots Spur: Ein Apotheker aus Choisy-le-Roi berichtet, er habe einem Mann eine Wunde am Arm versorgt, auf den die Beschreibung von Bonnot passe. Dabei lenkt er die Aufmerksamkeit auf Jules Dubois, den die Polizei schon seit langem im Auge hat. Er betreibt eine Autowerkstatt auf einem abgelegenen Anwesen, Le Nid Rouge genannt. Es gehört einem im Ort als komischen Kauz und Sonderling verrufenen Millionär namens Fromentin, der als Sympathisant und Gönner der anarchistischen Szene gilt.
Als am 28. April 1912 die Polizei in Dubois' Werkstatt erscheint, ist er gerade damit beschäftigt, ein Auto zu reparieren. Kaum entdeckt er die Polizisten, greift er zu seinem Gewehr und schießt wild um sich, trifft aber niemanden. Die Beamten erwidern das Feuer, Dubois wird tödlich getroffen. Monsieur Guichard weiß, daß Dubois jemanden versteckt hält, hat aber keine Ahnung, ob es Bonnot, Garnier oder Valet ist. Da erscheint Bonnot für einen Augenblick auf der Außentreppe. Er feuert auf Guichard, trifft aber einen anderen Polizisten. Bonnot taucht mal an dem einen, mal an einem anderen Fenster, mal an der Treppe auf; in jeder Hand hat er eine Waffe und schießt wild um sich. Wie viele sind in dem Haus? Man weiß es nicht.
Guichard will nicht noch mehr seiner Leute opfern. Die Polizisten gehen in Deckung. Niemand weiß so recht, was jetzt geschehen soll.
Die Nachricht, daß der gefährliche Bonnot endlich aufgespürt ist, verbreitet sich wie ein Lauffeuer. Bald finden sich Freiwillige ein, die die Polizei unterstützen wollen. Landarbeiter mit Mistgabeln bewaffnet, Bauern mit ihren Gewehren, Bürger mit Pistolen. Einige Hundert versammeln sich um das belagerte Anwesen. Bis nach Paris spricht sich die

Neuigkeit herum. Niemand will sich diese Sensation entgehen lassen: Der Zug nach Choisy bringt zahlreiche Schaulustige. Um 9 Uhr treffen zwei Kompanien der Republikanischen Garde zur Unterstützung der Polizisten aus Paris, zudem noch Gendarmerie aus der Umgebung ein. Der Schußwechsel zwischen den Belagerern und dem oder den Banditen will nicht enden.
Vielleicht sollte man das Haus in die Luft sprengen? Aber niemand hat Sprengstoff zur Hand. Ein Nachbar, Sympathisant der Anarchisten, hat zufällig Dynamit im Haus. Er bietet es der Polizei an. Auf einem Heuwagen wird das Dynamit zum Haus gebracht. Der erste Versuch schlägt fehl. Offenbar ist die Zündschnur defekt.
Erst der zweite Versuch zeigt Wirkung: Die Explosion zerstört das Haus aber nicht. Nur Steine fliegen durch die Luft. Bonnot hat sich verbarrikadiert und zwischen zwei Matratzen versteckt. Endlich stürmt die Polizei das vom Staub und vom Rauch des brennenden Heus erfüllte Haus. Bonnot flucht und lädt seine Pistole durch. Die Polizisten schießen, Bonnot ist mehrfach getroffen, aber nicht tödlich. Erst im Krankenhaus wird er seinen schweren Schußverletzungen erliegen.
Zwei Mitglieder der Bande sind allerdings noch immer auf der Flucht: Valet und der als besonders gefährlich geltende Garnier. Sie verstecken sich in einem Landhaus in Nogent-sur-Marne. Am 14. Mai 1912 wird das Anwesen ebenso belagert wie das Versteck Bonnots. An dieser Aktion ist übrigens auch ein junger Inspecteur namens Jean Belin beteiligt, der später noch von sich reden machen wird. Diesmal ist die Polizei mit Handgranaten und Maschinengewehren ausgerüstet. Bei der Aktion werden, trotz aller Vorsichtsmaßnahmen, zwei Polizisten erschossen. Bei der Erstürmung des Hauses werden auch die beiden Verbrecher getötet. Dies alles geschieht am Morgen des 15. Mai 1912 um 3 Uhr.
Im Mai 1912 beginnt der Prozeß gegen die mutmaßlichen Komplicen und endet mit fragwürdigen Urteilen: Petitdemage und Thollon müssen für ein Jahr ins Gefängnis, Judith Thollon, die strikt abstreitet von Bonnots Verbrechen gewußt zu haben, kommt für 4 Jahre hinter Gitter. Gauzy, der Bon-

not für eine Nacht beherbergt hat, ohne von dessen wahrer Identität gewußt zu haben, wird zu 18 Monaten, und Victor Serge, obwohl er keine direkte Verbindung zur Bande hatte, zu 5 Jahren verurteilt.
Im Februar 1913 werden Carouy und Metge zu lebenslänglichen Zuchthausstrafen verurteilt. Carouy verübt wenige Stunden nach der Urteilsverkündung mit einer Zyankalikapsel Selbstmord.
Dieudonné, es ist nie ganz klar geworden, welche Rolle er überhaupt in der Bande gespielt hat, Callemin und Soudy werden zum Tode verurteilt.
Callemin schreibt in der Todeszelle übrigens noch seine Memoiren. Dieudonnés Anwalt Vincent de Moro-Giafferi erreicht für seinen Mandanten die Begnadigung. Am 21. April 1913 werden Callemin und Soudy öffentlich hingerichtet.

*

Beginnen wir unseren Spaziergang an der Métro-Station *Chaussée d'Antin* (Linie 7 und 9) und wählen den Ausgang, der uns direkt zu den Galeries Lafayettes führt. Rechts von uns das Sporthaus, links das Haupthaus des weltberühmten Warenhauses. Von hier hat man einen schönen Blick auf die *Église de la Trinité*, die Kirche der »Heiligen Dreieinigkeit« mit ihrem 63 Meter hohen Turm. Wir gehen ein Stück in Richtung Kirche und an der ersten Querstraße nach rechts in die *Rue de Provence*. Nach einigen Metern schon stehen wir vor der Nr. 54/56. Hier hat der Geldbote Ernest Caby am Morgen des 21. Dezember 1911 das Geld aus der Zentrale der Société Générale abgeholt.
Heute sind in dem Komplex gleich mehrere große Banken angesiedelt. Das palaisartige Ensemble wird von der *Avenue de Provence* geteilt, einer Art Privatstraße, die bis zur *Rue de la Victoire* führt. Dem Publikum bleibt der Zugang zwar durch ein schmiedeeisernes Tor verwehrt, an Wochentagen ist es jedoch nicht verschlossen, und man kann ruhig einen Blick hineinwerfen.

Blick auf die Église de la Trinité vom Boulevard Haussmann durch die Rue de la Chaussée d'Antin.

Zur Zeit der Restauration war die *Rue de Provence* eine noble Wohnadresse. Erst in den Jahren, in denen Baron Haussmann die Stadt weitgehend umgestaltete, entwickelte sich hier ein lebendiges Geschäftsviertel mit Banken, Versicherungsgesellschaften und Warenhäusern, wodurch die Gegend wiederum ihren Wert als Wohngegend einbüßte. Noch immer drängt sich an Wochentagen eine dichte Menschenmenge durch die relativ schmale Straße. Die Autos, Stoßstange an Stoßstange, quälen sich allenfalls im Schritttempo vorwärts. Geschäftige Menschen mit Handy am Ohr und gestreßten Gesichtern eilen in die Niederlassungen der Banken.

An Sonn- und Feiertagen hingegen sind *Rue de la Chaussée d'Antin* und *Rue de Provence* wie ausgestorben. Selbst die Cafés und Bistros haben dann geschlossen, und man kann ungestört mitten auf der Fahrbahn durch die Straße schlendern.

Caby ging also bis zur Ecke *Rue de la Chaussée d'Antin*, um dann nach rechts auf die Kirche *Trinité* zuzugehen, wo er in die Straßenbahn stieg. Diese »Nilpferde der Straße«, wie

Léon-Paul Fargue, der »Spaziergänger von Paris«, die Straßenbahnen einst nannte, fahren in der Seine-Metropole inzwischen längst nicht mehr.

Jeder Tourist kennt sie, die Silhouette der reich verzierten *Trinité*, aber nur die wenigsten machen sich die Mühe, sie einmal aus der Nähe zu betrachten. Bis 1851 gab es hier nur eine bescheidene Kapelle. Dem sich entwickelnden, immer attraktiver werdenden Geschäftsviertel fehlte also noch ein repräsentatives Gotteshaus. So wurde in den Jahren 1861 bis 1867 nach Plänen des Architekten Théodore Ballu (1817 bis 1885) jene Kirche im Stil der italienischen Renaissance errichtet. Der Architekturkritiker mag ob des stilistischen Eklektizismus die Nase rümpfen. Doch an der reich verzierten, ja geradezu überladenen Fassade mit ihren Nischen, Säulen und Reliefs gibt es so manches zu entdecken.

Die vier Ecken der oberen Fassade tragen die sogenannten Kardinalstugenden: Klugheit, Gerechtigkeit, Stärke und Maß; am Glockenturm entdeckt man die vier Evangelisten mit ihren Symbolen: Johannes (Adler), Matthäus (Engel), Markus (Löwe) und Lukas (Ochse).

Mit 90 Metern Länge, 34 Metern Breite und 30 Metern Höhe beeindruckt der Innenraum allein schon durch seine Größe. Im Vorraum liegen Informationsbroschüren aus, unter anderem auch in deutscher Sprache. An der Orgel, sie stammt aus dem Jahre 1868, spielte der Komponist Olivier Messiaen (1909-1992) über 61 Jahre hinweg regelmäßig.

Am Vormittag des 22. November 1868 versammelte sich eine fast unüberschaubare Menschenmenge vor der *Trinité*. Ganz Paris strömte hierher, darunter zahlreiche Persönlichkeiten aus Kunst, Gesellschaft und Politik. Sie wollten alle an der Trauerfeier für den am 13. des Monats verstorbenen Komponisten Gioacchino Rossini teilnehmen. Tausende säumten die Straßen, als der anschließende Trauerzug durch die *Rue de la Chaussee d'Antin* über die *Grands Boulevards* zum Friedhof *Père Lachaise* geleitet wurde.

Der Platz vor der Kirche, er hieß zu Cabys Zeiten noch *Place de la Trinité*, wurde 1944 in *Place d'Estienne d'Orves* umbenannt, ist als Gartenanlage gestaltet und bietet mit seinem

Springbrunnen einen wohltuenden Ruhepunkt in einer von Hektik geprägten Umgebung.
Um zum eigentlichen Tatort zu gelangen, nehmen wir am besten den 95er Bus, der von der *Gare Montparnasse* über *St. Germain des Prés,* vorbei an der alten Oper, dem *Palais Garnier,* über die *Place Clichy* zur *Porte de Montmartre* fährt. Wir steigen an der Haltestelle *Damrémont/Ordener* aus und gehen ein Stück die *Rue Ordener* in östlicher Richtung hinunter. An der nächsten Ecke, an der *Cité Nollez,* finden wir schon das Haus Nr. 148, das unter anderem ein Antiquariat beherbergt. Ungefähr hier ist Caby niedergeschossen worden. Im nächsten Eckhaus befand sich die Filiale der Société Générale.

An dieser Stelle etwa, vor dem Haus Rue Ordener Nr. 148, wurde der Geldbote Ernest Caby niedergeschossen.

Erst in den Jahren 1856 bis 1860 war *Montmartre* Paris zugeschlagen worden, und die *Rue Ordener* wurde 1863 angelegt. Zur Zeit der Bonnot-Bande war vor allem die Gegend nördlich der *Rue Ordener* zum einen noch Brachland, zum anderen ein großes Industriegebiet. Die um die Mitte des 19. Jahrhunderts entstandenen Bahnhöfe *Gare de l'Est* und *Gare du Nord* hatten das Quartier grundlegend verändert. So entstand

zwischen der *Rue Ordener* und der *Rue des Poissonniers* ein großes Lokomotiv-Depot.
Seit den 1950er Jahren gibt es für das ganze Viertel eine Art Denkmalschutzverordnung, die 1995 noch verschärft wurde. Das Gebiet reicht vom *Boulevard de Clichy* und *Boulevard de Rochechouart* im Süden, von der *Rue Caulaincourt* im Westen bis zur *Rue Ordener* im Norden und der *Rue Clignancourt* im Osten. Dieser Verordnung gemäß soll der Charakter des Quartiers nicht verändert werden; 500 der 1600 Häusern dürfen nicht abgerissen werden. Inzwischen ist am *Montmartre* zudem eine Art Arbeitsgemeinschaft, bestehend aus Anliegern, gegründet worden, die sich dafür einsetzt, daß die historische Bausubstanz so weit wie möglich erhalten bleibt und restauriert wird.
Der Raubüberfall auf den Bankboten war übrigens nicht der erste Anlaß, der die abgelegene *Rue Ordener* in die Schlagzeilen brachte. Gar nicht weit von hier, im Haus Nr. 164, befand sich die Fabrik für Feuerwerkskörper von Désiré Ruggieri, einer alteingesessenen Familie auf diesem Gebiet. Am 19. Februar 1882 kam es durch Unachtsamkeit eines Arbeiters zu einer schweren Explosion, die die Bewohner der Umgebung in Angst und Schrecken versetzte. Es gab zwei Schwerverletzte, und die Fabrik brannte bis auf die Grundmauern ab.
Später werden wir, anläßlich eines Doppelmordes im nicht weit vom ersten Tatort entfernten Haus Nr. 162 noch einmal in die *Rue Ordener* zurückkehren. Jetzt sollten wir aber wieder den Bus der Linie 95 nehmen und in Richtung *Gare Montparnasse* zurückfahren, sei es auch nur bis zur *Opéra* oder nach *Saint-Germain des Prés*. Wegen der umfangreichen Einbahnstraßenregelungen in Paris nimmt der Bus nämlich auf der Rückfahrt eine andere Strecke und fährt von der *Place Clichy* durch die *Rue d'Amsterdam* an der *Gare Saint-Lazare* vorbei. Aus dieser Richtung kamen auch Bonnot und seine Kumpane gerast, als der Polizist Garnier sie an der *Gare Saint-Lazare* anhalten wollte und vor dem Restaurant *Garnier* erschossen wurde. Die *Gare Saint-Lazare* mit der *Place du Havre* ist seit Jahren schon, im Zuge der Bauarbeiten für die

Erweiterung der Métro-Linie *Méteor*, eine Großbaustelle. Das Restaurant *Garnier* gibt es allerdings an dieser Stelle noch heute.

Durch die relativ schmale Rue d'Amsterdem raste die Bonnot-Bande im Februar 1912 mit einem gestohlenen Delauney-Belleville.

Wir können auch noch einen Zwischenstop an der *Place Clichy* einlegen und in die *Rue Nollet* gehen, wo Jules Bonnot vermutlich im Haus Nr. 47 gewohnt hat. Die *Rue Nollet* befindet sich am Rande des XVII. Arrondissements im *Quartier des Batignolles*, eine armselige, farblose Straße, deren Tristesse allein schon sehenswert ist. Von der *Place Clichy* nehmen wir die *Rue Biot*, gehen links in die *Rue des Dames* und gleich wieder nach rechts in die *Rue Nollet*. Obwohl nicht weit vom Getümmel der *Place Clichy*, ist hier kaum ein Mensch auf der Straße, und der Fremde wird mißtrauisch beäugt. Hier scheint jeder jeden zu kennen.

Zurück an der *Place Clichy* ist es nur noch ein Katzensprung zur *Passage Clichy* (an Wochenenden ist sie verschlossen), in der sich die anarchistische Buchhandlung *L'Idée libre* in einem Keller verbarg. Die *Passage Clichy* geht am gleichnamigen Platz von der *Avenue Clichy* ab. Heute finden wir hier unter anderem einen Klavierbauer. Die Passage ist noch immer düster und scheint gut geeignet für Konspiratives oder gar als stimmungsvoll-gruselige Krimikulisse. Der Name *Passage*, meist versteht man darunter einen verglasten Durchgang, ist irreführend, denn es handelt sich um eine schmale Gasse, von der die *Passage Lathuile* abgeht, die wiederum auf die *Avenue de Clichy* führt. Die *Passage Clichy* macht ihrerseits einen Knick und führt uns auf den *Boulevard Clichy*. Gar nicht weit von hier, in der *Grande Rue des Batignolles* Nr. 11, so hieß damals noch die *Avenue de Clichy*, traf sich übrigens ab 1863 eine illustre Gesellschaft. Jeden Freitag abend versammelte sich in der heutigen Nr. 9 eine Gruppe von Malern bei ihrem Kollegen Edouard Manet. Unter anderem Edgar Degas, Pierre Auguste Renoir, Claude Monet und viele andere. Manchmal soll sich auch der Schriftsteller Emile Zola zu ihnen gesellt haben. Hier entstand, als eine Vorstufe des Impressionismus, die »École des Batignolles«.

Monsieur Girard

Tatzeit: 1915-1917
Tatort: 99, rue du Faubourg Saint-Denis (X. Arrondissement)

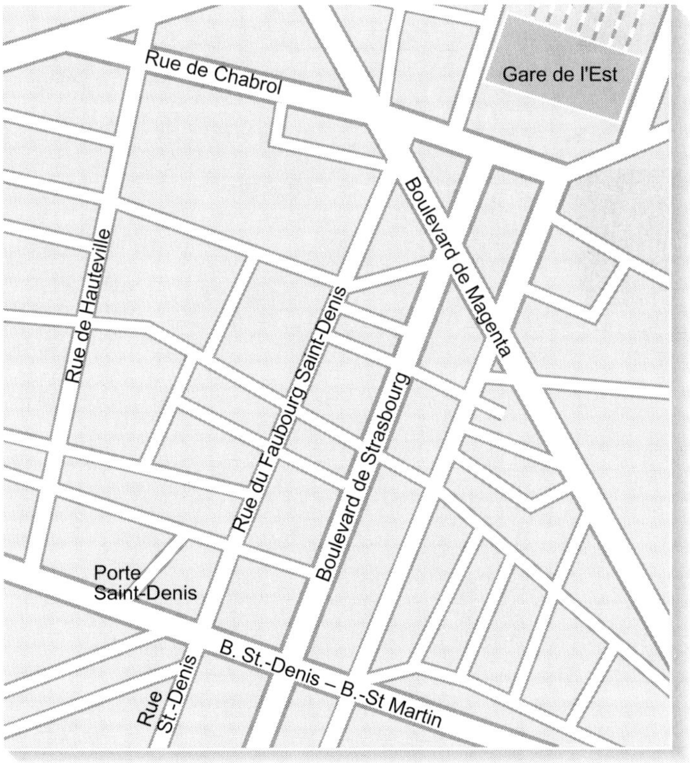

In der *Rue de la Monnaie,* zwischen dem *Quai du Louvre* und der *Rue de Rivoli,* hat sich vor dem Warenhaus La Samaritaine, nur wenige Schritte vom Eingang entfernt, eine Menschentraube gebildet. Nicht, daß es hier etwas umsonst gäbe, im Gegenteil, jemand hat sich unrechtmäßig selbst bedient. Um es kurz zu machen: Die Hausdetektivin hat eben einen Ladendieb gestellt. Um den potentiellen Langfingern von vornherein die Möglichkeit zu nehmen, sich herauszureden und vorzugeben, daß sie ja noch hätten zahlen wollen, ist das Unternehmen dazu übergegangen, den etwaigen Übeltäter erst nach Verlassen des Hauses zu entlarven.

Vor dem traditionsreichen Kaufhaus »Samaritaine« wurde Monsieur Girard am 13. August 1917 festgenommen.

Dem umstehenden Publikum bietet sich ein fürwahr groteskes Bild: Eine zierliche Frau hält einen stattlichen Soldaten fest und fordert ihn zum Mitkommen auf. Dabei ist dem Uniformierten das Aufsehen, das seine Entdeckung erregt, sichtlich peinlich; widerstandslos folgt er der Detektivin.

Eine Frau in dieser Position ist derzeit, wir schreiben den 13. August 1917, nichts Außergewöhnliches. Solange die Männer in den Schützengräben ihre Haut fürs Vaterland hin-

halten, übernehmen nun zwangsläufig die Frauen deren Posten als Straßenbahnfahrerin, Müllkutscherin oder eben Warenhausdetektivin.
Die junge Frau ruft das zuständige Kommissariat des Quartiers *Saint-Germain-l'Auxerrois* des I. Arrondissements an, das sogleich einen Beamten schickt. Nur die Polizei ist nämlich berechtigt, die Durchsuchung eines Beschuldigten vorzunehmen. Eine reine Routineangelegenheit, denn täglich wird eine Unzahl von Ladendieben überführt. Auch in diesem Fall hat die Detektivin richtig beobachtet: Unter dem Militärrock findet sich ein zusammengeknülltes Hemd, an dem sogar noch das Preisschild des Warenhauses hängt, ein Flakon Eau de Parfum und noch verschiedene Kleinigkeiten.
Bevor der Inspecteur den Soldaten, er heißt Henri Girard und dient zur Zeit als Chauffeur in einer Art Fahrbereitschaft für Offiziere, den Militärbehörden überstellt, will er erst noch eine Haussuchung bei dem Delinquenten vornehmen. Wie oft ist der Polizei nicht schon bei dieser Gelegenheit ein dicker Fisch ins Netz gegangen.
Der Beamte staunt nicht schlecht, als er sich in der geräumigen, luxuriös eingerichteten Wohnung in der *Avenue de Neuilly Nr. 64* in Neuilly-sur-Seine, dem Nobel-Vorort im Pariser Westen, umschaut, die sich Girard mit seiner Geliebten, Joséphine Doueteau, teilt. Hat es jemand, der so wohnt, nötig, im Warenhaus zu klauen? Sicherlich ist es das erste Mal, denkt der Inspecteur, daß er etwas hat mitgehen lassen, vielleicht aus reinem Übermut, und ist dabei erwischt worden. Weiteres Diebesgut findet er in der Tat nicht, aber im Salon steht ein großer Bücherschrank mit Glastüren, deren grüne Scheibengardinen den Blick auf seinen Inhalt verwehren. Hier möchte der Inspecteur noch kurz hineinschauen.
Was er jetzt zu sehen bekommt, läßt ihn zunächst nur staunen. Wie viele Haussuchungen hat er im Laufe seines Berufslebens nicht schon durchgeführt. Derartiges aber hat er noch nicht gesehen. Wozu braucht man das alles? Kopfschüttelnd steht er davor und beschließt kurzerhand, den Inhalt des Schrankes katalogisieren und beschlagnahmen zu lassen ...

Mit einer seiner drei Geliebten hat Monsieur Girard in Neuilly-sur-Seine in der Avenue de Neuilly (heute: Avenue Charles de Gaulle) gewohnt. Das Haus liegt heute direkt an der Métro-Station Les Sablons.

Rund acht Monate später, am 30. April 1918 betritt eine gut gekleidete, gepflegte junge Frau das Restaurant in der *Rue du Faubourg Saint-Denis Nr. 16*.

»Bonjour, Madame Girard«, begrüßt sie der Garçon mit einer leichten Verbeugung, »Ihr Tisch ist selbstverständlich reserviert.« Er führt sie in die Mitte dieses wundervollen, im Jugendstil eingerichteten Raumes zu einem der eingedeckten Tische.

»Madame wünschen einen Aperitif?«
Madame Girard schüttelt den Kopf und erwidert lächelnd: »Madame Monin, mit der ich hier verabredet bin, muß jeden Moment kommen, solange möchte ich lieber noch warten.«
In diesem Augenblick öffnet sich auch schon die Tür und Hélène Monin, sie ist etwas älter und weniger gut gekleidet als Madame Girard, kommt mit einer Hutschachtel in der Hand herein. Die Begrüßung fällt überschwenglich herzlich aus. Küßchen links, Küßchen rechts, und die gängigen Floskeln nach der Art: »Nein, meine Liebe, wie sehen Sie heute wieder gut aus ...«
»Wie gespannt ich auf meinen neuen Hut bin«, ruft Madame Girard aus und hebt ein wenig den Deckel an, um einen flüchtigen Blick in die Schachtel zu werfen. »Nein, das erlaube ich nicht.« Sacht schiebt Madame Monin ihre Hand zurück und drückt den Deckel vorsichtig wieder zu. »Sie müssen sich schon gedulden, bis wir bei Ihnen zu Hause sind, meine Liebe, sonst ist es ja keine Überraschung mehr.«
Als die beiden das Lokal wieder verlassen, ist es bereits 15 Uhr durch. Langsam schlendern sie, die *Porte Saint-Denis* hinter sich lassend, die Straße in Richtung *Gare de L'Est* bis zum Haus Nr. 99 hinauf. Unzählige Lebensmittelläden ziehen das Publikum in Scharen an, und die beiden müssen sich durch die Massen der Fußgänger schlängeln. Als wichtigste Verbindung zwischen dem Norden und dem Zentrum von Paris ist diese Straße immer voller Leben. Schon kurz vor Sonnenaufgang bringen die Bauern aus dem Umland frische Waren in die Markthallen, die sich jenseits der *Porte Saint-Denis*, am Ende der für ihre Prostituierten berüchtigten *Rue Saint-Denis* ausdehnen. Dann wimmelt es hier von Lastwagen, Pferdefuhrwerken und Handkarren, voll beladen mit Rinder- und Schweinehälften, den herrlichsten Früchten und seltensten Gemüsen. In Käfigen gackern Hühner oder schnattern Gänse. In großen Bottichen, aus denen Wasser schwappt, bringen die Großhändler frischen Fisch in die Stadt. In dieser Gegend zu wohnen, ist indes weniger angenehm. Ständig hängt ein dichter Dunstschleier über dem Viertel, verur-

sacht von den Fabriken im Norden und den nahegelegenen Bahnhöfen, der *Gare du Nord* und der *Gare de l'Est*. Das Haus Nr. 99, die ungeraden Hausnummern befinden sich auf der Westseite der Straße, ist gleich das zweite hinter der *Rue de Paradis*, jener Straße, die durch ihre Spiegelmanufakturen sowie die Porzellan- und Kristalldepots berühmt geworden ist. Nebenbei sei angemerkt, daß Madame Girard gar nicht Madame Girard ist. Sie heißt Jeanne Drouhin und ist die Geliebte eben jenes Henri Girard, der uns vor einigen Monaten schon einmal als Warenhausdieb begegnet ist. Jeder hier glaubt, daß die beiden verheiratet sind, und Jeanne wird sich hüten, diesen Irrtum richtigzustellen. Sie fühlt sich in ihrer Rolle als »Madame« durchaus wohl. Auch die 37jährige Putzmacherin Hélène Monin hält Jeanne für die rechtmäßige Madame Girard. Die beiden Frauen kennen sich bereits seit längerem und sind inzwischen gute Bekannte geworden. Fast jeden Tag essen sie zusammen in irgendeinem Restaurant zu Mittag. Hélènes Mann ist nicht aus dem Schützengraben zurückgekehrt, und so ist die junge Witwe dankbar für jede Abwechslung. Seit Jahresbeginn stellt sie Mützen und Hüte für das Kriegsministerium her, eine wenig befriedigende Arbeit, die obendrein miserabel bezahlt wird, weshalb sie in ihrer Freizeit für Privatkundinnen arbeitet, zu denen auch Madame Girard gehört.

Um den neuen Hut zu begutachten, ziehen sich die beiden Frauen ins Schlafzimmer zurück. Madame Monin hat wirklich ein kleines Meisterwerk geschaffen. Jeanne ist entzückt. Der dezent mit Seidenblüten geschmückte Strohhut ist genau das richtige für den kommenden Sommer.

Als sich Hélène von Monsieur Girard, der die ganze Zeit im Salon Zeitung gelesen hat, verabschieden will, fällt er ihr sogleich ins Wort: »Aber meine liebe Madame Monin, Sie werden uns doch nicht etwa verlassen, ohne mit uns noch ein Gläschen getrunken zu haben?« Sie schlägt die Einladung nicht aus, und Monsieur Girard schenkt Portwein ein. Die schnell in Gang gekommene Konversation dreht sich um Gott und die Welt; beispielsweise, daß in der *Passage Brady* schon wieder ein Konfektionär Pleite gemacht hat, um die allgemeine wirtschaftliche Lage, und natürlich um den Krieg. Madame Monin lehrt ihr Glas und verabschiedet sich nun endgültig.

Von der *Rue du Faubourg Saint-Denis* bis zur Métro-Station *Gare de l'Est* sind es nur ein paar Minuten. Aber kaum ist sie aus der Haustür, da fühlt sie sich mit einem Mal so benommen. Ob das vom Portwein kommt? Die frische Luft wird ihr sicher gut tun. Aber es wird nicht besser, ganz im Gegenteil. Mehr schleppt sie sich, als daß sie geht, den kurzen Weg durch die *Rue de la Fidélité* und dann gleich links auf den *Boulevard de Strasbourg*. Auf der Treppe der Métro-Station kann sie ihre Bewegungen plötzlich nicht mehr koordinieren. Sie fühlt sich unbeschreiblich schwach, ihr wird schwindlig, alles beginnt sich vor ihren Augen zu drehen. Sie will sich am Geländer festhalten, aber es scheint zu schwanken und sich ihrem Zugriff zu entziehen. Sie fällt. Zwei Polizisten, die die Schwankende schon argwöhnisch gemustert haben, eilen ihr jetzt zu Hilfe. Nein, das ist keine Betrunkene, wie sie erst angenommen haben. Dafür ist sie viel zu gut gekleidet. Außerdem ist sie kreidebleich und ihr Gesicht krampfartig verzerrt. Madame Monin kann gerade noch ihre Adresse stammeln. Sie wohnt im XII. Arrondissement, in der *Rue Sidi-Brahim* an der *Avenue Daumesnil*. Die beiden Polizisten bringen sie zurück auf die Straße; einer von ihnen pfeift ein Taxi herbei. Vorsichtshalber begleiten sie die vermutlich kranke Frau nach Hause. Daran haben sie auch gut getan, denn Madame Monin ist nicht einmal mehr imstande, die Treppen hinaufzusteigen. Die Polizisten klingeln bei der Nachbarin, die sich sofort um die Kranke kümmert und ihr Tee bereitet. Hélène aber ist nicht in der Lage, auch nur einen einzigen Schluck davon zu sich zu nehmen. Ihr Kiefer scheint blockiert. Jetzt kommt auch ihr Bruder Albert nach Hause. Erschrocken über den Zustand seiner Schwester, holt er sofort den Hausarzt herbei. Doch der Doktor kommt zu spät und kann nur noch Hélène Monins Tod feststellen. Auf dem Totenschein vermerkt er als Todesursache: Herzversagen. Auch der Gerichtsmediziner, der wegen der ungewöhnlichen Umstände, die zu Madame Monins Tod geführt haben, hinzugezogen wird, schließt sich der Diagnose seines Kollegen an und gibt die Leiche zur Bestattung frei. Zwei Tage danach findet die Beerdigung statt.

Acht Tage später wird ein kultivierter Herr mittleren Alters in einem Büro der Versicherungsgesellschaft »La Nationale« vorstellig und bringt sein Anliegen vor. Madame Hélène Monin hat zu seinen Gunsten eine Lebensversicherung über 20000 Francs abgeschlossen. Die will er sich nun, nach ihrem plötzlichen Ableben, auszahlen lassen. Der Angestellte schaut sich die Police lange an und reicht sie dann einem Kollegen, der sie ebenfalls gründlich durchliest. Beide tuscheln miteinander. »Sie sind Monsieur Henri Girard, wohnhaft Rue du Faubourg Saint-Denis Nr. 99?« fragt ersterer bohrend. Monsieur Girard nickt bestätigend. »Die Papiere sind in Ordnung«, lächelt der Versicherungsmann nun freundlich und fügt hinzu: »Wir werden alles in die Wege leiten, damit Sie Ihr Geld möglichst bald ausgezahlt bekommen.«

Ein paar Tage später erscheint Jeanne Drouhin bei einer anderen Versicherungsgesellschaft, nämlich der »L'Abeille« (sie existiert übrigens noch heute), um sich auf die Police einer Lebensversicherung, die Madame Monin zu ihren Gunsten abgeschlossen hat, ebenfalls 20000 Francs auszahlen zu lassen. Auch hier endet das Gespräch mit der Zusage, das Geld möglichst bald zur Verfügung zu stellen.

Am nächsten Tag treffen wir Jeanne Drouhin wieder in der Geschäftsstelle einer Versicherung, diesmal bei »Le Phénix«. Hier will sie sich ebenfalls 20000 Francs aus einer Lebensversicherung auszahlen lassen, die Madame Monin zu ihren Gunsten abgeschlossen haben soll. Doch bei »Le Phénix« ist man mißtrauisch. Madame Drouhin wird gebeten, sich zu gedulden, bis die Unterlagen eingehend geprüft sind. Man wird sie dann benachrichtigen ...

Am 1. Juli schließlich wird sie von »Le Phénix« zu einem Gespräch geladen. Daß sie derart unangenehme Fragen über sich ergehen lassen muß, damit hat sie freilich am wenigsten gerechnet. Unter welchen Umständen die Police unterschrieben worden sei, will der Geschäftsführer wissen und in welchem Verhältnis sie zu der Verstorbenen gestanden habe. Vor allem aber macht ihn die Tatsache stutzig, daß die Versicherung erst am 10. April 1918 abgeschlossen worden, und Madame Monin am 30. April, also 20 Tage später, unter durchaus merkwürdigen Umständen gestorben ist. Eine Frau von 37 Jahren, die immer gesund gewesen ist, verstirbt doch nicht so plötzlich! Die ganze Angelegenheit erscheint ihm äußerst suspekt.

»La Nationale« und »L'Abeille« haben inzwischen anstandslos gezahlt. »Le Phénix« zieht es einstweilen vor, eine Untersuchung einzuleiten und einen Versicherungsdetektiv mit den Ermittlungen zu beauftragen. Die ersten konkreten Ergebnisse lassen nicht lange auf sich warten: Weder Freunde noch Verwandte haben nämlich gewußt, daß Hélène Monin Lebensversicherungen abgeschlossen hat. »Das ist doch völlig unmöglich«, fällt ihr Bruder Albert aus allen Wolken, als er davon erfährt: »Hélène hatte doch gar kein Geld; sie ist nur so eben über die Runden gekommen. Die Prämien hätte sie nie im Leben zahlen können. Und außerdem ist Madame Girard nicht mehr als eine gute Bekannte gewesen. Warum hätte meine Schwester also zu ihren Gunsten eine Lebensversicherung abschließen sollen? Sie hatte doch Madame Girard gegenüber keinerlei Verpflichtungen.«

»Sind Sie im Besitz von Schriftstücken oder anderen handschriftlichen Dokumenten Ihrer Schwester?« Der von »Le Phénix« eingeschaltete Detektiv wittert, daß hier in der Tat etwas faul ist. Natürlich hat Albert Hélènes Briefe aufbewahrt und reicht ihm einen ganzen Stapel. Obgleich der Detektiv kein Schriftsachverständiger ist, meint er auf den ersten Blick erkennen zu können, daß die Unterschrift auf der Police gefälscht ist.

Sofort richtet »Le Phénix« ein Rundschreiben an alle Versicherungsgesellschaften mit der Warnung, daß offenbar eine Betrügerbande versucht, mit fingierten Policen größere Summen zu erschwindeln. »La Nationale« und »L'Abeille« müssen eingestehen, auf den Betrug bereits hereingefallen zu sein.

Jeanne Drouhin ist inzwischen, genau seit dem 7. Juli, die rechtmäßige Madame Girard. Weshalb sich Monsieur Girard so plötzlich entschlossen hat, das Verhältnis zu seiner Geliebten zu legalisieren, bleibt unklar, denn immerhin hat er ja auch noch eine Geliebte in Neuilly, die indes weder von seinem Hausstand in der *Rue du Faubourg Saint Denis* noch von seiner plötzlichen Heirat weiß. Das alles soll sie erst viel später erfahren. Möglicherweise will Girard durch die Eheschließung nichts anderes erreichen, als einen seriöseren Eindruck zu erwecken.

Am 27. Juli 1918 erstattet »Le Phénix« wegen Urkundenfälschung und Betruges Anzeige. Anfang August ziehen die anderen Gesellschaften nach. Die Staatsanwaltschaft nimmt die Ermittlungen auf, und am 21. August wird Monsieur Girard verhaftet. Inzwischen liegt dem Untersuchungsrichter, Monsieur Bouin, auch ein graphologisches Gutachten vor. Jetzt besteht kein Zweifel mehr: Die Unterschriften auf den Policen sind gefälscht. Bouin vermutet sogar, daß Hélène Monin keineswegs eines natürlichen Todes gestorben, sondern vergiftet worden ist. Dieser zunächst nur vage Verdacht erhärtet sich, als er im Laufe seiner Ermittlungen die Akte über Girards Warenhausdiebstahl auf den Tisch bekommt. Ein Nervenarzt attestierte ihm damals erblich bedingte Kleptomanie sowie beträchtliche psychische Defizite. Da man niemanden verurteilen kann, der ein bißchen plemplem ist, wurde das Verfahren gegen Girard eingestellt. Dem Untersuchungsrichter bleibt jedoch fast die Luft weg, als er sich die Liste der Gegenstände durchliest, die der zuständige Inspecteur damals beschlagnahmt hat: Ein Mikroskop, verschiedene, mit handschriftlichen Etiketten versehene Reagenzgläser mit den Aufschriften »Tetanus«, »Milzbrand«, »Eberth-Bazillus«, wobei es sich um den hochgradig ansteckenden Typhus-Erreger handelt, zwei Ampullen mit Strychnin-Sulfat, Zyankali, Kokain, ein paar Gummihandschuhe und diverse Handbücher zur Toxikologie und Pharmakologie. Darüberhinaus den Blanco-Rezeptblock eines Arztes sowie diverse Spritzen. Eines aber verschlägt dem Untersuchungsrichter vollends die Sprache: Girard hat das gesamte Material am 13. April 1918, also 17 Tage vor Madame Monins mysteriösem Tod, zurückbekommen.

Umgehend beantragt Bouin die Exhumierung und gerichtsmedizinische Autopsie der Leiche, die ein gewisser Professor Pouchet von der L'Academie de Médecine, eine Kapazität auf seinem Gebiet, vornehmen wird. Doch das Ergebnis ist mehr als enttäuschend. Pouchet schließt zwar nicht aus, daß Madame Monin vergiftet worden sein könnte, in diesem Fall müsse es sich aber um eine organische Substanz gehandelt haben, eine Substanz, die nach einer gewissen Zeit vom Körper wieder abgebaut wird. Kurzum, er kann keine Spur von Gift entdecken. Andererseits wird aber auch keine Krankheit festgestellt, an der Hélène Monin so plötzlich verstorben sein könnte. Leber, Nieren, Magen, Lunge und auch das Herz weisen keinerlei Anomalien auf. Somit ist zumindest bewiesen, daß die auf dem Totenschein eingetragene Todesursache, nämlich Herzversagen, nicht zutreffend gewesen ist. Woran ist Madame Monin aber dann gestorben?

Der hinzugezogene Toxikologe glaubt allerdings, eine Erklärung zu haben. Er hat die Phasen ihrer Erkrankung genau rekonstruiert: Die Symptome, die von den Zeugen genannt worden sind, beispielsweise die Tatsache, daß sie nicht in der Lage war, den Tee zu trinken, spricht für eine Pilzvergiftung, genauer gesagt, eine Vergiftung durch Knollenblätterpilze. Aber das ist natürlich nur eine Hypothese.

Monsieur Girard nimmt die Untersuchungshaft gelassen hin. Er gibt zwar zu, die Unterschriften gefälscht und die Versicherungen mit Hilfe seiner Frau ohne das Wissen von Madame Monin abgeschlossen zu haben, über den Vorwurf aber, die Frau vergiftet zu haben, kann er nur lachen. »Dann sagen Sie mir doch, womit ich sie vergiftet haben soll?« Der Untersuchungsrichter muß ihm die Antwort auf diese Frage schuldig bleiben.

Am 27. August wird auch seine Geliebte aus Neuilly, Joséphine Doueteau, verhaftet. Ihr wird Komplizenschaft vorgeworfen. Wie aber ist es zu diesem Verdacht gekommen?

Am Tag der Festnahme Girards wird in der Wohnung in der *Rue du Faubourg Saint-Denis* eine routinemäßige Haussuchung durchgeführt. Dabei gibt es nichts, was den eifrigen Beamten entgeht. So untersucht der Commissaire den Inhalt

In der Rue du Faubourg Saint-Denis Nr. 99 haben Henry Girard und seine Geliebte, Jeanne Drouhin, der Putzmacherin Hélène Monin den Gifttrunk verabreicht.

eines Papierkorbs und findet auch prompt etwas Interessantes: ein zerrissenes Schriftstück mit dem Briefkopf der Société Générale in der *Rue Réaumur*. Sorgfältig setzt er es wieder zusammen. Es ist eine Rechnung über die anstehende Gebühr für einen Safe, der in dieser Bank auf den Namen Delmas gemietet worden ist. Sofort fährt der Commissaire zur Bank, muß zu seinem Ärger jedoch erfahren, daß bereits vor ihm eine Dame dagewesen ist, die allerlei Papiere entnommen hat. Der Personenbeschreibung nach zu urteilen, kann es sich nur um Joséphine Doueteau gehandelt haben. Zur Sache vernommen, streitet sie zwar ab, jemals an diesem Banksafe gewesen zu sein, eine Gegenüberstellung läßt aber keinen Zweifel: Die Bankangestellten identifizieren Joséphine Doueteau eindeutig als die Frau, die dem Safe diverse Papiere entnommen hat.

Seit dem 23. August berichten die Zeitungen, allen voran das »Petit Journal«, ausführlich über die mysteriöse »Affäre Girard«, so auch über die zweite Festnahme in diesem Fall. Auf-

grund dieser Zeitungsberichte erscheint nur einen Tag nach der Festnahme Joséphine Douteaus eine gewisse Demoiselle Boyadjian, sie ist Schneiderin, bei der Polizei. »Madame Douteau, von der jetzt im ›Petit Journal‹ die Rede war«, beginnt sie zu erzählen, »ist schon seit Jahren meine Kundin. Vor zwei Tagen kam sie mit einem Paket unter dem Arm. Ich hatte gerade eine Kundin, so daß ich mich nicht gleich um sie kümmern konnte. Ich habe nur mitbekommen, daß sie sich auf der Toilette eingeschlossen hat. Vermutlich hat sie da etwas vernichtet. Anschließend ist sie dann in die Küche gegangen und hat in meinem Herd Papiere verbrannt. Als sie wieder ging, konnte ich sie nicht fragen, was das eigentlich sollte, denn die Kundin war noch immer bei mir. Ja, Monsieur le Commissaire, ich bin nur gekommen, weil ich dachte, es könnte vielleicht wichtig sein ...«, beendet sie ihre Ausführungen.
»Haben Sie den Herd seitdem benutzt?« fragt der Commissaire, auf das Schlimmste gefaßt. Er kann beruhigt sein, Madame Boyadjian schüttelt den Kopf. Sogleich läßt er die Asche im Herd untersuchen. Seltsam: Madame Douteau hat Bücher verbrannt. Fragmente einer Abhandlung über Toxikologie und eines Werkes über Thyphus können noch sichergestellt werden. Aber was hat sie auf der Toilette vernichten wollen? Die Antwort auf diese Frage ist schnell gefunden. Im Wasserkasten der Toilette werden Fläschchen mit der handschriftlichen Aufschrift »Gift« und »Milzbrand« entdeckt.
Joséphine gesteht jetzt zumindest einen Teil der Wahrheit, behauptet aber, auf Girards Anweisung gehandelt und nicht gewußt zu haben, worum es dabei ging. Die Polizei hingegen hegt starke Zweifel an ihrer angeblichen Unwissenheit. Die Durchsuchung der Wohnung in Neuilly ist ein voller Erfolg. Auch hier werden im Wasserkasten der Toilette Ampullen mit der Aufschrift »Gift« und »Bazillen« gefunden. Allerdings gehört zu dieser Wohnung auch noch eine Dienstbotenkammer direkt unter dem Dach in der sechsten Etage. Besonders interessant erscheint dem Commissaire ein alter abgeschabter Überseekoffer. Er öffnet ihn und entnimmt einige der zahlreichen Bücher, die darin verstaut sind. Es han-

delt sich um eine regelrechte toxikologische Bibliothek über Pilze, Pilzgifte, allerlei andere Gifte und über Infektionskrankheiten, darüberhinaus Handbücher der Gerichtsmedizin, darunter ein Standardwerk mit dem Titel: »Manuel complet de médecine légale« (Vollständiges Handbuch der Gerichtsmedizin). Außerdem ein Sortiment von chemischen Gerätschaften: Reagenzgläser, Pipetten und vieles mehr. Alles ist in Unordnung, einiges auch schon zerbrochen, und der Commissaire hat den Eindruck, als habe das alles in Kürze vernichtet werden sollen. In dem Durcheinander entdeckt der Commissaire auch einen kleinen Bücherstapel: Girards Notizbücher der letzten Jahre. Der Commissaire blättert sie flüchtig durch. Monsieur Girard ist nicht nur ein Pedant, was seine Kleidung anbetrifft, sein Leben hat er ebenso pedantisch geordnet; jeder Schritt, den er getan hat, auch mit wem er sich wann und wo verabredet hat, ist hier akribisch notiert.

Für Untersuchungsrichter Bouin sind diese Notizbücher ein gefundenes Fressen, und er vertieft sich in ihre Lektüre. In denen der Jahre 1911 und 1912 stößt er immer wieder auf den Namen Pernotte. Wer ist dieser Monsieur Pernotte, will er von Girard wissen. »Ein ehemaliger Freund«, erklärt der, »leider ist er verstorben.« Mit dieser Auskunft gibt sich Bouin nicht zufrieden. Er will genau wissen, welche Rolle diesem Pernotte in der Inszenierung der »Affäre Girard« zugedacht gewesen ist.

Im Verlaufe der Ermittlungen wird der Untersuchungsrichter folgendes erfahren: Die sogenannte Freundschaft Girards mit Pernotte geht auf das Jahr 1903 zurück. Girard ist zu dieser Zeit Handelsvertreter und lebt mit einer Geliebten in Vincennes. Durch Zufall lernen sich die beiden Männer in der Filiale einer Bank in Vincennes kennen. Als sie am Schalter warten müssen, kommen sie ins Gespräch. Louis-François Pernotte, etwas älter als Girard, ist ein freundlicher, umgänglicher aber auch sehr zurückhaltender, wenn nicht gar schüchterner Mensch. Immer wieder begegnen sie sich zufällig auf der Bank und geraten jedesmal ins Plaudern. Pernotte ist von Girards guten Manieren und seinen angenehmen Umgangsformen überaus angetan. Der in geschäftlichen Dingen recht unbedarfte Pernotte schenkt seinem neuen Freund volles Vertrauen und bittet ihn immer wieder um einen Rat in Finanzfragen. Der Einfluß, den Girard auf ihn gewinnt, wächst ständig. So kauft Pernotte auf sein Anraten ein größeres Aktienpaket einer Bank in Montreuil. Als ihm klar wird, daß er sich damit finanziell völlig übernommen hat, ist es schon zu spät. Die Aktien sind praktisch nicht mehr zu verkaufen. Selbstverständlich hat der findige Monsieur Girard auch für dieses Problem eine Lösung parat. Er stellt dem immer stärker in Schwierigkeiten geratenden Pernotte »ehrenwerte Geschäftsfreunde« vor, die ihm kurzfristig zu einem größeren Kredit zu günstigen Bedingungen verhelfen können. Pernottes Schulden sind inzwischen so immens, daß ihm keine Wahl bleibt. Er durchschaut freilich nicht, daß er sich damit in die Fänge ausgekochter Kredithaie begibt, deren Wucherzinsen ihn vollends ruinieren. Auch ahnt er nicht, daß der hilfsbereite Monsieur Girard einer der größten Nutznießer seiner Misere ist und über mehrere Jahre praktisch von den Zinsen lebt, die Pernotte an die Wucherer zu zahlen hat. Pernottes finanzieller Ruin ist nur noch eine Frage der Zeit.

Um den armen Pernotte weiter ausnehmen zu können, verlangen seine Gläubiger jetzt Sicherheiten für seine ständig wachsenden Schulden und raten ihm, gleich mehrere Lebensversicherungen zu ihren Gunsten abzuschließen. Immerhin ist es ja denkbar, daß ihm etwas zustößt – und wer zahlt dann seine Schulden? Wenn er sich mit diesem Verfahren nicht einverstanden erkläre, müsse man ihm leider den Geldhahn zudrehen ... So werden bei verschiedenen Gesellschaften vier Lebensversicherungen auf die Namen der vier Gläubiger abgeschlossen.

Ende November 1910 schließt Pernotte bei der »Compagnie d'Assurances Générales« eine weitere Lebensversicherung über 125 000 Francs zugunsten seines treuen Freundes Girard ab. Anfang Dezember unterschreibt er bei einer anderen Gesellschaft, der »Gresham«, einen zweiten Vertrag, diesmal über 85 000 Francs.

Im Falle von Pernottes Ableben sind Girard somit 210000 Francs sicher. Nun kann er also darangehen, Pernotte möglichst elegant und unauffällig ins Jenseits zu befördern. Ganze zwei Jahre wird er sich allerdings dafür Zeit lassen, denn noch zahlt Pernotte die Zinsen an die Kredithaie, und die Kuh, die man melken kann, schlachtet man bekanntlich nicht.
Im Frühjahr 1912 ist es soweit. Anfang April besuchen die Freunde ein Pferderennen und nehmen auf dem Rückweg in einem Café einen Apéritif. Zwischendurch geht Pernotte zur Toilette. Sein noch volles Glas steht derweil auf dem Tisch. Zuhause fühlt er sich mit einem Mal schrecklich elend und legt sich ins Bett. Am nächsten Tag spürt er nichts mehr. Die Angelegenheit ist schnell vergessen.
Monsieur Girard, als guter Freund der Familie, besucht die Pernottes in ihrer Wohnung in Fontenay fast täglich. Am 9. August 1912 will die Familie nach Royan in die Ferien fahren. Gleich nach dem Mittagessen soll es losgehen. Girard schaut auch heute noch einmal vorbei, kann aber leider nicht zum Essen bleiben. Im Laufe des Nachmittags fühlen sich Monsieur und Madame Pernotte plötzlich elend und schwach. Sie kümmern sich jedoch nicht weiter darum, sondern geben der Hitze und der Aufregung vor der Reise die Schuld. In Royan angekommen, erkranken die drei Kinder. Die Erwachsenen bekommen ebenfalls hohes Fieber. Der Inhaber der Pension läßt sogleich einen Arzt kommen, der die besorgniserregende Diagnose stellt: Thyphus. Einige der Symptome geben dem Arzt allerdings Rätsel auf: Es handelt sich nämlich um eine Spielart der Krankheit, die ausschließlich bei Menschen auftritt, die sich bei einem Unfall mit Bakterienkulturen, etwa in einem Forschungslabor, infiziert haben. Nach 14 Tagen ist die Familie wieder soweit gesund, daß sie nach Fontenay zurückfahren kann. Nur Monsieur Pernotte will nicht wieder so recht auf die Beine kommen. Er muß weiterhin das Bett hüten und bekommt jeden Tag ein Medikament gespritzt. Seine Frau gibt ihm die Spritzen, stellt sich jedoch nicht sehr geschickt dabei an und verursacht ihrem Mann jedesmal ziemliche Schmerzen. Monsieur Girard, der seinen Freund selbstverständlich jeden Tag besuchen

kommt, bietet sich an, diese Aufgabe zu übernehmen. Am 20. November 1912 gibt er ihm das erste Mal die Spritze. Zwei Tage später bildet sich ein Abszeß, den der Arzt entfernen muß. Nach weiteren zehn Tage stirbt Pernotte. Eine Embolie, diagnostiziert der Arzt. Warum auch an einem natürlichen Tod zweifeln? Von den Lebensversicherungen weiß ja niemand. Überhaupt hat Pernottes Familie zu keiner Zeit auch nur im geringsten etwas von den riskanten Geschäften, geschweige seinen Schulden, gewußt.

Am 27. Dezember 1912 bekommt Girard von der »Compagnie d'Assurances Générales« anstandslos die gesamte Versicherungssumme von 125 000 Francs ausgezahlt. Bei der »Gresham« dagegen wartet eine böse Überraschung auf ihn. Er wird ins Büro des Geschäftsführers zitiert. »Zu unserem Bedauern, können wir Ihnen die Versicherungssumme leider nicht auszahlen«, verkündet letzterer mit versteinerter Miene. »Was wir hier herausgefunden haben, das grenzt, so muß ich es leider ausdrücken, an Betrug.« Girard wird blaß, seine Mundwinkel beginnen fast unmerklich zu zucken. Der Versicherungsmann nimmt ein Schriftstück in die Hand und fährt fort: »Ja sehen Sie, Monsieur Pernotte hat uns nämlich verheimlicht, daß er sich 1910 einer Blinddarmoperation unterziehen mußte. In diesem Falle können wir die Summe von 85 000 Francs nicht auszahlen. Aber es steht Ihnen natürlich frei, Einspruch einzulegen.« Girard wird sich hüten. Er legt natürlich keinen Einspruch ein.

In Kenntnis all dieser Umstände beantragt der Untersuchungsrichter jetzt auch die Exhumierung und gerichtsmedizinische Untersuchung der Leiche Pernottes. Das Ergebnis ist allerdings ebenso enttäuschend wie schon bei Madame Monin. Es wird nichts gefunden.

Girards Notizbücher hingegen erweisen sich für die Ermittlungsbehörden als wahre Fundgrube. So ist für die Monate Mai/Juni 1912 unter anderem folgendes vermerkt: 6. Mai 1912: Gift, Fläschchen und Reagenzgläser abholen. 7. Mai 1912: Flaschen vorbereiten. 5. Juni 1912: Mikroskop, Fläschchen vorbereiten. 22. Juni 1912: Buch über Mikroben kaufen.

Aus den Notizen geht auch hervor, daß Girard all sein Material über einen Händler bezogen hat, der Krankenhäuser und Forschungsinstitute mit wissenschaftlichem Material, das heißt, auch mit Bakterienkulturen beliefert. Das kleine Unternehmen kann der Polizei sogar weitere Beweisstücke aushändigen. Briefe nämlich, in denen sich Girard nach neuen Bakterienkulturen erkundigt hat.
Bald ist auch ermittelt, auf welche Art und Weise Girard den Pernottes vor ihrer Reise das Gift verabreicht hat: Auf der Anrichte hat stets eine Karaffe mit Wasser gestanden, aus der die Familie zum Mittag- und Abendessen getrunken hat. Als Girard eine Weile allein gewesen ist, hat er vermutlich die Gelegenheit wahrgenommen, das Wasser mit Bakterien zu verseuchen. Um sein Ziel zu erreichen, hat er keinerlei Skrupel, gleich die ganze Familie zu vergiften.
Wenige Monate nach Pernottes Tod, Girard hält sich zur Zeit vorwiegend in Vincennes auf, wo er seine dritte Geliebte, Laure Dagneaux, unterhält, freundet er sich mit seinem Nachbarn, dem Buchhalter Godel an. Am 29. April 1913 präsentiert sich Girard mit jemandem, der sich Godel nennt, bei einer Versicherungsgesellschaft. Beide lassen sich vom Vertrauensarzt untersuchen und unterzeichnen eine Lebensversicherung auf Gegenseitigkeit, das heißt, die Gesellschaft zahlt demjenigen 200000 Francs, der den anderen überlebt. Aber Godel ist nie bei dieser Versicherung vorstellig geworden. Die Unterschrift ist gefälscht.
Aus Girards Notizen geht hervor, daß er die Vergiftung Godels sorgsam vorbereitet hat. Am 2. August 1914 soll es soweit sein. Aber diesmal hat Girard Pech. Der Krieg bricht aus, und Godel ist unter den ersten, die mobilisiert werden. Er gehört wohl zu den wenigen, die mit Fug und Recht behaupten können, der Krieg habe ihnen das Leben gerettet. Ein paar Tage später erhält auch Girard seinen Einberufungsbefehl. Sogleich beginnt er, sich in seinem Regiment nach einem neuen Opfer umzusehen, das er in dem betuchten Kaufmann Emile Delmas aus Charenton gefunden zu haben glaubt. Doch der Bakteriencocktail wirkt diesmal nicht. Delmas verfügt über eine eiserne Gesundheit.

Sein Kamerad Michel Duroux, den Girard »Mimiche« nennt, scheint ein geeigneteres Opfer zu sein. Mimiche ist ein braver Kerl, naiv und unbedarft. Natürlich wird auch er früher oder später, ohne sein Wissen freilich, in den Genuß einer Lebensversicherung kommen.

Jetzt heißt es schnell zu handeln. Das Vertrauen in den Eberth-Bazillus hat Girard derweil verloren, und er beginnt, sich mit Giftpilzen zu beschäftigen. Dicke Bücher wälzt er zu diesem Thema. Mit Hilfe der angelesenen Kenntnisse gelingt es Girard, das Pilzgift zu extrahieren.

Eines Tages lädt er Mimiche nach Neuilly zum Essen ein. Nach dem Dessert rät ihm Girard, da es schon spät sei, doch nun nach Hause zu gehen. Mimiche wundert sich zwar über den Quasi-Rausschmiß, gehorcht aber. Zu Girards Entsetzen zeigt der Giftcocktail, den er so sorgfältig für seinen lieben Gast gemixt hat, keinerlei Wirkung. Mimiche ist nicht einmal übel geworden.

Er muß einen stärkeren Cocktail mixen. Einige Tage später lädt er den Freund in ein Café in der Nähe der *Gare de l'Est* auf einen Apéritif ein. Als die Getränke gerade serviert worden sind, bittet Girard Mimiche, ihm doch schnell im benachbarten Tabakladen Zigarren zu kaufen. Der treue Mimiche springt sofort auf. Als er wiederkommt, behauptet Girard, er habe eine wichtige Verabredung und müsse sofort gehen. Sie trinken schnell ihre Gläser aus und trennen sich.

Auf dem Heimweg fühlt sich Mimiche mit einem Mal unbeschreiblich elend, er hat Kopfschmerzen, Lähmungserscheinungen in Armen und Beinen und kann seine Bewegungen nicht mehr koordinieren. Mühsam schleppt er sich nach Hause und geht sofort zu Bett. Am nächsten Tag sind alle Symptome buchstäblich über Nacht verflogen. Auch diesmal kann das Gift Mimiche nichts anhaben.

Die Lebensversicherungen von Pernotte und Madame Monin haben Girard insgesamt 165 000 Francs eingebracht. Aber das Geld ist inzwischen sinnlos ausgegeben. Drei Haushalte, kostspielige Einladungen, Pferderennen, elegante Schneider, Amüsierlokale. Als Girard am 21. August 1918 verhaftet wird, besitzt er keinen Sou mehr. Der »Giftmord-Prozeß« wird im Juni 1921, die Ermittlungen haben sich über insgesamt 35 Monate hingezogen, allerdings ohne den Hauptangeklagten stattfinden. Der inzwischen 46jährige Girard entzieht sich der Justiz durch einen außergewöhnlichen Selbstmord. Er läßt sich auf nie geklärte Weise den Koch-Bazillus ins Gefängnis schmuggeln, infiziert sich selbst mit Tuberkulose und erkrankt tatsächlich schwer. Die Diagnose der Ärzte: fortgeschrittene Tuberkulose. Henri Girard stirbt am 12. Juni 1921.

Der Prozeß wird nun nur noch gegen die beiden »Witwen«, gegen die rechtmäßige, Jeanne Drouhin, und die falsche, Joséphine Doueteau geführt. Die dritte Geliebte, Laure Dagneaux, wird nur als Zeugin gehört, denn kurz vor seiner Festnahme hatte Girard sie verlassen. Auch sie ist übrigens von ihm betrogen worden. Ohne ihr Wissen ist es ihm gelungen, die 10000 Francs, die sie auf ihrem Sparkonto gehabt hat, abzuheben und sich damit aus dem Staube zu machen.

Darüberhinaus stehen noch zwei Helfershelfer Girards vor Gericht, zwei kleine Gauner namens Braguier und Rieu, die sich gegen Zahlung eines mageren Obolus bereit gefunden hatten, in die Rollen der angeblich zu Versichernden zu schlüpfen und sich den obligatorischen ärztlichen Untersuchungen durch die Versicherungen zu unterziehen. Beide werden zu Gefängnisstrafen von jeweils zwei Jahren auf Bewährung verurteilt.

Das Strafmaß für die beiden Witwen fällt unerwartet hoch aus. Obwohl die Vergiftung nicht nachgewiesen werden kann, gibt es keine mildernden Umstände, und so wird Jeanne Drouhin, die legitime Ehefrau Girards, zu lebenslangem Zuchthaus und Joséphine Doueteau zu einer 20jährigen Zuchthausstrafe verurteilt.

*

Blicken wir zurück: Mühsam hat sich die vergiftete Hélène Monin noch zur Métro-Station *Gare de l'Est* schleppen können. Wir wollen ihren Weg zurückverfolgen, und die Gelegenheit zu einem kleinen Spaziergang rund um den Tatort

Die Gare de l'Est vom Boulevard de Strasbourg aus gesehen. In dieser Métro-Station ist die vergiftete Hélène Monin zusammengebrochen.

nutzen. Zwar erwarten uns hier keine spektakulären Sehenswürdigkeiten, dennoch befinden wir uns in einem der interessantesten Viertel der Stadt. Beginnen wir an der *Gare de l'Est,* am Ostbahnhof. Die *Gare de l'Est,* der älteste Bahnhof der Stadt, wurde am 21. Juli 1849 eröffnet und ist, wie alle Pariser Bahnhöfe, ein Kopfbahnhof. Von hier gehen die Züge in den Osten Frankreichs, nach Deutschland und Osteuropa. Am 4. Oktober 1883 startete von hier übrigens der legendäre Orientexpreß zu seiner Jungfernfahrt.
Wir überqueren den Bahnhofsvorplatz, die *Place du 11 Novembre 1918,* die von einem schmiedeeisernen Gitter abgegrenzt wird und wechseln zur anderen Straßenseite, der *Rue du 8 Mai 1945*. Der Tatsache, daß hier die Züge aus dem Osten des Landes ankommen, ist es zu verdanken, daß sich im Laufe der Zeit rund um den Bahnhof zahlreiche Elsässer niedergelassen haben, wovon größere und kleinere Restaurants mit regionaler Küche künden. Gleich gegenüber dem Bahnhof empfängt uns *La Strasbourgeoise,* daneben die *Brasserie de*

l'Est, etwas weiter würden wir ein uriges Gasthaus mit dem Namen *Aux Armes de Colmar* finden. Wir wollen aber gleich den *Boulevard de Strasbourg*, er wurde erst später als der Bahnhof, nämlich 1852-54 angelegt, hinuntergehen und zwar auf der rechten Seite. Der Eingang zur Métro *Gare de l'Est*, an dem wir jetzt vorbeikommen, ist der, in dem Madame Monin zusammengebrochen ist. Wir überqueren die *Rue Saint-Laurent* und werfen einen Blick in die gleichnamige Kirche. Sie ist über viele Jahrhunderte hinweg immer wieder umgebaut und erweitert wurden, so daß sie für den Architekturinteressierten durchaus sehenswert ist.
Wir überqueren den *Boulevard Magenta*, der hier einen Knick macht, gehen nach rechts und gleich wieder nach rechts in die Rue de la Fidélité. Es sind nur ein paar Schritte durch die recht schmale, für dieses Viertel typische Straße, mit vierstöckigen Häusern sowie den charakteristischen schmiedeeisernen Gittern und Fensterläden. Alles wirkt hier ein wenig schäbig. Gleich an der Ecke sind wir auf der *Rue du Faubourg Saint-Denis*. Die ungeraden Hausnummern befinden sich, wie wir schon wissen, auf der Westseite der Straße. Das Eckhaus Nr. 97 beherbergt im Erdgeschoß noch ein Café-Tabac, wie sie auch hier immer seltener werden, mit dem Namen *Le Londrès*. Gleich daneben in der Nr. 99 hat also unser Monsieur Girard mit einer seiner Geliebten gewohnt. Die Häuser Nr. 99 bis 105 bilden einen einheitlichen Block gleichen Stils, jeweils mit schweren Portalen aus massivem Holz. Vermittelt der gesamte Komplex heute auch einen recht heruntergekommenen Eindruck, so galt er doch zu Monsieur Girards Zeiten als hochherrschaftliche Adresse. Die vier identischen Häuser wurden im ersten Viertel des 18. Jahrunderts auf Initiative des benachbarten Klosters Saint-Lazare errichtet. Das bis dahin öde Land sollte dadurch eine Wertsteigerung erleben. In den Häusern 103 und 105 sind sogar noch die alten Treppenhäuser erhalten. An Wochentagen, wenn wegen der hier ansässigen Arztpraxen, Anwaltskanzleien und Büros der Türcode außer Kraft gesetzt ist, kann man ruhig einen Blick hineinwerfen. Wir gehen zurück zur Ecke, wo hier auf der Westseite die *Rue de Paradis* beginnt. Früher war sie

berühmt für ihre Spiegelmanufakturen, ihre Kristall- und Porzellandepots. Bis heute ist es die Kristall- und Porzellanstraße, wie die vielen Geschäfte beweisen. Die Nr. 18 ist mit dem Fayence-Mosaik ihrer Fassade besonders bemerkenswert. Hier war einmal das Depot einer Fayence-Fabrik. Heute beherbergt das Haus eine Galerie für moderne Kunst, die dem Publikum wochentags bei freiem Eintritt offensteht.
Eingerahmt von häßlichen Neubauten beherbergt die Nr. 30 das Kristallmuseum mit seinen Schätzen und Kuriositäten, darunter eine stattliche Sammlung von Parfum-Flacons sowie ein Kandelaber des Zaren Nikolaj II. mit 79 Kerzen. 1831 hatte die berühmte Gesellschaft *Saint-Louis, Barbier, Daunay & Cie.* das Gebäude des ehemaligen Postfuhramtes erworben und ihr Kristall-Dépot eingerichtet. Über der Toreinfahrt ist noch die Inschrift *Dépôt des Cristalleries de Saint-Louis* zu lesen. Heute hat hier die Firma *Baccarat* ihren Sitz, die neben dem Kristallmuseum auch gleichzeitig ihre Verkaufsausstellung präsentiert.
Zurück auf die *Rue du Faubourg Saint-Denis*. Die Luft ist hier noch genauso schlecht wie vor hundert Jahren, wenn auch nicht mehr die Eisenbahn daran schuld ist. Die *Porte Saint-Denis*, auf die wir jetzt zugehen, liegt meist unter einer dicken Smog-Wolke, denn in Paris herrscht fast immer dicke Luft. Man sollte auf alle Fälle an einem Wochentag hierhergehen, weil nur dann die Straße ihr ganzes buntscheckiges Leben vor uns entfaltet. Den Fotoapparat sollte man lieber zu Hause lassen. Selbst der Anblick einer harmlosen Fototasche erweckt schon größtes Mißtrauen.
An der Vielfalt, die das Auge geboten bekommt, mag man sich kaum sattsehen: Geschäft reiht sich an Geschäft: Obst, Fleisch, Geflügel, Wild, Fisch, Käse und Milch, Bäcker und Konditoren. Viele kommen aus dem Orient, aus der Türkei, Pakistan oder Indien. Orientalische Pâtisserien bieten knallbuntes Zuckerzeug – viel zu süß aber ungemein dekorativ. Hier und da ein bis unter die Decke mit nutzlosem Plunder vollgestopfter Kramladen.
Auf der Höhe der Nr. 63 lohnt sich ein Abstecher in den *Cours des Petites-Écuries*. Im Haus Nr. 7 befindet sich die *Brasserie*

Flo, ein Restaurant, dem man schon wegen seiner Inneneinrichtung einen Besuch abstatten sollte. Früher eine Brauerei, wurde das Gebäude 1909 von einem gewissen Floderer gekauft, der hier eine Brasserie errichtete, eben die *Brasserie Flo*. Das Innere ist in den Jahren 1910 bis 1913 nach deutschem Vorbild entstanden und sollte einem deutschen Wirtshaus ähnlich sehen, wie sie kurz nach der Jahrundertwende in Paris sehr in Mode waren.

Ein Hauch von Exotik in der heruntergekommenen Passage Brady. Hier haben sich indische Restaurants und Lebensmittelgeschäfte niedergelassen.

In der Nr. 46 finden wir die *Passage Brady*. Im April 1928 errichtet, verband sie ursprünglich die *Rue du Faubourg Saint-Denis* mit der *Rue du Faubourg Saint-Martin*. Nach der Anlage des *Boulevard du Strasbourg* wurde sie geteilt. Einst waren hier vor allem Konfektions- und Lederwarengeschäfte angesiedelt, in denen sich vornehmlich in den zwanziger Jahren die losen Damen aus der nahegelegenen *Rue Saint-Denis* einkleideten. Der Eingang an der *Rue du Faubourg Saint-Denis* wirkt zunächst wenig einladend. Unter der Rotunde haben sich stinkende Müllberge angesammelt. Schaut man sich einmal um, so scheint die Passage dem unaufhaltsamen Verfall preisgegeben. Der einstmals schöne Mosaik-Fußboden ist völlig zerstört, und das Glasdach schützt schon lange nicht mehr vor Regen. Dieser eher traurige Anblick könnte den Besucher veranlassen, einen solch ungastlichen Ort schnell wieder zu verlassen. Doch wir wollen unseren Weg unbeirrt fortsetzen, denn zum *Boulevard de Strasbourg* hin wird das Bild freundlicher. Jetzt glaubt man sich eher in exotische Gefilde, nach Indien oder Pakistan versetzt. Lebensmittel aus fernen Ländern, exotische Gemüse, Früchte und Gewürze, die man außerhalb Indiens allenfalls noch in London findet; Barbiere wie in einer indischen Metropole, wo sich ausschließlich Inder von Indern die Haare schneiden oder den Bart stutzen lassen. Video-Shops mit ausschließlich indischen oder pakistanischen Filmen. Der Gestank, der uns anfangs noch störte, ist längst von verführerischem Curry-Duft, der aus den Restaurants strömt, vertrieben. Der zweite Teil der *Passage Brady*, jenseits des *Boulevards de Strasbourg*, ist nicht überdacht. Im Gegensatz zu dem überdachten Teil wirkt die Passage hier fast idyllisch, ist geradezu eine Oase der Ruhe. Obwohl es einige indische Restaurants gibt, verirren sich nur wenige Passanten hierher. Die Schaufenster des großen Kostümverleihs auf der rechten Seite sind allein schon den Besuch dieses Teils der Passage wert.
Zurück auf der *Rue du Faubourg Saint-Denis*, finden wir wenige Schritte weiter, ebenfalls zu unserer Linken, die *Passage de l'Industrie*, eine nicht überdachte Passage, eigentlich nur eine Gasse, die eine ganz andere Besonderheit aufweist.

Die Passage du Prado, erst 1925 überdacht, erhielt ihren Namen nach dem berühmten Museum in Madrid erst 1930.

Hier hat der Friseurgroßhandel sein Domizil. Lockenwickler, Kämme in allen Formen, Größen und Farben, Haarscheren aller Art, Perückenköpfe, Schampoon in Kanistern, eben alles, was ein Friseur braucht, ist hier in Hülle und Fülle zu haben.

Die Porte Saint-Denis von der gleichnamigen Straße aus gesehen.

An der Nr. 16 angekommen, stehen wir vor dem Restaurant *Julien*, wo wir Jeanne Girard und Hélène Monin zum ersten Mal getroffen haben. Damals war es noch ein preiswertes, einfaches Volksrestaurant, dessen wundervolles Interieur die Besitzer der teuren Restaurants in der Innenstadt vor Neid erblassen ließ. Seit Jahren gehört das *Julien* zu der inzwischen zu einer respektablen Restaurant-Kette herangewachsenen *Brasserie Flo*.

Nur ein paar Häuser weiter, in der Nr. 12, finden wir eine weitere Passage, die 1785 errichtete *Passage du Prado*. Zu der Zeit, als Jeanne und Hélène hier entlangschlenderten, war sie noch nicht überdacht und hieß noch Passage du Bois de Boulogne. Überdacht wurde sie 1925, und den Namen Prado, nach dem berühmten Museum in Madrid, erhielt sie erst 1930. Hier haben sich in erster Linie Türken und Pakistani niedergelassen.

Nun sind wir fast an der *Porte Saint-Denis* (s. Foto vorherige Seite). Wer noch Lust hat, kann jetzt die *Rue Saint-Denis* weitergehen. Die berühmte Prostituiertenstraße vermittelt noch immer einen Hauch von Eugène Sues »Die Geheimnisse von Paris« und Billy Wilders »Irma La Douce«. Hier ist der Großhanddel der Konfektionäre konzentriert. Wer neugierig genug ist, sollte sich einen Bummel durch diese Straße nicht entgehen lassen und sie bis ins Hallenviertel hinunterlaufen. Für den passionierten Stadtwanderer geradezu ein Muß.

Der Herr aus Gambais

Tatzeit: 1914-1918
Tatort: Gambais bei Paris
Schlüsselort: 76, rue de Rochechouart (IX. Arrondissement)

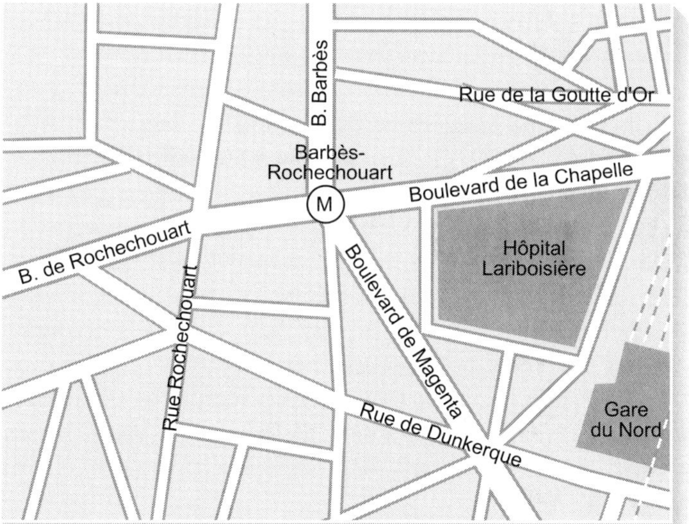

Am 30. Dezember 1907 werden bei der Pariser Polizei-Präfektur 12 mobile Kriminalbrigaden eingerichtet, zu deren Aufgaben nicht nur die Verbrechensbekämpfung gehört, sondern auch die Bearbeitung heikler politischer Affären. Die 1. mobile Brigade hat ihren Sitz in der *Rue de Greffulhe,* einer kleinen Straße im VIII. Arrondissement, nur wenige Schritte vom *Boulevard Haussmann* entfernt, zwischen *Madeleine* und der *Gare Saint-Lazare.* Hier beginnt auch die Karriere des jungen Pariser Kriminalbeamten Jean Belin, der in den nächsten Jahren zu einem der bekanntesten Kriminalisten von Paris avanciert. Im April 1919 wird Belin, er ist noch nicht Commissaire, sondern erst Inspecteur, mit einem Fall betraut, der bereits ahnen läßt, daß er einmal zu den spektakulärsten Kriminalfällen des 20. Jahrhunderts zählen wird. Zwar sieht zu Beginn alles nach einer Routineermittlung aus, aber Belin ahnt, daß mehr dahinter steckt.

Am Morgen des 5. April 1919, draußen ist es naßkalt und trüb, studiert Inspecteur Belin eine Akte, die ihm soeben von der Staatsanwaltschaft in Mantes übersandt worden ist. Wie in einen Roman vertieft er sich in die Lektüre:

Im Mai 1918 hat eine gewisse Mademoiselle Lacoste, Dienstmädchen in einem großbürgerlichen Pariser Haushalt, an den Bürgermeister von Gambais, einem kleinen Ort etwa 40 km südwestlich von Paris, einen Brief geschrieben: Verzweifelt suche sie nach ihrer Schwester Célestine Buisson. Über eine Heiratsannonce habe Célestine einen gewissen Monsieur Frémyet kennengelernt, mit dem sie im August 1917 in sein Landhaus nach Gambais gezogen sei. Seitdem habe sie nichts mehr von ihrer Schwester gehört. Alle Briefe seien unbeantwortet geblieben. Nun bitte sie den Bürgermeister, über den Verbleib Célestines Nachforschungen anzustellen.

Nachdenklich kaut der Bürgermeister auf seiner Pfeife. Hat er nicht vor einigen Wochen einen ganz ähnlichen Brief bekommen? Er kramt in den Schubladen seines wurmstichigen Schreibtisches. Ja richtig! Der Brief ist von einer gewissen Madame Pelat. Sie vermißt ebenfalls ihre Schwester. Anna Collomb, so ihr Name, ist mit ihrem Verlobten, einem gewissen

Monsieur Dupont, den sie durch eine Heiratsannonce kennengelernt hat, nach Gambais gezogen. Seither fehlt von ihr jede Spur.

Fast gleichzeitig sind in seinem Städtchen zwei Frauen verschwunden! Der Bürgermeister ist beunruhigt. Zwar können die Schreiberinnen keine Adresse nennen, beschreiben die Lage des Hauses aber präzise. Es kann sich nur um die am Stadtrand gelegene Villa »L'Ermitage« handeln. Der Bürgermeister schaut sich an Ort und Stelle um. Seit langem schon scheint hier niemand mehr zu wohnen. Das Haus ist verlassen und verwahrlost, der Putz bröckelt, und im Garten wuchert das Unkraut. Durch die beschlagenen Fenster ist nichts zu sehen.

Zurück im Rathaus schreibt er sogleich an Mademoiselle Lacoste, daß er den Aufenthaltsort ihrer Schwester leider nicht habe ausfindig machen können, rät ihr aber, sich doch mit Madame Pelat in Verbindung zu setzen, deren Schwester unter ähnlichen Umständen verschwunden sei.

Umgehend sucht das Dienstmädchen die genannte Dame auf. Beiden Frauen ist sofort klar, daß das Verschwinden ihrer Schwestern an ein und demselben Ort kein Zufall sein kann. Die redegewandte Mademoiselle Lacoste vermag jenen Monsieur Frémyet anschaulich zu beschreiben: Er ist unscheinbar, klein, hager, hat ein knochiges Gesicht und ist etwas bucklig. Eigentlich kein Typ, auf den die Frauen fliegen. Meist trägt er eine Melone, die seine Halbglatze verdeckt. Besonders auffallend aber ist sein dunkler, leicht rötlicher Spitzbart und die tiefliegenden Augen mit den buschigen Brauen. »Diese Augen werde ich nie in meinem Leben vergessen!« beendet sie ihre Beschreibung. Madame Pelat stockt der Atem. Das ist ja Dupont! Kein Zweifel: Monsieur Frémyet und Monsieur Dupont sind ein und dieselbe Person. Gemeinsam gehen sie zur Polizei und erstatten Anzeige. Nach mehreren Monaten fruchtloser Ermittlungen in Gambais und Umgebung gelangt die Akte schließlich nach Paris und landet auf Belins Schreibtisch.

Es ist noch nicht Mittag, als Belin Hut und Mantel nimmt, um Mademoiselle Lacoste in der Wohnung ihrer Herrschaft in der *Rue du Plâtre* im Marais, unweit des *Hôtel de Ville*, aufzusuchen. Kaum hat er sich vorgestellt, ergießt sich über ihn eine Schimpfkanonade: »Sie erdreisten sich, mit mir über meine Schwester reden zu wollen?« fährt Mademoiselle Lacoste, die nicht gerade auf den Mund gefallen ist, den Inspecteur an. »Fast ein Jahr ist es her, daß ich Anzeige erstattet habe. Nichts ist seither geschehen. Verfahren Sie ebenso gleichgültig, wenn eine Dame der Gesellschaft vermißt wird?«

Im Moment vermag Belin darauf nichts zu erwidern. Kleinlaut entschuldigt er sich damit, die Akte erst gestern bekommen zu haben. Die sonst so beherzte Frau gerät jetzt völlig aus der Fassung und beginnt bitterlich zu weinen. Nur stockend kann sie erzählen, was der Inspecteur eigentlich schon aus der Akte weiß: Ihre Schwester Célestine ist mit einem gewissen Frémyet in dessen Villa nach Gambais gezogen, wo sich ihre Spur verliert.

Verlegen schreibt Belin seine Telefonnummer auf einen Zettel und verabschiedet sich mit den Worten: »Falls Sie Frémyet zufällig begegnen, rufen sie mich sofort an.« Auf der Treppe murmelt er kopfschüttelnd vor sich hin: »Natürlich wird sie ihm nie begegnen ...«

Auch ein Besuch bei der Familie der ebenfalls verschwundenen Anna Collomb bringt keine neuen Erkenntnisse, und in der Verbrecherkartei ist weder der eine noch der andere zu finden.

Der nächste Tag, es ist der 6. April 1919, beginnt freundlicher. Es ist zwar immer noch kühl, aber die Sonne kämpft sich durch den Dunst. Inspecteur Belin sitzt seinem »Patron«, Monsieur Bichon, gegenüber. Sie reden über dies und das. Unvermittelt tippt Belin auf die Akte aus Mantes: »Das hier scheint sich zu einer ganz großen Sache zu entwickeln ...«

Mißbilligend runzelt Monsieur Bichon die Stirn, doch Belin läßt sich nicht beirren: »Es könnte sein, daß wir es hier mit einem Verbrechen zu tun haben, dessen Dimension wir noch gar nicht überblicken.«

»Aber ich bitte Sie, Belin«, winkt Bichon ab. »Zwei erwachsene Frauen haben lange nichts mehr von sich hören lassen. Ja und? Vielleicht haben sie gute Gründe, alle Brücken hinter sich abzubrechen. Die Damen werden schon wieder auftauchen.«

»Sie tauchen bestimmt nicht wieder auf«, brummt Belin beleidigt, »jedenfalls nicht lebendig.«

Bichon zieht spöttisch die Brauen hoch: »Sie glauben doch wohl nicht im Ernst, daß die Damen einem Mörder zum Opfer gefallen sind?«

»Das glaube ich nicht nur, ich bin mir sogar sicher. Sie haben nicht die in Tränen aufgelöste Schwester der vermißten Madame Buisson gesehen. Die Schwestern verband eine innige Beziehung. Geheimnisse gab es da keine. Sie haben auch nicht den Vater der anderen gesehen. Der alte Mann hat herzzerreißend geweint. Seine Tochter hat sich stets rührend um ihn gekümmert. Nun fehlt seit Weihnachten 1916 jedes Lebenszeichen von ihr. Glauben Sie mir, Patron, die Frauen sind nicht mehr am Leben.«

Bichons Miene verdüstert sich mehr und mehr: »Mein lieber Belin, sie gehen mir mit ihrer Phantasterei höllisch auf die Nerven.« Geräuschvoll legt er einen Stapel Akten auf den Schreibtisch, den er die ganze Zeit auf dem Schoß gehalten hat. »Hier, nehmen Sie das. Ungeklärte Raubtaten.« Und im Hinausgehen fügt er hinzu: »Kümmern Sie sich lieber darum, damit Sie nicht auf dumme Gedanken kommen.«

Belin murmelt etwas Unverständliches vor sich hin, das so klingt wie: »Sie können mich mal …«

Am selben Tag, gegen 19 Uhr schreckt ihn das penetrante Klingeln des Telefons aus tiefer Grübelei. Die aufgeregte Frauenstimme am anderen Ende der Leitung überschlägt sich fast: »Inspecteur Belin? Ich habe ihn gerade gesehen …« Er erkennt die Stimme sofort. »Mademoiselle Lacoste, was ist passiert?«

»Ich habe ihn gerade gesehen, Monsieur Frémyet, in der Rue de Rivoli …«

Belin ruft ein Taxi und fährt in die *Rue du Plâtre*. Mademoiselle Lacoste sitzt in der Küche und wischt, bevor sie zu erzählen beginnt, mit einem Zipfel ihrer Schürze die Tränen ab. »Ich war für meine Herrschaft in der Rue de Rivoli Besorgungen machen. Das war gegen 18 Uhr. Ich dachte, mich trifft auf der Stelle der Schlag. Da sehe ich doch Monsieur Frémyet mit einer jungen Frau am Arm in das Porzellan-Geschäft Lion de Faience gehen. Ich natürlich hinterher. Ein Tee-Service für 325 Francs hat er bestellt. Bis zur Place du Châtelet konnte ich die beiden dann noch verfolgen, wo sie den Bus nach Montmartre genommen haben. Ich war direkt hinter ihnen ...«

Bis hierher, zur Place du Châtelet, konnte Mademoiselle Lacoste den mutmaßlichen Mörder ihrer Schwester verfolgen.

»Hat er Sie etwa erkannt?« unterbricht sie Belin.
»Ja, leider«, nickt Mademoiselle Lacoste. »Als er in den Bus stieg, hat er mich angestarrt. Da wurde mir mulmig, und ich habe lieber kehrt gemacht und Sie gleich angerufen ...«
»Das ist nicht gut, daß er Sie erkannt hat«, murmelt Belin und fügt nach kurzer Pause hinzu: »Wir müssen sofort in das Geschäft ... Wollen Sie mitkommen?« Statt eine Antwort zu geben, steht Mademoiselle Lacoste auf und nimmt ihren Mantel.
Doch das Geschäft ist längst geschlossen. So bleibt ihnen nichts anderes übrig, als den Ladenbesitzer aufzusuchen, der

in der Rue Lauriston im noblen XVI. Arrondissement unweit der *Place d'Étoile* wohnt.
Geduldig hört sich der Inhaber des Porzellan-Geschäfts Belins Geschichte an, schüttelt dann aber bedauernd den Kopf: »Es tut mir leid, ich habe heute kein Tee-Service verkauft. Monsieur Declerc, mein Geschäftsführer, weiß gewiß besser Bescheid. Er wohnt in Bagnolet. Am besten, wir fahren gleich zu ihm.« Die drei steigen in das vor dem Haus wartende Taxi. Es wird Ärger mit der Spesenabrechnung geben, wenn diese Fahrt zu nichts führt, denkt der Inspecteur, ist aber entschlossen, das Risiko einzugehen.
Declerc erinnert sich sofort, die Bestellung eines Paares für ein Tee-Service angenommen zu haben. An den Namen des Kunden besinnt er sich jedoch beim besten Willen nicht, ebensowenig kann er das Paar beschreiben. So fahren sie zu viert, es ist inzwischen nach Mitternacht, zurück in die *Rue de Rivoli*. Der Geschäftsführer blättert in den Bestellungen des Tages und findet die gesuchte sofort. Eine Visitenkarte ist angeheftet: *Lucien Guillet, Ingenieur. 76, rue de Rochechouart, Montmartre*. Belin ist irritiert. Er sucht einen Frémyet, für den er auch einen Haftbefehl hat, allenfalls einen Dupont. Aber Guillet?
»Sind Sie sicher, daß es Monsieur Frémyet war, den Sie gesehen haben?« wendet er sich an Mademoiselle Lacoste. Die Verärgerung in seiner Stimme ist kaum zu überhören. »Aber Monsieur, ohne jeden Zweifel! Er stand vor mir, so wie Sie jetzt vor mir stehen. Unter Hunderten würde ich ihn erkennen«, entgegnet das Mädchen entrüstet. Der Inspecteur glaubt ihr.
Während sich die drei anderen müde auf den Heimweg machen, steigt Belin erneut in das Taxi und fährt in die *Rue de Rochechouart*. Das französische Gesetz erlaubt ihm allerdings nicht, eine Verhaftung nach Sonnenuntergang und vor Sonnenaufgang vorzunehmen. Die vier Wände des Bürgers sind gewissermaßen heilig. Obwohl es schon zwei Uhr morgens ist, fühlt sich Belin hellwach, und er beschließt, bis zum Morgen vor dem Haus zu warten. Gegen sechs Uhr geht in der Loge der Concierge Licht an. Er klingelt und erklärt ihr, wor-

um es geht. »Monsieur Guillet? Der ist gestern abend mit seiner Frau abgereist.« Wann er zurückkommt? Sie kann es nicht sagen. Jedenfalls haben die beiden Gepäck bei sich gehabt. Die Enttäuschung steht Belin ins Gesicht geschrieben. Indes nimmt er die Gelegenheit wahr, von der gesprächigen Concierge mehr über diesen Guillet zu erfahren. So vertraut sie ihm unter dem Siegel der Verschwiegenheit unter anderem an, daß seine Frau gar nicht seine Frau, sondern seine Geliebte ist. Und sonst? Guillet ist immer freundlich, zahlt pünktlich seine Miete und knausert nie mit dem Trinkgeld. Wie er aussieht? Na, eine Schönheit ist er nicht gerade. Ein kleiner Glatzkopf mit Spitzbart und tiefliegenden Augen ...
Der übernächtigte Belin gönnt sich nur eine kurze Ruhepause in seiner Dienststelle. Noch am Vormittag fährt er mit dem Zug nach Houdon und nimmt für die restlichen sechs Kilometer nach Gambais einen Pferdeomnibus.
Der Bürgermeister hat recht gehabt. Das Anwesen, es umfaßt etwa 3 000 m^2, ist von einer hohen Mauer umgeben und wirkt verwahrlost. Das nächstgelegene Haus ist rund vierhundert Meter entfernt und wird von einem Schuster bewohnt, einem mürrischen Mann mittleren Alters, dem der Inspecteur dennoch einige Informationen entlocken kann: »Sie reden von Monsieur Dupont, der die L'Ermitage gemietet hat?« der Schuster weist mit einer Kopfbewegung auf das verlassene Haus. »Der hat zu keinem Kontakt hier. Ist eben ein Fremder ... Der kommt immer mit dem Bus vom Bahnhof in Houdon. Bleibt aber nie lange ... Ich werd' nie begreifen, was die Weiber an dem finden«, brummt er kopfschüttelnd. Der Inspecteur schaut ihn fragend an. »Fast jedes Mal kommt er mit einer anderen. Dabei ist das so'n Kleiner mit Spitzbart und Glatze, na Sie wissen schon ... Da versteh' einer die Weiber! Komisch ist, die Frauen sieht man nie im Ort. Das letzte Mal hat er eine Madame mit drei kleinen Hunden mitgebracht. Hab sie aber nur einmal gesehen.« Die Beschreibung der Frau, die der Schuster gibt, paßt aber weder auf Madame Buisson, noch auf Madame Collomb ...
Mehrmals am Tag geht Belin in die *Rue de Rochechouart*, um nachzufragen, ob Guillet wieder aufgetaucht ist. Ohne Er-

folg. Er verflucht Mademoiselle Lacoste, die ihm diese Sache eingebrockt hat und ist kurz davor zu resignieren.
Am 10. April, gegen 23 Uhr, verläßt Belin eine kleine Feier unter Kollegen. Auf dem Heimweg geht er noch einmal in die *Rue de Rochechouart.* Die Concierge hat ihn vom Fenster aus gesehen und öffnet noch bevor er geklingelt hat. »Er ist zurück«, flüstert sie, »zusammen mit seiner Geliebten.« Belin ist erleichtert. Diesmal wird ihm dieser Guillet – oder wie immer er heißen mag – nicht so leicht entwischen. Vor Sonnenaufgang sind ihm jedoch die Hände gebunden. Ohnehin kann er erst ab 9 Uhr Verstärkung anfordern, denn bei der mobilen Brigade gibt es keinen Bereitschaftsdienst. So wird er die ganze Nacht hierbleiben müssen. Von der gegenüberliegenden Straßenseite beobachtet er das Eckhaus. An der Ecke ist ein Café, daneben ein kleiner, eher einem Kramladen ähnlicher Juwelier. In Guillets Wohnung, in der ersten Etage links, brennt Licht. Hinter den Vorhängen bewegen sich Schatten. Um ein Uhr geht das Licht aus. Mit der Concierge hat er ein Zeichen verabredet, damit sie ihn ins Haus läßt. Er schleicht nach oben und setzt sich auf den Treppenabsatz. Der Inspecteur ist todmüde. Auf keinen Fall darf er jetzt einschlafen! Er setzt sich vor Guillets Tür und lehnt sich mit dem Rücken dagegen. Wenn er doch einnicken sollte, würde er wenigstens wach werden, wenn Guillet versuchen sollte, seine Wohnung zu verlassen.
Aber Belin hat einen entscheidenden Fehler gemacht. Er hat nicht bedacht, daß Paris die Stadt der Nachtschwärmer ist. Gegen 4 Uhr morgens schreckt er auf. Jemand versucht die Concierge wachzuklingeln, um ins Haus gelassen zu werden. Belin, obwohl einiges gewohnt, klopft das Herz jetzt bis zum Hals. Was ist, wenn der Mieter ihn hier sieht, auf dem Treppenabsatz hockend wie ein Clochard. Er wird Alarm schlagen, das ganze Haus und somit auch Guillet aufwecken. Er muß von hier verschwinden. Schnell zieht er seine Schuhe aus und schleicht auf Zehenspitzen die Treppe hinauf bis zum Dachgeschoß, wo sich die Dienstbotenwohnungen befinden. Hoffentlich kommt der Mieter nicht hier hinauf. Ihm wird heiß. Irgendwo dreht sich ein Schlüssel im Schloß und eine

Tür klappt. Der Unbekannte ist in einer Wohnung in der 3. Etage verschwunden. Als alles ruhig ist, nimmt Belin seinen Posten wieder ein. Die Minuten werden zu Stunden. Jetzt zittert er vor Kälte und beschließt, in das gegenüberliegende Café zu gehen, das schon geöffnet hat. Von hier kann er bei einem wärmenden Grog ebenso gut sehen, ob bei Guillet das Licht wieder angeht.

Gegen 7 Uhr schickt er die Concierge einen Schutzmann holen, den er dann beauftragt, von der mobilen Brigade Verstärkung anzufordern. Kurz nach 9 Uhr erscheint Kollege Braunberger.

Belin weiß, wie er vorgehen wird. Das clevere Dienstmädchen hat gestern erneut eine Entdeckung gemacht: In einer Zeitung ist sie, wieder rein zufällig, auf eine Annonce gestoßen, in der ausgerechnet Guillet sein Auto zum Verkauf angeboten hat.

Belin klingelt, klopft an, aber nichts rührt sich. Er klingelt erneut. Endlich fragt eine verschlafene Stimme: »Wer ist da, was wollen Sie?«

»Es ist wegen des Automobils ...«

»Kommen Sie später wieder, ich schlafe noch.«

»Das geht nicht. Ich komme aus der Provinz und muß gleich zurück.«

»Na schön.« Ein Schlüssel dreht sich im Schloß. Durch einen Türspalt schaut ein verschlafener, hagerer glatzköpfiger Mann in Bademantel und Filzpantoffeln. Sein Spitzbart ist bizarr zerzaust. Die beiden Polizisten stoßen ihn zur Seite und stürmen in die Wohnung. »Zu Hilfe! Verbrecher! Was wollen Sie von mir, das ist Hausfriedensbruch!« ruft er erschrocken. Belin zeigt jetzt seinen Ausweis: »Polizei! Wir haben einen Haftbefehl.« Belin weiß nur zu gut, daß er in diesem Moment verdammt hoch pokert. Er hat zwar einen Haftbefehl, dieser lautet aber auf den Namen Frémyet. Monsieur Guillet könnte ihn also mit Fug und Recht hinauswerfen. Doch letzterer läßt sich das verhängnisvolle Dokument nicht zeigen. Da ertönt plötzlich ein Schrei. Erst jetzt bemerken die Polizisten die junge Frau, die die ganze Zeit in der Schlafzimmertür gestanden hat und in diesem Moment in Ohnmacht fällt.

Rue Rochechouard Nr. 76. In der ersten Etage hat Landru mit seiner Geliebten gewohnt. Hier hat ihn Commissaire Belin festgenommen.

Die Empörung des kleinen Mannes wirkt nicht gekünstelt, und erstmals kommen Belin Zweifel. Handelt es sich etwa doch um ein verhängnisvolles Mißverständnis?
Auf der Fahrt in die *Rue de Greffulhe* bemerkt Braunberger, daß Guillet unruhig wird. Er fingert in seiner Manteltasche, als wolle er sich schnell noch ihres Inhalts entledigen.
In Belins Büro wird Guillet durchsucht. Die Ursache für seine Nervosität: ein abgegriffenes Notizbuch. Belin blättert es flüchtig durch und wird sofort stutzig. Es enthält unzählige Namen von Frauen. Belin blättert weiter. Plötzlich fallen ihm zwei wohlbekannte Namen ins Auge: Buisson und Collomb!
»Wie kommt es, daß Sie so viele Frauen kennen?« Belin blättert betont langsam das Notizbuch durch.

»Das ist meine Privatangelegenheit. Dazu habe ich nichts zu sagen«, erwidert Guillet mit versteinertem Gesicht.
»Sie haben auch Madame Buisson und Madame Collomb gekannt?«
»Ich bin ein Kavalier und werde die Damen nicht kompromittieren.«
»Sie werden mir schon sagen müssen, wo die Damen sich jetzt aufhalten.«
Guillet tut überrascht. »Woher soll ich das wissen? Sie werden mich doch wohl nicht beschuldigen wollen, sie nach Buenos-Aires verschleppt zu haben!«
»Gewiß nicht«, erwidert Belin mit leiser Ironie. »Die Damen waren längst aus dem Alter heraus, um für den Mädchenhandel interessant zu sein ... Schlimmer! Ich beschuldige Sie, die Frauen ermordet zu haben!«
»Sie haben also ihre Leichen gefunden? Wie schrecklich!«
Für Belin eine peinliche Bemerkung, denn eine Leiche kann er nicht präsentieren, allenfalls vage Vermutungen. Auf alle weiteren Fragen schweigt Guillet hartnäckig.
Dem Inspecteur bleiben nach dem Gesetz nur 24 Stunden, um den Verdächtigen zu vernehmen. Dann muß er ihn dem Untersuchungsrichter übergeben. Von diesem Zeitpunkt an darf er nur noch in Anwesenheit eines Anwalts mit Guillet sprechen. Und bis jetzt hat er keinen einzigen stichhaltigen Beweis.
In der Hoffnung, etwas zu finden, fährt Belin noch einmal in Guillets Wohnung. Zwar hat er keinen Durchsuchungsbefehl, aber Guillets junge Geliebte stellt keine Fragen. Hastig durchwühlt er alle möglichen Papiere und findet unter anderem einen Brief, der an einen gewissen Landru adressiert ist. Er steckt ihn ein.
Im Archiv findet Belin endlich, wonach er sucht. Ein Dossier auf den Namen Henry-Désiré Landru, geboren am 11. April 1869 in Paris in der *Rue Bolivar* im XIX. Arrondissement, verheiratet, vier Kinder, achtmal wegen Betruges verurteilt. Seit fünf Jahren läuft gegen ihn ein weiterer Haftbefehl. Ihm wird vorgeworfen, ein Rentnerehepaar um seine Ersparnisse gebracht zu haben. Eine Verurteilung, sie hatte ihm 1909 sei-

ne bisher höchste Gefängnisstrafe von drei Jahren eingebracht, ist besonders aufschlußreich: Eine gewisse Madame Izoret, die er über eine Heiratsannonce kennengelernt hat, ist von ihm um 15 000 Francs betrogen worden. Der beigefügten Fotografie zufolge besteht kein Zweifel. Guillet ist Landru.

Unter diesem neuen Aspekt wird das Verhör fortgesetzt: »Sie heißen also Henry-Désiré Landru«, triumphiert der Inspecteur. Landru zuckt gelangweilt mit den Schultern. »Na schön, dann wissen Sie auch, daß ich von der Polizei gesucht werde. Deshalb benutze ich einen falschen Namen, was mich aber noch lange nicht zum Mörder macht.« Zu weiteren Aussagen ist Landru nicht bereit. Beweise müssen her.

Beim Durchsuchen der Wohnung hat Belin auch eine Mietquittung für eine Remise in Clichy gefunden. Er überläßt Landru einstweilen seinem Kollegen und fährt nach Clichy. Belin ist verblüfft. Die Remise gleicht einem Möbellager: Schränke, Tische, Hausrat, allerlei Nippes, aber auch Kleidungsstücke, insbesondere Frauenkleider. Als er den Inhalt einer Kassette durchsieht, traut er seinen Augen kaum: Sie enthält nicht nur weitere Notizkalender, sondern auch Personalpapiere, unter anderem Geburts- und Heiratsurkunden von verschiedenen Frauen. Er blättert sie sorgfältig durch und stößt dabei auf die Papiere von Anna Collomb und Célestine Buisson. »Volltreffer!« murmelt Belin zufrieden.

Doch damit ist Landru noch lange nicht überführt. Er behauptet seinerseits, die Damen hätten ihm ihre Möbel verkauft und ihn gebeten, ihre Papiere aufzubewahren. Sie hätten sich ins Ausland absetzen wollen. Dann hüllt er sich wieder in Schweigen. Bis tief in die Nacht wird das Verhör fortgesetzt. Ohne Ergebnis. Um 10 Uhr muß er den Verdächtigen in Mantes abliefern. Der Untersuchungsrichter des Provinzortes ist für die Delikte zuständig, die im benachbarten Gambais verübt worden sind. Belin beschließt, mit Landru in Gambais Zwischenstation zu machen. Im Haus jedoch finden sich keine beweiskräftigen Spuren. Seine letzte Hoffnung ist der hinter dem Haus gelegene, halb verfallene Schuppen. Tatsächlich: unter einem Strohschober gut verborgen, stößt der Inspecteur auf drei Tierskelette. Sie gehören offenbar den Hunden, von denen der mißlaunige Schuster gesprochen hat. Landru erklärt bedauernd: »Ihre Besitzerin wollte, daß ich die Tiere töte. Sie konnte sie nicht mehr ernähren. Ich habe sie erdrosselt. Das ist der sanfteste Tod.« Er weigert sich aber strikt, den Namen der Hundehalterin zu nennen ...

Henry-Desire Landru in Erwartung seines Prozesses

Mit der Übergabe des Verdächtigen an den Untersuchungsrichter ist die Affäre Landru für Inspecteur Belin noch lange nicht erledigt. Zwei Jahre noch werden ihn die Ermittlungen beschäftigen. Wieder und wieder vertieft er sich in die Notizkalender. Insgesamt finden sich darin die Namen von 283 Frauen. Sie alle müssen ausfindig gemacht werden. Eine Arbeit von Monaten. Die meisten erfreuen sich bester Gesundheit. Fast ausnahmslos haben sie Landru, der eine Unzahl von Pseudonymen benutzt hat, über eine Heiratsannonce kennengelernt. Die eine oder andere gesteht sogar ein, mit ihm ein Verhältnis gehabt zu haben. Zehn Frauen allerdings und – seltsamerweise – auch ein junger Mann sind spurlos verschwunden. Der Inspecteur ist überzeugt, daß Landru sie ermordet hat.
Nach den Aussagen von Verwandten und Freunden der Vermißten ergibt sich folgender Sachverhalt:

Landrus erstes Opfer ist offenbar die 39jährige Jeanne Cuchet gewesen. Seit dem Tod ihres Mannes vor sechs Jahren arbeitet sie in der Konfektion. Im Juli 1914 wird sie von einem nicht eben attraktiven, aber überaus charmanten Monsieur im *Jardin du Luxemburg* angesprochen, der sich ihr als der Postbeamte Émile Diard vorstellt. Bald schon sind sie recht vertraut miteinander. Jeanne lädt ihn auch in ihre Wohnung in der *Rue du Faubourg Saint-Denis* ein. Diard kann in der Tat zufrieden sein: Erstens ist sie hübsch und zweitens nicht unvermögend. Sie besitzt schöne Möbel, darunter sogar recht wertvolle Stücke, etwas Schmuck und hat, wie sie ihm anvertraut, 5000 Francs gespart, damals eine beachtliche Summe. Der einzige Wermutstropfen: Sie hat einen 17jährigen Sohn, der bei ihr wohnt. Als Diard von Heirat spricht, besteht Jeanne darauf, ihren Bräutigam der Familie ihrer Schwester, den Friedmanns, vorzustellen. Ihnen ist dieser sonderbare Mann mit dem unangenehmen durchdringenden Blick sofort unsympathisch. Doch ungeachtet aller Warnungen zieht Jeanne in sein Haus, das er vor kurzem erst in Chantilly gemietet hat.

Eine Sache beunruhigt sie allerdings, weiß sie doch so gut wie nichts über ihren Verlobten. Zudem ist er oft längere Zeit fort, ohne ihr zu sagen, was er treibt. Eines Tages, wieder ist sie allein, kramt sie in seinen Sachen und findet in einer Schublade Briefe von anderen Frauen. Jeanne ist entsetzt: Es sind Antworten auf Heiratsannoncen. Außerdem findet sie seine Heiratsurkunde. Nun weiß sie auch, daß er in Wahrheit Henry-Désiré Landru heißt.

Zur Rede gestellt, gerät Diard/Landru nicht einmal in Verlegenheit. Mit einer gehörigen Portion Sinn für Dramatik gesteht er ihr, daß er schrecklich unglücklich verheiratet ist und die Scheidung nicht mehr lange auf sich warten lasse. Warum er gelogen hat? Aus Angst, sie könne ihn verlassen, wo sie doch seine einzige große Liebe ist. Er fleht sie auf Knien an, ihm zu verzeihen. Die Versöhnung läßt nicht lange auf sich warten.

Im Dezember mietet Landru ein Haus in Vernouillet bei Dreux, westlich von Paris. Jeanne gibt ihre Wohnung auf, läßt die Möbel in sein Haus bringen und zieht – mit ihrem Sohn – zu ihrem vermeintlichen Verlobten. Seit Februar 1915 fehlt von Jeanne Cuchet und ihrem Sohn André jede Spur. Ein Fleischer aus der Nachbarschaft bemerkt in einer Februarnacht schwarzen, ekelerregenden Rauch, der aus dem Schornstein von Diards Haus quillt. Am nächsten Morgen verständigt er die Polizei. Diard/Landru entschuldigt sich, die Nachbarschaft belästigt zu haben. Er habe nur Abfälle verbrannt, verdorbene Reste von Fleisch und Knochen. Für die Polizei ist die Angelegenheit erledigt ...

Landru verkauft Madame Cuchets Schmuck und ihre Möbel; was er nicht los wird, stellt er in seiner Remise in Clichy unter. Die goldene Uhr seines Opfers indes und einen Teil der 5000 Francs schenkt er seiner Frau.

Wenig später lernt er über eine Heiratsannonce die 45jährige Thérèse Labarde-Line kennen, eine in Buenos-Aires geborene Witwe, die er in seinen Notizen die Brasilianerin nennt. Landrus Kenntnisse in Geographie sind offenbar mangelhaft. Er geht mit ihr aus, macht ihr kleine Geschenke und spricht von Heirat. Sie läßt ihre Möbel nach Vernouillet bringen und zieht zu ihm. Seit Juni 1915 wird sie von niemandem mehr gesehen.

Das nächste Opfer ist die 51jährige Witwe Désirée Guillin. Sie gesteht in ihrer Antwort auf die Heiratsannonce leichtfertig, daß sie von einem Junggesellen, den sie bis zu seinem Tod gepflegt hat, 40000 Francs geerbt hat. Landru wittert fette Beute und stellt sich ihr als hoher Beamter vor, der in Kürze als Konsul nach Australien gehen wird und eine integere Begleiterin sucht. Heirat nicht ausgeschlossen. Am 2. August 1915 reisen sie zusammen nach Vernouillet. Zwei Tage später ist sie verschwunden.

Das Haus in Vernouillet wird auf die Dauer seinen Anforderungen nicht gerecht, und er sieht sich nach einem abgelegeneren Anwesen um. Unmittelbare Nachbarn kann er nicht gebrauchen, und so mietet er im Winter 1915 in Gambais das ideale Objekt: die Villa L'Ermitage.

Sein fünftes Opfer, die 47jährige Berthe Héon, wird die erste sein, die in Gambais verschwindet. Am 8. Dezember 1915

fährt sie mit ihm in das neue Haus und wird nie mehr zurückkehren.
Schon im Mai 1915 hat er Anna Collomb kennengelernt. Die 44jährige Witwe arbeitet seit dem Tod ihres Mannes vor 12 Jahren als Stenotypistin bei einer Versicherungsgesellschaft. Zwar ist sie verlobt, doch weil ihr Bräutigam mit der Heirat zögert, hat sie aus Enttäuschung auf Landrus Heiratsannonce geantwortet. Sie besitzt etwas Schmuck, und ihre Ersparnisse belaufen sich auf etwa 9000 Francs. Weihnachten 1916 fährt sie mit Landru nach Gambais, wo sich ihre Spur verliert. Unter dem 6. Januar 1917 findet sich in seinem Notizkalender der Vermerk: 4 Uhr. Der Zeitpunkt des Mordes?
Das siebente Opfer scheint nicht in diese Reihe zu passen: Wenige Wochen nach dem mutmaßlichen Mord an Anna Collomb lernt er in der Métro die 19jährige Andrée Babelay kennen. Sie ist von dem charmanten Kavalier hingerissen. Ende März 1917 fährt sie mit ihm nach Gambais. Wenig später ist auch sie spurlos verschwunden. Finanziellen Nutzen hat er aus diesem Mord nicht gezogen. Andrée ist zwar ausgesprochen hübsch gewesen, sie hat aber weder Schmuck noch Geld besessen.
Sein achtes Opfer ist schließlich Célestine Buisson, eine ebenfalls 44jährige Witwe, die über ein Vermögen von 10000 Francs verfügt. Mitte August 1917 fährt sie mit Landru nach Gambais. Am 1. September wird sie zum letzten Mal gesehen. Im Kalender Landrus findet sich unter diesem Tag der Vermerk: 10 Uhr 15.
Unter ganz ähnlichen Umständen verschwinden im November 1917 die 37jährige Louise Jaume und im August 1918 die 36jährige Anne-Marie Pascal.
Ende 1918 schließlich trifft er auf sein letztes Opfer: Marie-Thérèse Marchadier hat bis vor kurzem ein Bordell in der *Rue Saint-Jacques* unterhalten und will nun, mit 37 Jahren, das Geschäft aufgeben. Von einer ehemaligen Prostituierten sollte ein gewisses Maß an Menschenkenntnis zu erwarten sein, aber auch sie folgt ihm Mitte Januar 1919 mit ihren drei kleinen Hunden blindlings nach Gambais. Am 16. Januar beklagen Anwohner den Gestank, der offenbar vom Rauch

herrührt, der dem Schornstein der L'Ermitage entweicht ... Jetzt kann Landru endlich seine Schulden begleichen. Madame Marchadier hat ihm ein kleines Vermögen hinterlassen.

Ganz anders gestaltet sich sein Verhältnis zu der 24jährigen Fernande Segret. Im Frühjahr 1917 hat er sie in der Straßenbahn kennengelernt und sich ihr als der Fabrikbesitzer Lucien Guillet vorgestellt. Fernande arbeitet bei einem Kürschner, träumt aber davon, Sängerin zu werden. Gesangsunterricht kann sie sich jedoch nicht leisten. An der Seite eines reichen Fabrikbesitzers hofft sie keine finanziellen Probleme mehr zu haben; die Karriere scheint greifbar nahe. Sie wird seine Geliebte, und er zieht mit ihr in die *Rue de Rochechouart Nr. 76.* Sie ist wohl die einzige Frau, die er wirklich geliebt hat. Bis zuletzt ist sie von seiner Unschuld überzeugt. Daß sie von seinen mörderischen Aktivitäten nichts gewußt hat, ist durchaus wahrscheinlich.

Hätte er weitergemordet, wenn Mademoiselle Lacoste ihn nicht zufällig in der *Rue de Rivoli* wiedererkannt hätte? Es sieht fast so aus. Offenbar ist sein nächstes Opfer schon auserkoren gewesen. Wenige Tage nach der Festnahme Landrus fängt die Polizei in der *Rue de Rochechouart* den Brief einer gewissen Ninon ab. Sie teilt ihm mit, er möge sie auf dem Bahnhof *Saint-Lazare* erwarten, von wo sie dann gemeinsam nach Gambais fahren würden. Der Brief trägt weder Unterschrift noch Absender. Leider gelingt es der Polizei nicht, die Schreiberin zur angegebenen Zeit auf dem Bahnhof zu identifizieren.

Was macht den Erfolg Landrus, des fast 50jährigen, äußerlich wenig attraktiven Mannes bei den Frauen aus? Im sozialgeschichtlichen Kontext betrachtet, sind die Frauen nicht allein Opfer Landrus geworden, sondern wohl auch Opfer der frauenfeindlichen Gesellschaft der Belle Époque, die alleinstehende Frauen vom gesellschaftlichen Leben ausschließt. Eine 40jährige Witwe hat vom Leben nichts mehr zu erwarten. Unvorstellbar, daß eine Frau allein in die Oper, ins Theater oder in ein Restaurant geht. Hinzu kommt die finanzielle Misere. Arbeit für Frauen ist knapp und wird zu-

dem schlecht bezahlt. Die Ersparnisse, über die einige Frauen verfügen, dürften kaum für einen sorglosen Lebensabend ausreichen. Mitnichten sind es Nymphomaninnen, die auf Landrus Annoncen antworten, sondern lebensbejahende Frauen, die nicht gewillt sind, sich mit ihrer sozialen Isolation abzufinden und zudem Absicherung im Alter suchen.
Am 3. August 1914 erklärt Deutschland Frankreich den Krieg. Mehr als 8 Millionen Franzosen werden im Verlauf der nächsten 4 Jahre mobilisiert, 1 385 000 französische Soldaten kommen ums Leben, das sind 10% der aktiven männlichen Bevölkerung. Die Zeit für Landru ist günstig. Eine einzige Annonce mit dem Hinweis, daß er wohlhabend ist, genügt ihm, um Hunderte von Antworten zu bekommen. Er verspricht den Kandidatinnen die Heirat, und sie geben sich und ihr Hab und Gut in seine Hände.
Wie aber wird ein rechtschaffener Mann zum hinterhältigen Heiratsschwindler?
Henry-Désiré Landru wuchs als Sohn eines Eisengießers und einer Schneiderin in kleinbürgerlichen Verhältnissen auf. Er war ein fleißiger Schüler, sang nicht nur im Kirchenchor, sondern war auch Meßdiener in der Kirche *Saint-Louis-en-l'Ile*. Die stolzen Eltern waren nicht eben begeistert, als er 1893, mit 24 Jahren, seine Cousine Marie-Catherine Rémy, ein einfaches Mädchen, das in einer Wäscherei arbeitete, schwängerte und der Ehre halber heiratete.
Sein Berufsleben begann allerdings nicht sonderlich erfolgreich. Immer wieder wechselte er die Stellung, arbeitete mal als Buchhalter, mal als Mechaniker. Sein eigenes Unternehmen, ein Konstruktionsbüro für Fahrräder, machte nach kurzer Zeit Pleite.
Angeblich war er selbst einmal um 1.800 Francs betrogen worden und aus Verbitterung darüber auf die schiefe Bahn geraten. Wie dem auch sei. 1900, mit 31 Jahren, verübte er seine erste Straftat. Er gab eine Annonce auf, in der er einen Handelsvertreter für den Raum Paris suchte. Ein Fahrrad sollte Voraussetzung sein. Als er sich mit einem Kandidaten traf, schickte er diesen los, eine kleine Besorgung zu Fuß zu machen. In der Zwischenzeit machte sich Landru mit dem Fahr-

rad aus dem Staub, wurde jedoch erwischt und landete hinter Gittern. Landru taugte nicht zum Betrüger. Nach jedem neuen Coup wartete gleich wieder das Gefängnis auf ihn. 1909 besann er sich endlich auf sein Talent, Frauen zu verführen. Dabei merkte er, wie leicht es war, an das Geld einsamer Frauen zu gelangen. Eine der Geschädigten zeigte ihn allerdings an und wieder wanderte er ins Gefängnis. Jetzt hatte er genug Zeit zum Nachdenken und kam zu der banalen Erkenntnis: Tote reden nicht!

Inspecteur Belin stellt sich immer wieder die eine Frage: Wie hat er seine Opfer beseitigt? Die Polizei klopft die Wände der Villa L'Ermitage ab, spürt aber keine Hohlräume auf. Eingemauert hat er sie folglich nicht. Belin nimmt vielmehr an, daß er sie im Schlaf erdrosselt, im Keller zerstückelt und verbrannt hat. Aber Landru ist offenbar ein Meister im Beseitigen von Spuren. Wie besessen sucht der Inspecteur nach Beweisen. Im gußeisernen Küchenherd finden sich in der Schlacke Knochenreste. Sind es Menschenknochen? Auch das Ofenrohr ist übermäßig abgenutzt, so als sei es zu starker Hitze ausgesetzt gewesen. Außerdem weist es Fettablagerungen auf. Belin macht die Probe aufs Exempel und verbrennt einen Schafskopf. Eine Viertelstunde dauert es nur, bis er von den Flammen völlig verzehrt ist.

Die wichtigsten Indizien aber sind die Notizkalender, in denen Landru pedantisch jedes Treffen und jede Ausgabe notiert hat. So kann ihm nachgewiesen werden, daß er kurz nach dem Verschwinden der Frauen jedesmal mehrere Zentner Kohlen gekauft hat. Nach dem Verschwinden der Dame mit den Hunden beispielsweise gleich sechs Zentner. Außerdem hatte er die Frauen in Kategorien eingeteilt wie: Ist hübsch; ist hübsch aber hat kein Geld; ist vermögend; lohnt sich nicht usw. Einige hielt er in Reserve.

Eine Sache scheint besonders interessant: Immer wenn Landru mit einer »Heiratskandidatin« nach Gambais gefahren ist, hat er nicht etwa zwei Rückfahrkarten gelöst, sondern nur eine Rückfahrkarte und ein einfaches Billet. Die Frauen brauchten ja keine Rückfahrt mehr. Als Beweis reicht dies freilich nicht aus.

Am 7. November 1921 wird im Justizpalast von Versailles das Verfahren gegen Landru eröffnet. Der Prozeß, er wird drei Wochen dauern, ist öffentlich, und der Publikumsandrang überwältigend. Persönlichkeiten der Pariser Gesellschaft, ja sogar Diplomaten geben sich die Ehre, darunter der chinesische Botschafter, Prinzessin Helene von Griechenland, der Erbprinz von Persien, sogar Maurice Chevalier, die Mistinguett und die Schriftstellerin Colette. Hinzu kommen Journalisten aus aller Herren Länder. Die Zuschauer warten, selbst in der größten Kälte, stundenlang vor dem Gerichtsgebäude. Der Saal, für 300 Personen vorgesehen, ist mit rund 1 000 Menschen täglich völlig überfüllt. Der Zug, der jeden Morgen um 10 Uhr 40 die Schaulustigen von der *Gare du Montparnasse* nach Versaille bringt, wird Le train Landru, der Landru-Zug, genannt. In erster Linie sind es Frauen, die nach Versaille pilgern. Es ist schwer zu verstehen, aber sie verehren Landru. Tagtäglich gehen unzählige Liebesbriefe für ihn im Gefängnis ein.

Der Generalstaatsanwalt Godefroy hat jedoch ein Problem: Es gibt keine Leiche. Landrus Verteidiger ist der Staranwalt Maître de Moro-Giafferi. Er wird natürlich auf Freispruch plädieren.

Nach den 10 vermißten Frauen befragt, behauptet Landru nach wie vor, mit ihnen nur rein geschäftliche Kontakte gehabt zu haben. Er habe ins Möbelgeschäft einsteigen wollen, und die Damen hätten ihm ihre Möbel zu interessanten Preisen verkauft.

»Wo sind sie jetzt?« wird er befragt.

Landru lacht sarkstisch: »Was weiß ich? Es ist Ihre Aufgabe, das herauszufinden. Sie werden schließlich dafür bezahlt. Ich bin doch nicht der Vormund der Frauen. Sie können tun und lassen, was sie wollen.« Weitere Angaben verweigert er.

»Wenn die Frauen noch am Leben sind, dann sollten Sie Hinweise geben, wo sie sich aufhalten, um der Polizei die Arbeit zu erleichtern«, versucht der Vorsitzende, Präsident Gilbert, einzulenken. Landru beharrt: »Ich werde keine Geheimnisse aus dem Privatleben der Damen preisgeben.«

Auf die Frage, warum er immer nur eine Rückfahrkarte gekauft habe, erklärt er: »Woher wollen Sie wissen, daß die Rückfahrkarte für mich war? Ich konnte doch bleiben! Wenn ich sie töten wollte, hätte ich dann den Zug genommen und riskiert, gesehen zu werden? Ich hätte doch mein Auto nehmen können. Ich hätte doch darauf geachtet, daß mein Opfer nicht gesehen wird!«

Noch immer gehen die Ermittlungsbehörden davon aus, daß Landru die Leichen verbrannt hat. Ein Sachverständiger bestätigt: In weniger als 20 Stunden kann man einen Körper von 70 Kilo in einem normalen Herd vollständig verbrennen.

Aber es gibt keine greifbaren Beweise. Nach angelsächsischem Recht hätte Landru nicht verurteilt werden können.

Die Geschworenen entscheiden am 30. November 1921: Landru ist schuldig. Ein Gnadengesuch wird abgelehnt. Am 25. Februar 1922 wird Landru vor dem Gefängnistor von Versailles öffentlich guillotiniert.

*

Die 1. mobile Brigade, eine Abteilung der Kriminalpolizei, hatte 1914 ihren Sitz in der *Rue de Greffulhe,* einer kleinen Straße im VIII. Arrondissement, zwischen der *Madeleine* und der *Gare Saint-Lazare* gelegen. Die Grand Magazins auf dem *Boulevard Haussmann* sind nur einen Steinwurf weit entfernt. Kommt man von der Métro *Havre-Caumartin,* geht man vom *Boulevard Haussmann* in die *Rue Tronchet.* Gleich an der Ecke finden wir die berühmte Bäckerei und Konditorei *Aux Tortues,* wo man in Schildkrötenform gebackenes Brot erwerben kann. Aber nicht nur das. Hier erhält man etliche Brotsorten und auserlesene Konditoreiwaren. In der ersten Etage befindet sich ein kleiner Teesalon, wo nicht nur Tee, Kaffee und Kuchen, sondern auch kleine Bistro-Gerichte serviert werden.

Wir gehen links in die *Rue des Mathurins,* bekannt durch die beiden Boulevard-Theater, das *Théâtre des Mathurins* (Nr. 36) und das *Théâtre Michel* (Nr. 38). Gegenüber der beiden Theater gehen wir nach links in die *Rue de Greffulhe.* Es lohnt sich,

Die traditionsreiche Bäckerei und Konditorei »Aux Tortues« Boulevard Haussmann, Ecke Rue Tronchet.

einmal »ums Karree« zu schlendern, rechts in die *Rue de Castellane* und gleich wieder rechts in die *Rue de l'Arcade,* eine ruhige, noble Gegend, in der sich zahlreiche Hotels der mittleren bis gehobenen Preisklasse angesiedelt haben. In der *Rue de L'Arcade Nr. 33* findet der Liebhaber der Pariser Passagen die recht unbekannte *Passage Puteaux.*

Aber nun in die *Rue Rochechouart.* Am besten nehmen wir die Métro der Linie 2 ab *Nation* und fahren bis *Barbès-Rochechouart.* Der Grund für diesen Umweg: Hinter der Station *Colonel Fabien* verläßt die Métro den Tunnel, und wir haben bis zu unserem Ziel ein Stück Hochbahn vor uns. Am besten, wir versuchen einen Fensterplatz in Fahrtrichtung rechts zu ergattern. Was wir jetzt zu sehen bekommen, ist die andere Seite, gewissermaßen der Hinterhof von Paris. Verwahrloste, schmutzige Häuser, die Wäsche hängt zum Trocknen aus den Fenstern, die kleinen Balkons und Austritte mit den schmiedeeisernen Gittern sind mit Gerümpel vollgestellt, unzählige Satellitenschüsseln. Auf den Markisen der Geschäfte hat sich der Müll angesammelt aber auch das ein oder andere heruntergefallene Wäschestück. Doch Jahr für Jahr verschwindet ein Stück dieser heruntergekommenen Welt. Immer mehr Neubauten und von Grund auf renovierte Häuser sind jetzt zu sehen. Das Viertel *Barbès* hat sich in den letzten Jahren kontinuierlich verändert. Ob es auch wirklich schöner geworden ist, bleibt fraglich.

Wir wollen die Gelegenheit nutzen und gleich einen kleinen Bummel durchs Quartier machen. Auch hierher sollte man besser keinen Fotoapparat mitnehmen.

Fliegende Händler bieten unter der Hochbahntrasse alles Mögliche an. Obst und Gemüse, aber auch diversen Kleinkram. Über den *Boulevard Rochechouart* wogt eine unüberschaubare Menschenmenge. Afrikanerinnen in farbenfroher Nationaltracht, verschleierte Musliminnen, lässig gekleidete Asiatinnen. Die meisten strömen in das Superbillig-Kaufhaus *Tati*. Hier gibt es T-Shirts für 10 Francs, Röcke für 30, Anzüge für 100 Francs. Insider meinen indes, daß auch bei *Tati* die Preise im Laufe der letzten Jahre kräftig gestiegen sind. Wie dem auch sei. Wo wir schon einmal hier sind, wollen wir auch gleich einen Abstecher in die *Rue de la Goutte d'Or* machen, die vom *Boulevard Barbès* abgeht. Kinder aller Hautfarben toben auf der Straße, und die kleinen farbigen Mädchen, in prächtigen Rüschenkleidchen und mit großen Schleifen in den Haaren, fühlen sich wie kleine Prinzessinnen. In den letzten Jahren haben zwar auch hier viele der Geschäfte geschlossen, aber noch immer findet man eine Unzahl orientalischer Krämer, muslimischer Fleischereien oder Modegeschäfte, vollgestopft mit für den europäischen Geschmack schrecklich kitschigen Abendkleidern aus Atlas in grellen Farben, über und über mit Pailletten und Perlen bestickt.

Nach diesem Umweg gehen wir zurück auf den *Boulevard de Rochechouart*, an der Hochbahn entlang und gleich links in die *Rue Rochechouart*. Das Eckhaus *Rue Rochechouart Nr. 76* an der *Rue Trudaine / Rue Dunkerque* vermittelt noch den Eindruck, als würde gleich Landru hinter der Gardine im ersten Stock hervorschauen. Noch jetzt kann man sich gut vorstellen, wie Commissaire Belin vor dem Haus auf seine Beute gelauert hat. Noch immer gibt es hier viele kleine Geschäfte, Cafés und Bistros.

Zur Zeit des Ersten Weltkrieges war diese Gegend das Wohnquartier der kleinen Leute, durchsetzt mit einigen kleinen Gaunern vom nahegelegenen *Montmartre*. Kaum ein Pariser weiß, daß sich hier, in der Nr. 76, einer der raffiniertesten Mörder dieses Jahrhunderts verborgen hielt.

Violette Nozière

Tatzeit: 21. August 1934
Tatort: 9, rue de Madagascar (XII. Arrondissement)
Schlüsselort: 128, avenue Daumesnil (XII. Arrondissement)

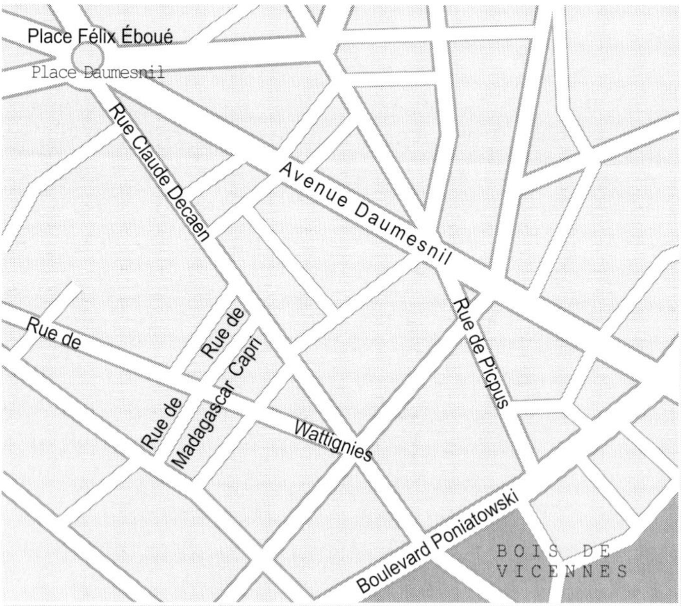

Kaum ein Tourist wird sich ohne triftigen Grund in die unbedeutende, genau 101 Meter lange *Rue de Madagascar* im XII. Arrondissement verirren. Allenfalls die an der Kriminalgeschichte der Stadt Interessierten wissen um das Familiendrama, das sich im August 1933 im Haus Nr. 9 zugetragen hat. Ob es in dem um die Jahrhundertwende errichteten und vor kurzem erst renovierten Haus noch Zeitzeugen gibt? Um uns ein plastischeres Bild machen zu können, wollen wir uns unbedingt die Örtlichkeiten aus nächster Nähe anschauen, aber wie fast überall in Paris läßt sich auch hier die Haustür nur mittels eines Zahlencodes öffnen. Die junge Frau, die gerade die Tür mit Hilfe der Kombination öffnet, hat sicher den Namen Nozière noch nie gehört. Es wird zwecklos sein, sie zu fragen. Wir werden also noch ein wenig warten und schießen derweil ein paar Bilder von dem Haus. In der zweiten Etage schaut eine ältere Dame argwöhnisch aus dem Fenster, schließt es schnell und zieht die Vorhänge zu. Selbst das Fotografieren eines ganzen Häuserblocks aus der Ferne wird in Paris, so scheint es jedenfalls, als ungeheuerliche Beeinträchtigung der Privatsphäre angesehen und nicht selten mit lautstarken Beschimpfungen, wenn nicht gar mit Schlimmerem geahndet.

Endlich kommt ein freundlicher älterer Herr über die Straße und schickt sich an, das Haus Nr. 9 zu betreten. Diese Gelegenheit lassen wir uns freilich nicht entgehen. »Pardon, Monsieur, gibt es in diesem Haus eine Concierge?«

»Nein, leider schon lange nicht mehr. Aber kann ich Ihnen vielleicht helfen?«

»Das könnte durchaus sein. Hier wohnte nämlich einmal die Familie Nozière …« Wir brauchen den Satz gar nicht zu beenden, da fällt uns der nette Herr schon ins Wort: »Ja, natürlich, die Nozières haben über den Hof gewohnt. Wie schön, daß sich dafür noch jemand interessiert. Kommen Sie, ich zeige es Ihnen.« Der Herr tippt den Türcode ein, öffnet die Tür und führt uns auf den Hof. Dieser Hof ist eigentlich nicht mehr als ein Lichtschacht. Kaum ein Sonnenstrahl fällt hinein. Die weiß gestrichene Fassade läßt ihn zwar freundlich erscheinen, aber wie mag es hier früher ausgesehen haben?

Die Treppe des Hinterhauses ist steil und schmal. Möbel müssen hier wohl in handliche Teile zerlegt werden, um überhaupt in die Wohnungen transportiert werden zu können. »Haben Sie die Nozières noch gekannt?« möchten wir wissen. »Nein, wir sind erst 1947 hier eingezogen. Aber damals hat man noch immer viel von der Familie gesprochen. Leider kommen Sie ein paar Jahre zu spät. Vor drei Jahren ist die älteste Bewohnerin des Hauses verstorben. Sie wohnte seit Anfang der zwanziger Jahre hier und hat die Nozières gut gekannt ...«

Blick in die Rue de Madagascar auf die Rue Wattignies. Am Ende der Straße rechts wohnten die Nozières.

Für das Hinterhaus hat er keinen Schlüssel, und wir gehen zurück ins Vorderhaus. »Kommen Sie mit nach oben. Vom Flur können Sie die Fenster der Nozièrschen Wohnung aus der Nähe sehen.« Aus dem Flurfenster der fünften Etage zeigt der Herr auf die eine Etage höher gelegene Wohnung gegenüber direkt unter dem Dach des Hinterhauses. Es ist ein eigentümlich bedrückendes Gefühl, so nahe am Ort eben jener Familientragödie von 1933 zu stehen. Um davon zu erzählen, müssen wir aber noch einige Jahre zurückgehen.

An einem feuchtkalten Frühjahrsmorgen des Jahres 1919 klingelt ein junges Ehepaar bei der Concierge des Hauses *Rue de Madagascar Nr. 9*. »Sie wollen sicher die Wohnung da oben anschauen«, murmelt sie mürrisch, nimmt, ohne eine Antwort abzuwarten, einen Schlüssel vom Brett neben der Tür und wirft sich ein Wolltuch über die Schultern. Dann huscht aber doch ein kurzes Lächeln über ihr strenges Gesicht. Die Nozières, Jean-Baptiste, seine Frau Germaine und die kleine Tochter, die mit ihren brünetten Locken, den dunklen Augen und den ebenmäßigen Zügen der Mutter wie aus dem Gesicht geschnitten ist, sind ihr überaus sympathisch.
Im August 1914 haben Jean-Baptiste und Germaine in Neuvy-sur-Loire, von wo sie vor wenigen Tagen erst nach Paris gekommen sind, geheiratet. Für Germaine ist es bereits die zweite Ehe. Mit gerade 16 Jahren ist sie von ihrem Vater, einem angesehenen Landwirt in dem kleinen Ort an der Loire, gegen ihren Willen mit dem Sohn des Nachbarn verheiratet worden. Die dadurch zustande gekommene Zusammenlegung der Ländereien hat zwar eine beachtliche Steigerung des Ertrags gebracht, das junge Mädchen aber ins Unglück gestürzt. Nicht nur, daß ihr ungeliebter Ehemann jedem Rock im Dorf nachsteigt, zudem erweist er sich als brutaler Schläger, der auch vor seiner Frau nicht halt macht und das in harter Arbeit verdiente Geld bei Pferdewetten verpulvert. Nach 13 Monaten, im Januar 1914, wird die Ehe wieder geschieden. Doch wenig später findet Germaine in dem Maschinenschlosser Jean-Baptiste Nozière, der bei der Eisenbahn, der Compagnie des Chemins de Fer Paris-Lyon-Mediterranée, kurz PLM, beschäftigt ist, ihre große Liebe. Im August wird geheiratet, und im Januar 1915 kommt Töchterchen Violette zur Welt. Eine Welt, die in dem idyllischen Städtchen noch weitgehend in Ordnung ist. Vom Krieg merken die Menschen hier nichts, und die Nozières führen ein sorgloses und harmonisches Leben. Germaine ist eine hingebungsvolle Ehefrau und Mutter, Jean-Baptiste ein liebevoller und fürsorglicher Ehemann und Vater. Anfang 1919 beginnt sein beruflicher Aufstieg. Er wird nach Paris zur *Gare de Lyon*, dem Hauptsitz der PLM versetzt, wo dem erfahre-

nen Lokführer die neuesten und schnellsten Lokomotiven anvertraut werden.
»Kommen Sie«, fordert die Concierge die drei mit einer Handbewegung auf und öffnet die Tür zum Hof. Ängstlich schaut Germaine nach oben. Diese Steinwüste, in der erst dann ein Stück Himmel zu erblicken ist, wenn man den Kopf weit in den Nacken zurücklegt, hat für sie etwas Bedrohliches. Die Nozières folgen der Concierge ins Hinterhaus und steigen die steile, schmale Holztreppe bis in die letzte, in die sechste Etage hinauf. Die mittlere der drei Wohnungen unter dem Dach ist zu vermieten: Zwei Zimmer mit Küche, Bad und separater Toilette. Sie weist allerdings eine Besonderheit auf: weder die beiden Zimmer noch die Küche haben Türen, und in die Rundbögen lassen sich ohne größeren finanziellen Aufwand auch keine einbauen. »Das ist kein Problem«, meint Jean-Baptiste, »dann bringen wir eben Vorhänge an. Die Wohnung ist groß genug für uns, hell, ruhig und obendrein nicht teuer.« Am nächsten Tag bringt ein Möbelwagen die bescheidenen Habseligkeiten der Familie.
Üppigen Raum bieten die beiden Zimmer für die drei allerdings nicht. Improvisation ist angesagt: Im sogenannten Eßzimmer wird mit einem stoffbespannten Paravent hinter dem Büfett ein kleiner Raum abgetrennt, wo für die kleine Violette jeden Abend ein eisernes Klappbett aufgestellt wird. Die Kleine ist der ganze Stolz der Eltern und wird über alles verwöhnt, ja geradezu vergöttert.
Offenbar bekommt dem Mädchen das Leben in Paris aber nicht, und es beginnt zu kränkeln. Violette ist gerade fünf Jahre alt, als ihr die Mandeln herausgenommen werden müssen, kurz darauf erkrankt sie an Keuchhusten, dann an Scharlach. Mit sechs kommt sie in die »École communale«, die Grundschule in der *Rue de Wattignies,* nur wenige Schritte vom Elternhaus entfernt. Die Kleine macht sich prächtig und entwickelt sich zu einem aufgeweckten, begabten Kind. Mit zwölf kommt sie auf eine weiterführende Schule, die »École Primaire Supérieure Sophie-Germain« in der *Rue de Jouy Nr. 9* im IV. Arrondissement, nicht weit von der Métro-Station Saint-Paul im Marais.

Kurz nach dem Schulwechsel jedoch erkrankt sie erneut. Der Arzt rät den Eltern, das Mädchen von der Schule zu nehmen und zur Erholung aufs Land zu schicken. Und welcher Ort könnte besser dafür geeignet sein als Neuvy-sur-Loire. Den Rest des Frühjahrs und den Sommer des Jahres 1927 wird sie also bei der Großmutter verbringen.

Obwohl Violette kränklich ist, wirkt sie mit 13 schon wie eine 16jährige, und so wird die schöne Pariserin bald zum Schwarm der Dorfjungen. Sie genießt es, im Mittelpunkt zu stehen und umschwärmt zu werden. Kein Dorffest findet mehr ohne sie statt, und immer häufiger trifft sie sich nachts mit dem einen oder anderen Jungen. Niemand merkt etwas von ihren Eskapaden, denn sie schleicht sich stets erst aus dem Haus, wenn alles schläft. Und der Schlaf der Großmutter ist tief und fest.

Nach den Sommerferien kehrt Violette nach Paris zurück und muß wieder zur Schule gehen. Nach den Monaten des Müßiggangs auf dem Land fällt es ihr schwer, sich wieder an den Alltag zu gewöhnen. Kurzum, sie hat keine Lust, langweilige Unterrichtsstunden über sich ergehen zu lassen. Wie praktisch, daß das »Lycée Charlemagne«, die Knabenschule in der *Rue Saint-Antoine*, nur wenige Schritte von Violettes Schule entfernt ist. Hier findet sie immer einen netten Jungen, der mit ihr zusammen die Schule schwänzt, und mit dem einen oder anderen tauscht sie glühende, meist irgendwo abgeschriebene Liebesbriefe aus. Einer dieser Briefe fällt zufällig Violettes Lehrerin in die Hände. Die pflichtbewußte Madame hat nichts besseres zu tun, als sofort bei Violettes Mutter vorzusprechen und ihr den Brief zu zeigen. Auch Madame Nozière nimmt diese Backfisch-Schwärmerei sehr ernst und macht der Tochter schwere Vorwürfe. Ihrem Mann, vor dem sie in der Regel keine Geheimnisse hat, verschweigt sie den Vorfall lieber.

Im Frühjahr 1931 erkrankt Violette erneut und muß der Schule längere Zeit fernbleiben. Für die Direktorin eine willkommene Gelegenheit, Madame Nozière zu sich zu bitten und ihr mitzuteilen, daß Violette in Zukunft in ihrer Schule nicht mehr erwünscht sei. Begründung: Das Mädchen ist ver-

logen, hinterhältig, zügellos und ein schlechtes Beispiel für ihre Mitschülerinnen.
Violettes zweifelhafter Lebenswandel hat sich inzwischen auch in der Nachbarschaft herumgesprochen. Die meisten nehmen nicht einmal mehr ein Blatt vor den Mund und reden nur noch von der »kleinen Nutte«. Die Mütter verbieten ihren gleichaltrigen Töchtern den Umgang mit Violette. Die einzige, die sich über das Verbot hinwegsetzt, ist Madeleine Debize, genannt Maddy. Sie ist nicht besser als Violette, versteht ihr Treiben aber geschickter zu kaschieren. Maddy wohnt ganz in der Nähe, in der *Rue Claude-Decaen Nr. 7* und wird Violettes beste Freundin. In diesem Sommer, Violette ist jetzt 16 Jahre alt, ziehen die beiden Mädchen fast täglich gemeinsam los. Violette wechselt ihre Liebhaber wie andere die Hemden. Meist sind es billige kleine Hotels in der Nähe der Place de la Republique, in die sich Violette mit dem einen oder anderen Geliebten zurückzieht.
Die Nozières haben in der Tat nicht die geringste Ahnung, was ihre Tochter treibt, denn sie entwickelt sich zur meisterhaften Lügnerin. Bereitwillig akzeptiert Madame Nozière jede Erklärung, mag sie auch noch so fadenscheinig sein. Dabei bemüht sich Violette, wenn auch nur, um nicht mit unangenehmen Fragen bedrängt zu werden, den Schein zu wahren. Ihren Eltern gegenüber verhält sie sich, wie es sich für eine wohlerzogene, brave Tochter gehört. Welch ein harmonisches Bild: Oft spielen die drei noch nach dem Abendessen bis tief in die Nacht Karten. Allabendlich stellt Papa für das geliebte Töchterchen das Klappbett auf, richtet die Kissen und die Decke.
Das Schuljahr 1931/32 beginnt. Violette besucht jetzt das Lycée Voltaire an der *Avenue de la République* und glänzt anfangs mit verblüffend guten Noten. Hat sie ihre pubertäre Krise etwa überwunden? Doch die Freude ist nur von kurzer Dauer. Erneut ziehen dunkle Wolken am schulischen Horizont auf. Madame Nozière fällt aus allen Wolken, als sie eines Tages einen Brief von Violettes neuer Schule in den Händen hält, in dem es heißt: »Leider können wir das ständige Fehlen und den unmoralischen Lebenswandel Ihrer Tochter

nicht mehr länger hinnehmen ...« Die Mutter ahnt nicht, daß dies nur einer von vielen Briefen ist, den die Schulleitung bereits an die Eltern geschrieben hat. Violette ist freilich ausgebufft genug gewesen, um die anderen Briefe rechtzeitig abzufangen. Nur dieses eine Mal ist es ihr nicht gelungen.

Zur Rede gestellt, erfindet Violette auf der Stelle eine erschütternde Geschichte, klagt schluchzend über Lehrer, die sie schikanieren und mit hinterhältigen Tricks von der Schule zu graulen versuchen. Die Eltern machen sich die bittersten Vorwürfe, ihr Töchterchen fälschlicherweise beschuldigt zu haben. Keine Frage, das Kind muß die Schule wechseln. Ab September 1932 besucht Violette das »Lycée Fénelon«, im Quartier Latin zwischen *Odéon* und *Rue Saint-André-des-Arts* gelegen. Das erste Mal in ihrem Leben ist sie hier im VI. Arrondissement, und sie schlendert erst einmal durch die kleinen Straßen und weiter über den *Boulevard Saint-Germain* und schließlich den *Boulevard Saint-Michel*. Sie ist jetzt 17 Jahre alt, ist hübsch, hat gewelltes, langes dunkles Haar und einen wohlproportionierten Körper. Die Leute auf der Straße drehen sich nach ihr um. Violette ist begeistert. Das hier ist eine andere Welt, nicht vergleichbar mit dem biederen XII. Arrondissement.

Die Nachkriegsgeneration hat das Quartier Latin zu ihrem Zentrum erklärt. Hier genießt sie ihre neuen Freiheiten. In unzähligen Cafés treffen sich junge Intellektuelle in philosophischen und literarischen Zirkeln. Andererseits finden sich hier aber auch weniger kopflastige Cliquen. Junge Leute, die einfach nur Spaß haben und das Leben genießen wollen. Für letztere haben geistige und moralische Werte keine Bedeutung. Hier zählt nur das Geld. Diese Welt aber ist es, von der Violette so fasziniert ist, und sie findet, dank ihrer äußeren Erscheinung, schnell Kontakt in diesen Kreisen. Ihre Freundin Maddy ist übrigens immer mit von der Partie. Violette denkt überhaupt nicht daran, noch zur Schule zu gehen. Im Januar 1933 entschließen sich die Eltern zu handeln. Sie nehmen ihre Tochter von der Schule und melden sie zu einem Fernkurs an. Vorläufig jedenfalls soll sie nicht

mehr ohne elterliche Aufsicht bleiben. Das bedeutet praktisch Hausarrest. – Für Violette die Hölle …
Nach wie vor steht es um Violettes Gesundheit nicht zum besten: ein Leberleiden und immer wiederkehrende Magenbeschwerden machen ihr schwer zu schaffen. Seit April 1932 muß sie alle 14 Tage das Hôpital Bichat aufsuchen, wo sie von Dr. Henry Déron behandelt wird. Violette nutzt jedoch die Arztbesuche, um sich bei der Gelegenheit, sei es auch nur für ein, zwei Stunden, zu ihren neuen Freunden ins Quartier Latin abzusetzen. Und so behauptet sie eines Tages, Dr. Déron wolle sie nun jede Woche sehen. Die Mutter hegt keinerlei Zweifel.
Eines Tages kommt Violette freudestrahlend nach Hause und erzählt von Janine Déron, der Schwester des Arztes, mit der sie sich im Laufe der Zeit angefreundet hat. Sie habe ihr sogar die luxuriöse 8-Zimmer-Wohnung der Eltern in Passy gezeigt. Die Nozières sind überglücklich. Endlich hat Violette den Umgang, den sie sich für ihre Tochter schon lange erträumt haben. Noch dazu die Schwester eines Arztes aus Passy, dem elegantesten und teuersten Wohnviertel von Paris! Täglich kommen von der neuen Freundin Rohrpostbriefe, sogenannte »kleine Blaue« – das ist zwar teuer, aber auch sehr schnell. Janine lädt Violette mal ins Theater oder ins Kino, mal in ein Restaurant ein. Natürlich erlauben die Eltern ihr zu gehen.
Nur allzu gern würden sie Janine kennenlernen und an einem Sonntag zum Essen einladen; sie schämen sich jedoch für die schäbige kleine Wohnung. Eine grundlose Sorge: Janine existiert überhaupt nicht. Die Freundinnen aus dem Quartier Latin schreiben die Briefe. Nicht im noblen Passy, wie die Eltern glauben, verbringt Violette ihre Nachmittage, sondern in den Cafés auf dem *Boulevard Saint-Michel*, denn sie wünscht sich nichts sehnlicher, als ihrem Milieu zu entfliehen. Hier schafft sie sich eine Gegenwelt zu ihrer existierenden, die sie mit allen Mitteln zu verleugnen sucht. Ihren Vater befördert sie zum Chefingenieur bei der PLM, die Mutter zur Geschäftsführerin bei Paquin, einem der renommiertesten Modesalons in Paris, wo sie sich selbst auch gleich zur

Modezeichnerin macht. Ihre neuen Freunde zweifeln nicht eine Sekunde an ihren Worten. Daß sie aus gutem Hause stammt, daran gibt es keinen Zweifel. Sie ist immer elegant gekleidet und fährt stets mit dem Taxi vor. Oft sieht man sie mit Maddy in der Bar de la Sorbonne, ihr Stammlokal aber ist das Palais du Café auf dem *Boulevard Saint Michel Nr. 31*. Violettes Eskapaden sind kostspielig. Woher hat sie soviel Geld? Mit der Ausrede, daß es ihr peinlich sei, von Janine immer eingeladen zu werden, bittet sie von Zeit zu Zeit ihre Mutter, ihr etwas zu geben.

Die kleinen Beihilfen der Mutter reichen natürlich nicht, also versucht es Violette Anfang 1933 erstmals mit Gelegenheits-Prostitution. Als Aktionsfeld wählt sie das rechte Seine-Ufer, die großen Boulevards, den *Boulevard de la Madeleine, des Capucines*, die Gegend um die *Opéra*. Sie ist aber eine blutige Amateurin und versteht es nicht, auf diese Weise Geld zu verdienen. Beim Schaufensterbummel versucht sie Kontakte zu knüpfen. Nur mit Freiern, die ihr sympathisch sind, geht sie mit. Sie verlangt auch kein Geld, jedenfalls nicht direkt, sondern versucht es mit der Mitleidsmasche, erzählt von kranken Geschwistern, gebrechlichen Eltern, von Elend und Armut. Einige Männer stecken ihr etwas zu, andere lassen es mit ein paar netten, aber unverbindlichen Worten gut sein. Pech für Violette.

Im März 1933 verschlechtert sich ihr Gesundheitszustand. Eine gründliche Untersuchung bringt es an den Tag: Violette hat Syphilis, damals so gefährlich wie heute AIDS. Auf die schlimme Diagnose reagiert sie mit erstaunlicher Gelassenheit. Ihre einzige Sorge: die Eltern dürfen nichts davon wissen.

»Leider bin ich dazu verpflichtet, Ihre Eltern zu benachrichtigen«, versucht Dr. Déron ihr zu erklären. »Wenn es Ihnen hilft, kann ich Ihre Eltern darauf aufmerksam machen, daß die Krankheit auch vererbt sein kann, wobei es möglich ist, daß sie ein oder zwei Generationen überspringt.«

»Das bringt nicht viel«, Violette winkt ab. »Sie müssen meinen Eltern unbedingt bestätigen, daß ich noch Jungfrau bin!«

»Meine liebe Violette, das geht doch nun wirklich nicht ...

Aber wenn Ihre Eltern so streng sind, meinetwegen«, seufzt der Arzt, und Violette atmet auf.
Kaum hat Violette die Praxis verlassen, läßt Dr. Déron einen Brief an Monsieur Nozière schreiben, in dem er ihn dringend zu einer Unterredung ins Hôpital Bichat bittet.
Am Nachmittag des 19. März 1933 kommt Jean-Baptiste niedergeschlagen nach Hause. Mit wenigen Worten berichtet er seiner Frau, was ihm Dr. Déron anvertraut hat. Die Mutter ist entsetzt: »Diese Schande. Wo hat sich das Kind nur herumgetrieben«, schluchzt sie auf.
»Aber Germaine, der Arzt hat mir versichert, daß unsere Tochter noch unberührt ist. Er sagt, es könne auch vererbt sein ...«
»Vererbt? Ja bist du denn von allen guten Geistern verlassen. Nie hat es so etwas in unserer Familie gegeben!«
»In meiner Familie auch nicht ...«, stellt der Vater lapidar fest.
Die nächsten Tage sind für Violette die Hölle. Immer wieder neue Fragen, neue Verhöre. Sie soll endlich mit der Sprache herausrücken, mit wem sie verkehrt, wo sie sich herumtreibt. Aber Violette bleibt stumm.
Am Nachmittag des 23. März 1933 hat Violette wieder einen Termin bei Dr. Déron. Auf dem Rückweg steigt sie schon an der *Gare de Lyon* aus der Métro und wählt für den Nachhauseweg die *Avenue Daumesnil*. Im Haus Nr. 128 geht sie in eine Apotheke, die Pharmacie Laurent und verlangt ein Röhrchen »Soménal«. Der Apotheker gibt ihr das Röhrchen, das 12 Schlaftabletten enthält. In ihrer Zusammensetzung gleichen sie dem Schlafmittel »Véronal«, werden aber im Gegensatz zu letzterem rezeptfrei verkauft.
An der *Place Daumesnil* kehrt sie in eine Brasserie ein. Jetzt am Nachmittag ist hier nur wenig Betrieb. Sie sucht sich einen Platz in einer abgelegenen Ecke, bestellt eine Zitronenlimonade und bezahlt gleich.
Als der Kellner außer Sichtweite ist, nimmt sie aus ihrer Handtasche einen Bogen Papier, knifft ihn in der Mitte und reißt ihn durch. Sie nimmt die eine Hälfte, knifft sie noch einmal in der Mitte und reißt auch sie durch. Aus den beiden klei-

neren Bogen faltet sie mit viel Geschick zwei kleine Briefchen. Auf das andere Papier schüttet sie aus dem Röhrchen die zwölf Tabletten. Mit Hilfe der leeren Flasche zerkleinert sie die Tabletten wie mit einem Mörser und füllt das Pulver zu gleichen Teilen in die Briefchen, steckt sie in die Tasche und verläßt das Lokal ...

Zu Hause ist die Atmosphäre noch immer gespannt. Vor dem Essen gibt Violette der Mutter die Briefchen mit den Worten: »Hätte ich fast vergessen, das hat mir Dr. Déron für euch mitgegeben, ihr müßt es vor dem Schlafengehen nehmen. Damit ihr euch nicht ansteckt.« Schweigend essen die drei zu Abend. Die Eltern nehmen ihre »Medizin« und gehen zu Bett. Mitten in der Nacht fährt René Mayeul, der Flurnachbar der Nozières, aus tiefem Schlaf erschrocken hoch. Hat er das geträumt? Nein, jemand wummert an der Wohnungstür: »Es brennt, Monsieur Mayeul, es brennt! Kommen Sie schnell!« Noch schlaftrunken zieht er sich Hose und Schuhe an und schließt eilig die Tür auf. Zitternd steht Violette Nozière auf dem Flur, über ihr Nachthemd hat sie einen Morgenrock geworfen. Es riecht nach Rauch. »Monsieur Mayeul, es brennt bei uns, kommen Sie schnell.«

Der Vorhang, der das Schlafzimmer der Eltern von der Diele abschirmt, hat Feuer gefangen. Geistesgegenwärtig reißt Mayeul den Vorhang herunter und tritt die Flammen aus. Beißender Qualm erfüllt die kleine Wohnung. »Schnell, alle Fenster auf!« ruft er Violette zu, rennt hustend die sechs Stockwerke hinunter und weckt die Concierge, die sofort die Feuerwehr alarmiert. Während sich die Feuerwehrleute vergewissern, daß der Brand auch wirklich gelöscht und die Gefahr eines Schwelbrandes ausgeschlossen ist, versorgen Sanitäter die bewußtlosen Eltern. Der Vater kommt schnell wieder zu sich, die Mutter hat offenbar eine schwere Rauchvergiftung und wird ins Krankenhaus gebracht. Unter Tränen erklärt Violette der Polizei, die automatisch am Ort des Geschehens erscheint, wenn jemand die Feuerwehr alarmiert hat, wie es zu dem Unglück gekommen ist: Sie konnte nicht schlafen, wollte sich aus der Küche ein Glas Wasser holen und habe sich, um die Eltern nicht zu wecken, eine Kerze angezündet. In der Diele sei sie gestolpert und mit der Kerze an den Vorhang gekommen, der sofort Feuer gefangen habe. Die Beamten geben sich mit der Erklärung zufrieden. Die Bewußtlosigkeit der Mutter wird auf die Rauchvergiftung zurückgeführt. Offenbar ist sie nur recht oberflächlich untersucht worden …

Eines Nachmittags, es ist inzwischen Juni geworden, trinken Violette und Madeleine Debize im Palais du Café zusammen Tee. Unerwartet erscheint ein Freund von Maddy, der den beiden Mädchen seinen Begleiter vorstellt, einen gewissen Jean Dabin. Violette ist von ihm sofort hingerissen. Er ist groß, schlank, elegant gekleidet und überaus charmant. Die dunkle Hornbrille läßt ihn intellektuell wirken. Ein junger Mann, der so angezogen ist, muß schon wohlhabende Eltern haben. Das ist doch ganz klar. Violette ist hingerissen. Er hat offenbar das, was ihr fehlt: Ein reiches Elternhaus. Auch Jean Dabin ist von Violette angetan. Die Tochter eines Chefingenieurs bei der PLM und einer Mutter, die Geschäftsführerin bei Paquin ist, muß in guten finanziellen Verhältnissen leben.

Jean und Violette sehen sich jeden Tag. Aber diesmal nimmt sie sich Zeit. Sie will nicht den Eindruck eines Flittchens erwecken und spielt die Kühle. Und ihre Krankheit? Bisher hat sie sich darum reichlich wenig geschert, aber bei Jean ist es etwas anderes. Eine letzte Kontrolluntersuchung Anfang Juli bringt Gewißheit: Sie ist wieder gesund.

Violette jubelt. Noch am selben Tag wird sie sich Jean hingeben. Sie gehen ins Hôtel de la Sorbonne in der *Rue Victor Cousin Nr. 6*. Das Zimmer Nr. 7 wird zu ihrem Stammquartier. Violette ist überglücklich. Diesen Mann liebt sie wirklich. Ihn wird sie nicht wieder gehen lassen, koste es, was es wolle.

Doch Jean ist nicht der Sohn wohlhabender Eltern, wie sie gedacht hat. Sein Vater ist Bahnhofsvorsteher in Ivry. Mit seinem bescheidenen Einkommen kann er das Luxusleben seines Sohnes beim besten Willen nicht finanzieren. Jean braucht viel Geld. Kino- und Restaurantbesuche, Cafés und Bars, hier und da eine Schachtel Konfekt für Violette und

nicht zu vergessen das Hotelzimmer ... Schon nach einer Woche sind seine Finanzen erschöpft. Wohl oder übel muß er Violette seine Lage eingestehen.
»Aber Chéri, das ist doch halb so schlimm«, gurrt die verliebte Violette, »ich habe genug Geld. Meine Eltern sind doch reich«.
Ab jetzt gibt sie ihrem Geliebten fast täglich 50 oder gar 100 Francs. Aber Jean zahlt damit nicht nur die gemeinsamen Unternehmungen, sondern gibt das Geld auch für sich aus, und so reicht es hinten und vorne nicht.
Im Hause Nozière haben sich die Wogen inzwischen weitgehend geglättet. Harmonie wie eh und je. Jean-Baptiste steigt in seinem Beruf weiter auf und wird Lokführer des Schnellzuges Pacific von Paris nach Vichy. Anfang Juli wird ihm sogar die Lokomotive des Präsidentenzuges, des Zuges von Albert Lebrun, anvertraut. Eine besondere Ehre.
Wenige Tage später hat Jean-Baptiste einen Unfall. In der *Gare de Lyon* fällt er von seiner Lokomotive. Zwar sind die Verletzungen nicht schwer, aber er muß für ein paar Tage ins Krankenhaus.
Da die Mutter ihren geliebten Mann täglich mehrere Stunden im Krankenhaus besucht, hat Violette endlich die Freiheit, die sie sich schon so lange wünscht. Sie nutzt die Gelegenheit, um die Wohnung nach Geld zu durchsuchen. Das Portemonnaie des Vaters enthält nur ganze 10 Francs, in der Manteltasche der Mutter findet sie 15 Francs. Eine größere Geldsumme, 180000 Francs, liegen in einem Safe beim Crédit Lyonnais. Sie wird das Geld zwar eines Tages erben, aber im Moment ist es für sie tabu. Sie wird Jean also kein Geld geben können.
»Na, will dein Alter keine Kohle mehr ausspucken?« fragt er ungeniert. Violette bemerkt den Zynismus in seinem Ton nicht einmal. Sie erzählt ihm eine abenteuerliche Geschichte von Aktiengeschäften und hohen Verlusten.
Doch Jean braucht Geld. Also geht sie am rechten Seine-Ufer wieder anschaffen. Auch diesmal fordert sie kein Geld, sondern gibt den Männern durch die Blume zu verstehen, daß sie in Geldnöten ist. Die arme Violette muß allerdings fest-

stellen, daß großzügige Männer eine aussterbende Spezies sind. Sie erzählt herzzerreißende Geschichten.
Einer ihre Freier, ein reicher Algerier, der sie in sein Apartment im Hotel Ambassador auf dem *Boulevard Haussmann* mitnimmt, wird eine Art »Stammkunde«. Unter Tränen erzählt sie ihm, ihr Vater sei gerade gestorben, und sie habe nicht einmal das Geld für die Beerdigung. Der spendable Algerier gibt ihr 3 000 Francs.
Mitte August beschließen Jean und Violette, zusammen Urlaub zu machen, irgendwo in der Bretagne. Aber daraus wird wohl nichts werden, wendet Dabin ein, denn erstens fehle ihnen das Geld und zweitens brauche man für so eine Reise ein Auto, ein Bugatti wäre beispielsweise nicht schlecht. Violette verspricht, das Geld in jedem Fall zu besorgen. Jean solle schon einmal versuchen, einen Bugatti aufzutreiben. In zwei bis drei Tagen werde sie ihm 10 000 Francs geben.
Violette bildet sich allen Ernstes ein, das Geld ihrem algerischen Wohltäter entlocken zu können. Der denkt jedoch nicht im Traum daran, für ein Auto zu berappen, mit dem sie obendrein noch mit ihrem Geliebten durch die Gegend kutschieren will und gibt ihr statt dessen den Laufpaß.
Ratlos geht Violette nach Hause. Als die Mutter wieder im Krankenhaus ist, sucht sie erneut nach Geld. Das Büfett ist verschlossen, der Schlüssel versteckt. Also, so schließt sie messerscharf, muß hier Geld sein! Sie bricht das Schloß auf und findet zwischen Tischtüchern und Laken 400 Francs. Sofort fährt sie zum *Boulevard Saint Michel*, um Dabin das Geld zu geben.
Madame Nozière bemerkt den Diebstahl und stellt ihre Tochter zur Rede. Die beteuert, nichts gestohlen, sondern nur eine Handtasche herausgenommen zu haben. Das Schloß habe sie aufgebrochen, weil kein Schlüssel da war. Die Mutter läßt das Schloß reparieren, noch bevor der Vater aus dem Krankenhaus kommt. Er soll nichts merken.
Einen Tag später hat Dabin, der sich für die Reise neu eingekleidet hat, kein Geld mehr. Violette hat indes einen Plan …
Mitte August erzählt sie ihrer Mutter freudestrahlend, daß die Dérons ihr vorgeschlagen hätten, sie in die Bretagne mit-

zunehmen. Vorher jedoch wolle Janine unbedingt noch ihre Eltern kennenlernen. Madame Nozière zögert ob der schäbigen Wohnverhältnisse, stimmt letztlich aber zu. Inzwischen ist der Vater aus dem Krankenhaus entlassen worden, und im Hause Nozière herrscht in diesen Tagen eitel Harmonie.

Der 21. August 1933 ist der große Tag. Heute kommt Janine. Am frühen Nachmittag verläßt Violette die Wohnung, um sich mit der Freundin zu treffen. Zum Abendessen werden sie gemeinsam nach Hause kommen.

Den ganzen Morgen hat die Mutter geputzt, schließlich will man auf Janine einen guten Eindruck machen. Den Rest des Nachmittags wollen die Nozières zu einem Einkaufsbummel nutzen. Für alle Fälle will Jean-Baptiste noch Geld einstecken. Für solche Fälle hat er immer noch etwas in der roten Pappschachtel in der Vitrine. Fassungslos starrt er in die Schachtel: Es fehlen 100 Francs. Für Madame Nozière ist das keine Überraschung, doch der Vater ahnt nichts von Violettes Diebstählen. Wenn Violette das Geld genommen hat, muß es ja noch irgendwo sein, meint der Vater, und sucht in ihren Sachen, sieht in ihren Büchern und Heften nach. Dabei fällt aus einer Mappe ein kleines Bündel Briefe. Gespannt lösen die Eltern das Bändchen. Es sind Liebesbriefe, unterzeichnet mit J. D. Die Eltern sind entsetzt.

Violette ist derweil mit dem Taxi ins Quartier Latin gefahren. Sie streift durch ihre Stamm-Cafés, trifft aber keine Bekannten. Enttäuscht hält sie erneut ein Taxi an und läßt sich in die *Avenue Daumesnil* fahren. Wieder sucht sie die Apotheke auf, in der sie schon im März war und verlangt ein Röhrchen »Soménal«, ach nein, sie läßt sich lieber gleich zwei geben, denn sie fährt morgen in die Ferien und befürchtet, das Schlafmittel in dem kleinen Ort in der Bretagne nicht zu bekommen. Der Apotheker hat Verständnis, gibt ihr zwei Röhrchen und wünscht ihr eine gute Reise.

An der *Place Daumesnil* geht sie in eine andere Apotheke, kauft ein drittes Röhrchen »Soménal« und ein Fläschchen Magnesium-Salz. An der *Rue de Charenton Nr. 240*, Ecke *Boulevard de Reuilly* geht sie in ein Café-Tabac. Sie setzt sich in

Noch heute befindet sich ein Café-Tabac im Haus Rue de Charenton Nr. 240, Ecke Boulevard de Reuilly, wo Violette die Tütchen mit der tödlichen Dosis Schlaftabletten präpariert hat.

den hinteren Teil an einen Tisch und bestellt ein Mineralwasser, das sie gleich bezahlt. Alles läuft wieder genauso ab wie damals im März in der Brasserie ganz in der Nähe. Nur daß sie diesmal drei Tütchen faltet und gleich 36 Schlaftabletten mit Hilfe der leeren Flasche zu Pulver zerkleinert. Daraus bildet sie zwei kleine Häufchen und füllt sie in zwei der Tütchen. Auf das dritte malt sie mit Bleistift ein dickes Kreuz und füllt es mit Magnesium-Salz. Nun nimmt sie einen Bogen Papier, ihren Füllfederhalter und schreibt mit verstellter Schrift einen Brief an ihre Eltern. Unterschrift: Dr. Déron ...
Gegen 18.30 Uhr kehrt Violette in die elterliche Wohnung zurück. Die Eltern haben sich gut angezogen. Der Vater im dunklen Anzug, frischem Hemd und Krawatte, die Mutter mit schwarzem Rock und einer extra für diesen Abend gekauften Bluse. Sie antworten nicht auf Violettes Begrüßung. Mama fragt bloß nach Janine. Die Eltern hätten ihr nicht erlaubt, heute abend noch auszugehen, erklärt Violette wei-

nerlich. Die Dèrons werden sie aber morgen früh um 10 Uhr abholen kommen. Sie legt den Brief und die Tütchen auf den Tisch mit den Worten: »Das hat mir Dr. Déron für euch mitgegeben. Es ist sehr wichtig, hat er gesagt.« Die Eltern nehmen keine Notiz davon.

Das Verhör, in dem es zunächst um die 100 Francs geht, beginnt: Violette spielt die Beleidigte. Sie habe bei Dr. Déron noch 100 Francs bezahlen müssen. Leider habe sie vergessen, danach zu fragen und deshalb das Geld aus der Schachtel genommen. Die Eltern schauen betreten drein. Offenbar haben sie ihrem Töchterchen Unrecht getan.

»Und was ist mit diesen Briefen?« Ohne sie anzuschauen, hält der Vater ihr das Bündel hin. Für einen Augenblick ist Violette sprachlos. Damit hat sie nicht gerechnet. »Habt ihr mich ausspioniert. Nun wißt ihr es also. Ich habe einen Geliebten. Na und? Ich liebe ihn, und er liebt mich! Dagegen könnt ihr überhaupt nichts tun, und ich lasse es mir auch nicht von euch verbieten.«

»Doch, denn du bist noch nicht volljährig! Wir haben das Recht zu erfahren, mit wem du Umgang hast.«

Nach einem heftigen Wortwechsel erklärt Violette schließlich, der junge Mann heiße Jean Dabin, sei 20 Jahre alt und studiere Jura. Sie erzählt, aus welch gutem Haus er komme, daß seine Eltern sehr wohlhabend seien und er sie heiraten wolle. Die Stimmung bessert sich von Minute zu Minute. Wenn der junge Mann ernste Absichten hat und noch dazu aus gutem Hause stammt, warum soll er Violette dann eigentlich nicht heiraten?

Nach dem Abendessen nimmt die Mutter die drei Tütchen und öffnet den Brief. Dr. Déron schreibt in recht unverständlichen Worten, daß sie alle drei dieses Medikament nehmen müßten, schreibt etwas von Ansteckungsgefahr und betont, daß das Tütchen mit dem Kreuz für Violette bestimmt ist, die eine andere Dosierung benötige, weil sie noch geschwächt sei. Der Vater liest den Brief noch einmal und schüttelt den Kopf. Warum macht der Doktor nur Andeutungen, und schreibt nicht, um was für ein Medikament es sich handelt?

Der Vater ist skeptisch. Er möchte gerne wissen, was er da einnimmt, steckt die Tütchen in die Tasche, um in der Apotheke nachzufragen, um welches Medikament es sich handelt. Violette geht mit. Vor dem Haus begegnet Monsieur Nozière zufällig einem Arbeitskollegen. Sie beginnen zu reden, im Nu sind 20 Minuten vergangen. Jean-Baptiste schaut auf die Uhr. Es ist schon 21 Uhr 30. Die Apotheke hat jetzt längst geschlossen. Die beiden gehen wieder nach oben.

Madame Nozière nimmt drei Gläser und löst das Pulver in etwas Wasser auf. Es schmeckt scheußlich. Jean-Baptiste trinkt es mit verzogenem Gesicht, die Mutter trinkt nur die Hälfte, spuckt einen Teil wieder aus und schüttet den Rest weg. Während die Mutter den Abwasch macht, baut der Vater Violettes Klappbett auf. Sie hat sich schon ausgezogen und legt sich sofort hin. Von dem Magnesium-Salz ist ihr schrecklich übel.

Jean-Baptiste setzt sich zu Violette auf die Bettkante. Sie reden über die anstehende Hochzeit, bis der Vater im Sitzen einschläft. Madame Nozière fordert ihre Tochter auf, den Vater in ihrem Bett schlafen zu lassen, sie könne dafür in Vaters Bett schlafen. Sie zieht ihrem Mann Schuhe und Hose aus und legt ihn mit Violettes Hilfe ins Bett. »Du bist ja auch ganz blaß,« sagt sie besorgt zu Violette, »mir ist auch ganz komisch. Was uns der Dr. Déron da bloß gegeben hat …« Sie will gehen, bricht zwischen Bett und Buffet ohnmächtig zusammen.

Violette wartet einige Minuten. Dann geht sie zu ihrer Mutter, dreht sie vorsichtig auf den Rücken und tastet sie ab. Sie weiß, daß die Mutter eine Tasche in ihr Korsett eingenäht hat, in der sie stets Geld verwahrt. Endlich findet sie sie. Der Inhalt: 1 000 Francs. Dann durchsucht sie den Kleiderschrank im Schlafzimmer. Hier findet sie noch einmal 2 000 Francs. Zwischendurch muß sie sich immer wieder von dem Magnesium-Salz übergeben. Als sie sich einigermaßen erholt hat, zieht sie sich an, nimmt ihre Schuhe, löscht das Licht, verläßt leise die Wohnung und schleicht, sich am Geländer entlang tastend, die Treppe hinunter.

Inzwischen ist es längst nach Mitternacht. Tausend Dinge

gehen ihr durch den Kopf: Was wird nun werden? Wann wird sie das Geld, das beim Crédit Lyonnais liegt, ausgezahlt bekommen? Wie in Trance geht sie in den *Bois de Vincennes* und ruht sich eine Weile auf einer Bank aus. Dann nimmt sie ein Taxi ins *Quartier Latin* und zieht durch die Cafés, die hier die ganze Nacht geöffnet haben. Auf der Terrasse des La Source trinkt sie eine Orangenlimonade. Um drei Uhr geht sie ins Hotel de la Sorbonne und läßt sich das Zimmer Nr. 7 geben. Am frühen Morgen des 22. August 1933 geht sie zu Maddy, um sich mit ihr für den Abend zu verabreden. Den Eltern schickt sie ein Telegramm: Esse mit Maddy zu Abend. Komme spät. Kuß, Violette. Den Vormittag verbringt sie auf dem *Boulevard Haussmann*, streift durch die großen Warenhäuser Printemps und die Galeries Lafayettes. Hier geht sie zunächst zum Friseur und läßt sich auch die Fingernägel maniküren, dann kauft sie sich ein schwarzes Abendkleid, eine Jacke und Schuhe, bei einem Juwelier in der *Rue Blanche* ersteht sie den dazu passenden Modeschmuck. Nach einem ausgiebigen Frühstück in einem Café auf dem *Boulevard Saint-Michel* bringt sie erst einmal ihre Sachen ins Hotel. Den Rest des Tages streift sie durch die Bars und Cafés des Viertels. Um 19 Uhr geht Violette ins Hotel zurück, zieht sich um und nimmt sich gegen 20 Uhr ein Taxi, um Maddy aus der *Rue Claude-Decaen* abzuholen. Die beiden fahren ins Palais du Café, bleiben aber nicht lange, denn hier ist heute absolut nichts los. Die beiden Mädchen wollen etwas erleben und fahren zum *Boulevard du Montparnasse*. Im La Coupole bestellen sie sich Eiscafé. Aber nette Jungs, die man aufreißen könnte, finden sie auch hier nicht. Als sie den Boulevard entlang bummeln, fährt ein Auto langsam neben ihnen her. Die beiden jungen Männer im Wagen sprechen die Mädchen an und schlagen vor, gemeinsam etwas zu unternehmen. Die Mädchen sind einverstanden. Raoul und Stephan, die beiden Kavaliere, geben sich als Diplomaten aus.

Ihr Ziel ist der *Bois de Boulogne*. Doch aus der Tour wird nichts, denn es beginnt plötzlich zu regnen. So disponieren sie kurzfristig um und fahren ins Tabarin, ein Tanzlokal in der *Rue Victor-Massé* in der Nähe der *Place Pigalle.* Violette ist vom Gin-Fiz schon bald beschwipst, und Raoul glaubt bei ihr leichtes Spiel zu haben. Die vier fahren in Raouls Wohnung in der *Rue de Bassano Nr. 15*, nur wenige Schritte von den *Champs-Élysées* entfernt. Violette ist inzwischen aber wieder nüchtern und möchte gehen. Es ist gegen 1 Uhr, als die beiden jungen Männer die Mädchen nach Hause chauffieren.

Es ist ca. 1 Uhr 30, als Violette von der Concierge unbemerkt ins Haus schleicht. Lautlos schließt sie die Wohnung auf. Sie macht Licht, geht ins Schlafzimmer und zieht Jacke und Kleid aus. Erst jetzt geht sie ins Eßzimmer. Merkwürdig, die Eltern liegen nicht mehr da, wo sie zuletzt gelegen haben. Der Vater liegt jetzt auf dem Rücken. Die Mutter liegt zusammengekrümmt an einer anderen Stelle. Die Arme in Richtung ihres Mannes ausgestreckt, als ob sie ihm helfen wolle. Ein Schauer läuft Violette über den Rücken. Doch dann hat sie ihre Fassung gleich wiedergefunden. Sie muß nun die Szenerie so herrichten, daß es nach einem Selbstmord aussieht. Beide müssen nebeneinander im Schlafzimmer im Bett liegen. Sie schleift die Mutter ins Schlafzimmer, zieht sie bis auf den Unterrock aus und hievt sie ins Bett. Nun muß sie sich um den Vater kümmern. Aber sie merkt schnell, daß es ihr nicht gelingen wird, den stämmigen Mann ins Schlafzimmer zu ziehen. Aber warum auch, überlegt sie, die Eltern können sich ja gestritten haben und so hat der Vater eben in Violettes Bett geschlafen. Das scheint glaubwürdig.

Sie geht noch einmal ins Schlafzimmer. Die Mutter atmet noch und stöhnt jetzt leise vor sich hin. Violette zieht sich wieder an und geht in die Küche. Sie öffnet den Gashahn und löst den Schlauch, der das Rohr mit dem Herd verbindet. Dann löscht sie das Licht. Sie wartet in der Dunkelheit, bis der Gasgeruch deutlich wahrnehmbar geworden ist. Erst jetzt verläßt sie leise die Wohnung. Auf dem Podest wartet sie ebenfalls noch ein Weilchen, ohne sich zu rühren. Es ist jetzt schon nach 2 Uhr. Nach einigen Minuten hämmert sie an der Tür des Nachbarn René Mayeul, genau wie damals im März. »Monsieur Mayeul, Monsieur Mayeul, es ist etwas

Furchtbares passiert.« Schlaftrunken öffnet er die Tür. »Es riecht nach Gas aus unserer Wohnung, und ich trau' mich nicht hinein«, Violette zittert und weint. Mayeul nimmt ihr den Schlüssel aus der Hand und schließt auf. Starker Gasgeruch strömt ihm entgegen. Das zischende Geräusch verrät ihm, daß der Gashahn in der Küche geöffnet ist. Er dreht ihn zu und reißt die Fenster auf. Violette geht ins Schlafzimmer. »Meine arme Maman, meine arme Maman«, wimmert Violette. Mayeul nimmt Violette vorsichtig bei den Schultern und bringt sie zu seiner Frau, die das Mädchen tröstend in ihre Arme schließt. »Was ist mit Ihrem Vater?« fragt Madame Mayeul. Violette zuckt nur mit den Schultern und schluchzt: »Nein, da gehe ich nicht noch mal hinein.« Inzwischen ist Monsieur Mayeul nach unten gelaufen, um von der Concierge Feuerwehr und Rettungsdienst alarmieren zu lassen. Für Monsieur Nozière kommt jede Hilfe zu spät. Madame Nozière hingegen ist noch am Leben und wird ins Krankenhaus, ins Hôpital Saint-Antoine, gebracht.

Auch Commissaire Gueudet von der Kriminalpolizei ist zur Stelle. Aus der weinenden Violette ist nichts herauszubekommen. »Warum haben meine Eltern das getan? Warum haben meine Eltern das getan?« wiederholt sie immer wieder schluchzend.

Der Commissaire schaut sich in der Küche um. Zufällig fällt sein Blick auf ein Haushaltsbuch. Seltsam, es enthält gewissenhaft die kleinste Ausgabe, aber die Seite für den 22. August ist leer, nicht einmal Lebensmittel sind an diesem Tag gekauft worden. Als er es wieder zurücklegen will, fällt ein Zettel heraus. Gueudet hebt ihn auf. Es ist die letzte Gasabrechnung. Es ist reine Routine, daß er die Angaben auf der Rechnung mit dem jetzigen Zählerstand vergleicht. Da wird er stutzig. Er schaut immer wieder auf die Zahlen: Der Zählerstand weist seit der letzten Abrechnung einen überaus niedrigen Verbrauch auf. Er entspricht nicht annähernd der Menge, die bei voll geöffnetem Hahn über einen längeren Zeitraum ausgeströmt sein muß. Die Vergiftung der Eltern kann also unmöglich auf das Gas zurückgehen!

Zunächst behält der Commissaire seine Entdeckung für sich,

doch er bittet Mademoiselle Nozière, am Nachmittag um 15 Uhr in sein Büro zu kommen.

Als Violette pünktlich auf dem Kommissariat erscheint, fährt er mit ihr sogleich ins Krankenhaus. Die Stationsschwester schüttelt mit Bestimmtheit den Kopf: Besuch darf Madame Nozière noch nicht empfangen. Als der Commissaire darauf besteht, die Patientin trotzdem sehen zu dürfen, gibt der Arzt nach, bittet aber Violette, draußen zu warten. Langsam geht sie in dem scheinbar unendlichen Krankenhausflur auf und ab. Mit einem Mal wird sie von Panik ergriffen: Wenn ihre Mutter bei Bewußtsein ist, wird sie dann sagen, was wirklich passiert ist? Dann ist sie verloren. Niemand ist auf dem Gang zu sehen. Sie ergreift die Gelegenheit und verläßt schnell das Krankenhaus.

Für Polizei und Staatsanwaltschaft ist diese Flucht praktisch ein Schuldeingeständnis. Noch am gleichen Tag wird ein Haftbefehl gegen Violette Nozière erlassen. Vollendete und versuchte vorsätzliche Tötung werden ihr zur Last gelegt.

Madame Nozière ist indes früher vernehmungsfähig als gedacht, und sie schildert, wenn auch mit großer Mühe, die Ereignisse am Abend des 21. August bis ins kleinste Detail. Die Tütchen, in denen sich die mysteriöse Medizin befunden hat, von der Madame Nozière berichtet, werden in der Wohnung tatsächlich gefunden. Als auch die Obduktion Jean-Bapiste Nozières an den Tag bringt, daß er nicht an einer Gasvergiftung gestorben, sondern aller Wahrscheinlichkeit nach auf andere Weise vergiftet worden ist, besteht an Violettes Schuld kein Zweifel mehr.

Den ganzen Nachmittag des 23. August 1933 irrt Violette ziellos durch die Stadt. Vorsichtshalber bleibt sie auf dem rechten Seine-Ufer, muß sie doch befürchten, im *Quartier Latin* besonders intensiv gesucht zu werden. Allein streift sie durch Cafés und Bars und übernachtet ein letztes Mal im Hotel de la Sorbonne.

Am 24. August 1933 prangt ihr Foto auf den Titelseiten aller großen Tageszeitungen: »Vatermord mit 18 Jahren!« So oder ähnlich lauten die Schlagzeilen. Auf den großen Boulevards lesen die Leute zwar die Zeitungen, dennoch nimmt hier niemand Notiz von ihr. Den Abend verbringt sie in der Melody's Bar in der *Rue Fontaine* nahe der *Place Blanche*. Hier trifft sie ihren alten Freund Jean-François, einen farbigen Musiker, der in der Band des Lokals spielt. In einem schäbigen Hotel in der nahegelegenen Rue Duperré verbringt sie mit ihm die Nacht.

Die nächsten Tage hält sie sich fast ausschließlich im VII. Arrondissement auf, sie bummelt über den *Champs de Mars* und die Boulevards in der Nähe des Invaliden-Doms. Am Nachmittag des 28. August lernt sie den 25jährigen André de Pinquet kennen. Sie trinken einen Kaffee auf der Terrasse der Brasserie de la Bière Brune in der *Avenue de la Motte-Piquet*, Ecke *Avenue Bosquet*.

André schaut Violette eine ganze Weile an und meint plötzlich: »Das ist ja unglaublich!«

Violette schaut ihn verständnislos an: »Was ist unglaublich?«

»Du hast eine verblüffende Ähnlichkeit mit Violette Nozière, mit dieser Vatermörderin. Schau doch mal selbst!« Er holt eine Zeitung aus der Tasche und hält Violette ihr Bild hin. Sie tut völlig unbeeindruckt und murmelt nur gelangweilt: »Ähnlichkeit vielleicht, aber ich bin doch schlanker als die. Außerdem heiße ich Christine Darfeuil und wohne mit meiner Mutter in der *Rue de Bassano Nr. 15*. Und leider muß ich jetzt gehen, Maman wartet sicher schon auf mich.« Violette hat es auf einmal ziemlich eilig zu gehen, aber sie verabreden sich schnell noch für den Abend um 8 Uhr an gleicher Stelle.

André liest für sein Leben gern Detektivromane und würde selbst nur allzugern zur Kriminalpolizei gehen, wenn da nicht die Firma seines Vater wäre, die er wohl oder übel eines Tages übernehmen muß. Jetzt hat er endlich die Gelegenheit, einmal Detektiv zu spielen, und so macht sich André sogleich auf den Weg in die *Rue Bassano*, die unweit der Métro-Station *George V* von den *Champs-Élysées* abgeht. Es ist, wie er vermutet hat. In der Nr. 15 wohnt keine Madame Darfeuil mit ihrer Tochter. Die Concierge weiß es genau, denn sie ist seit 20 Jahren im Haus. Sofort geht André zum *Quai des Orfèvres*. Um 8 Uhr 30 kommt Violette aus der Métro-Station *École Mi-*

litaire. Noch vor der Brasserie wird sie von zwei Polizisten in Zivil festgenommen. »Dreckskerl!« ist Violettes ganzer Kommentar, wobei sie einen bösen Blick auf André wirft, der von einem Fensterplatz des Lokals aus das Geschehen beobachtet.

An der Métro-Station École Militaire wurde Violette festgenommen.

Violette Nozière legt ein Geständnis ab, behauptet aber immer wieder, daß sie zwar den Vater, nie aber ihre Mutter ermorden wollte. Für den ermittelnden Commissaire hat sie noch eine Sensation bereit. Sie behauptet nämlich, von ihrem Vater seit ihrem sechsten Lebensjahr mißbraucht worden zu

sein. Die Angaben, die sie macht, sind allerdings ziemlich unglaubwürdig. Und wer glaubt schon einem Mädchen, dessen ganzes Leben bisher nur von haarsträubenden Lügen geprägt war? Während des Prozesses wird sie dann die Anschuldigung wieder zurücknehmen.
Violettes Geliebter, Jean Dabin, wird letztlich ebenfalls noch in den Fall hineingezogen. Er gerät in den Verdacht, ihr Helfershelfer gewesen zu sein. Weniger die Polizei, als vielmehr die Presse ist davon überzeugt, daß er in das Verbrechen verstrickt ist. Der Rufmord, den die Medien betreiben, geht so weit, daß er von der Universität gewiesen wird.
Der Prozeß gegen Violette Nozière beginnt am 10. Oktober 1934. Viele Stunden vor dem Beginn der Verhandlung versammelt sich vor dem Palais de Justice eine derart große Menschenmenge, daß die Garde Republiquaine eingreifen muß, um die Massen daran zu hindern, das Gebäude zu stürmen. Zwei Tage später, am 12. Oktober, wird Violette Nozière zum Tode verurteilt. Die Todesstrafe wird jedoch nicht vollstreckt, sondern am 24. Dezember in eine lebenslängliche Zuchthausstrafe umgewandelt. 1942 wird ihre Strafe auf insgesamt 12 Jahre herabgesetzt. Am 29. August 1945 kann sie das Zuchthaus verlassen. 1946 heiratet Violette den Sohn des Gefängnisdirektors. Aus der Ehe werden fünf Kinder hervorgehen. Am 18. März 1963 wird Violette schließlich rehabilitiert. Am 28. November 1966 stirbt sie an Knochenkrebs. Ihre Mutter, Germaine Nozière, mit der sie sich längst wieder versöhnt hat, stirbt erst zwei Jahre später, am 4. August 1968.

*

Durch halb Paris könnten wir mit Violette Nozière spazieren, wir wollen uns an dieser Stelle aber auf einige Schlüsselorte konzentrieren. Am besten, wir nehmen die Métro der Linie 8 bis *Michel Bizot*, dann sind wir gleich auf der *Avenue Daumesnil*, die auf diesem Teilstück mit ihren dreistöckigen Häusern einen ausgesprochenen Vorstadtcharakter hat. Hier befinden wir uns garantiert in einer »touristenfreien Zone«. Die

Gegend ist nicht eben schön, aber dank des nahegelegenen Waldes, des *Bois de Vincennes,* ist die Luft in diesem Viertel besser als in der Innenstadt. Auf der Seite mit den ungeraden Hausnummern stehen wir jetzt vor dem langgezogenen Backsteinbau einer Schule. Wir gehen ein Stück zurück, und vor uns liegt, an der Ecke *Rue de Picpus,* das Bistro *Au Tramway.* Nicht nur der Name, auch ein Wandgemälde erinnert daran, daß in der Mitte der Avenue einmal eine Straßenbahn fuhr. Violette Nozière hat sie sicher immer genommen, denn die Mètro der Linie 8 wurde erst 1931 bis zur *Porte de Charenton* verlängert. Wir gehen jetzt über die *Avenue Daumesnil* in die *Rue de Fécamp.* Die Backsteinhäuser aus den dreißiger Jahren machen einen eher tristen Eindruck. Schaut man nach rechts durch die *Rue Édouard-Robert,* sieht man eine auffällige Kuppel, die einen an irgend etwas erinnert. Sie gehört der zwischen 1928 und 1933 erbauten *Église du Saint-Esprit.* Der Architekt Paul Tournan ließ sich von der Hagia Sophia in Constantinopel inspirieren. Zu Violette Nozières Zeiten war sie noch unvollendet. Die Fassade und der Glockenturm wurden erst 1955 fertiggestellt.

Wir gehen nach rechts in die *Rue Claude-Decaen* und gleich wieder nach links in die *Rue de Capri,* eine ruhige Wohnstraße. Auf der rechten Seite zieht im Haus Nr. 7 die Reklame eines Restaurants unsere Aufmerksamkeit auf sich: Auf schwarzem Grund mit goldgelben Schriftzügen leuchtet uns entgegen: *Les Zygomates.* Es ist ein kleines, typisch pariserisches Restaurant mit dicht an dicht stehenden Tischen und den obligatorischen Papiertischdecken auf den Stoffdecken. 1910 hatte hier eine »Charcuterie«, eine Fleischerei mit Imbiß, eröffnet, die auch bis in die vierziger Jahre an dieser Stelle blieb. Sicher hat auch Madame Nozière hier schon eingekauft. Lange Zeit standen die Räume dann leer. In den achtziger Jahren versuchte ein Restaurant sein Glück, das sich allerdings nicht lange halten konnte. 1992 unternahm dann Patrick Fray, er steht selbst in der Küche, einen erneuten Versuch – und war überaus erfolgreich. Mit guter Küche zu moderaten Preisen zieht er sein Publikum an; sowohl mittags als auch abends sind stets alle Plätze besetzt. Das Ambiente,

Das Restaurant »Les Zygomates« in der Rue de Capri bereitet traditionelle farnzösische Küche in authentischer Umgebung.

der Innenraum der alten »Charcuterie« ist erhalten geblieben, ist sehenswert. Wer traditionelle französische Küche in guter Qualität in authentischer Umgebung genießen will, sollte einen Besuch nicht versäumen. Reservierung ist allerdings empfehlenswert. (»Les Zygomates«, 7, rue de Capri, 75012 Paris, Tel.: 01.40.19.93.04.)
Von hier gehen wir weiter bis zur Ecke *Rue Wattignies*. Gleich rechts sehen wir ein Backsteingebäude, es ist die Grundschule, die schon Violette besucht hat. Die Verlängerung der *Rue de Capri* ist die *Rue de Madagascar*, heute eine ruhige Wohnstraße. Das dritte Haus ist die Nummer 9. Hier haben die Nozières also gewohnt. Die im einheitlichen Stil gebauten Häuser der Straße sind in den achtziger Jahren des vorigen Jahrhunderts errichtet worden. Die meisten Wohnungen sind vor einiger Zeit in Eigentumswohnungen umgewandelt worden. In der Straße wird getuschelt, daß die kleinen hübschen Apartements in der diskreten, ruhigen und etwas abgelegenen Gegend in erster Linie von wohlhabenden Herrn für ihre jungen Geliebten gekauft worden sind. In so manchem Gerücht steckt bekanntlich ein Körnchen Wahrheit ...

Heute gibt es hier allerdings kaum noch Geschäfte. Als die Nozières hier einzogen, war die Rue de Madagascar eine belebte und lärmerfüllte Straße. Vor allem war sie dicht besiedelt. Rund 1.500 Menschen sollen in der kleinen Straße gewohnt haben. Jede Familie hatte hier wenigstens zwei oder drei Kinder, die meist nur vor dem Haus spielten. Die nahegelegene, 1851 gegründete Zigarettenfabrik, die Manufacture des Tabacs de Reuilly in der *Rue de Charenton Nr. 316*, die an der *Rue des Meuniers*, unweit der *Rue de Madagascar*, ein zweites Fabriktor hatte, brachte den Geschäften noch zusätzliche Laufkundschaft. Auf dem Gelände des vor einigen Jahren abgerissenen Fabrikgebäudes sind inzwischen moderne Apartmenthäuser errichtet worden. Damals konnte man in der *Rue de Madagascar* noch alles kaufen. Auf der Strecke von 101 Metern soll es 25 Händler gegeben haben: Käsehändler, Pferdeschlächter, Fleischereien, Charcuterien, Bäcker und Konditoren, einen Friseur, eine Wäscherei, eine Drogerie und einen Kohlenhändler. Letzterer hatte im Keller der Nr. 9 sein Lager.

Seinerzeit war es die Gegend der Eisenbahner. Ein abgelegenes Stadtviertel mit vielen Freiflächen. An der Umgehungsstraße standen noch Baracken, in denen Obdachlose hausten, und auf der *Place Daumesnil* – heute heißt sie offiziell *Place Félix Eboué*, aber niemand nennt sie so – gab es in den zwanziger Jahren jeweils im Februar für mehrere Wochen einen Jahrmarkt.

Der Rauch der Dampflokomotiven, das Kreischen der rangierenden Waggons und das Pfeifen der Zugabfertiger war überall im XII. Arrondissement zu hören. Zehn Bahnhöfe gab es hier damals noch. Die Cafés und Bistros rund um die *Gare de Lyon* waren Domizile der Eisenbahner. Der Bahnhof *Gare de Lyon* wurde 1900 in Betrieb genommen und galt lange Zeit als der schönste von Paris. Durch die Neubauten der letzten Jahrzehnte wurde seine Harmonie weitgehend zerstört.

Am Tag, als Violette Nozière die drei Röhrchen Schlaftabletten kaufte, ging sie von der *Gare de Lyon* über die *Avenue Daumesnil* und die *Rue de Charenton* nach Hause. Ein gewaltiger

Fußmarsch, den man sich ersparen sollte. Man könnte an der *Gare de Lyon* mit dem 29er Bus, der zu den wenigen gehört, die noch eine offene Plattform haben, bis zur *Place Daumesnil* fahren. Leider muß man auf den Bus dieser Linie manchmal länger als eine halbe Stunde warten.

Das Stadtviertel rund um die *Gare de Lyon* hat sich in den letzten Jahren dramatisch verändert. Von hier fahren die Hochgeschwindigkeitszüge nach Lyon und in den Süden des Landes. Hier steht auch das berühmte Belle-Époque-Restaurant *Le Train Bleu,* das jeder gängige Reiseführer anpreist.

Zur Zeit Violette Nozières gab es hier noch krumme und winkelige Gassen, in denen sich allerlei Gesindel herumtrieb. Zuhälter, Drogenhändler, kleine und große Gangster fanden hier Unterschlupf. Das Viertel galt lange Zeit als die anrüchigste Gegend der Stadt. Aber diese Zeit ist längst vorbei, von den engen Gassen ist nichts übrig geblieben. Bürobauten und Apartmenthäuser stehen jetzt an ihrer Stelle.

Violette ist dann die *Avenue Daumesnil* am Eisenbahnviadukt entlang gegangen. Hier war es schmutzig, es roch nach Koh-

Der ehemalige Eisenbahnviadukt an der Avenue Daumesnil wurde vor einigen Jahren saniert. In den Viaduktbögen befinden sich heute Kunsthandlungen, Galerien und Cafés; auf der früheren Eisenbahntrasse ist eine Gartenanlage entstanden.

le, und der Ruß der Lokomotiven schwärzte die Häuser. An der Stelle, wo jetzt die *Opéra Bastille* steht, war bis in die Nachkriegszeit noch die *Gare de la Bastille* zu finden.
In den achtziger Jahren drohte der Bahnviadukt zu verfallen. Inzwischen aber sind die Viaduktbögen aufwendig restauriert und beherbergen Kunsthandlungen, Galerien, Ateliers und Cafés. Auf dem Viadukt selbst ist eine Parkanlage entstanden, die die Bewohner der Umgebung gerne nutzen. Man bewegt sich hier auf der Höhe der dritten Etage der Wohnhäuser. Weiter in Richtung *Place Daumesnil* bietet die Straße nichts Interessantes. Die Nummer 128, wo Violette im März und August 1933 die Schlaftabletten gekauft hatte, liegt gegenüber dem Rathaus des XII. Arrondissements. Noch heute befindet sich hier eine Apotheke. Gleich an der nächsten Ecke, *Rue de Charenton Nr. 210,* finden wir ein vielgelobtes, sogar im »Le Gault et Millau« empfohlenes China-Restaurant, *Le Lys d'Or,* das chinesische, vietnamesische und thailändische Spezialitäten anbietet. Es ist ein Ableger des nicht weit von hier entfernten Hauptgeschäftes in der *Rue de Chaligny Nr. 2* an der *Place Colonel Bourgoin* (Métro *Reuilly-Diderot*) mit dem gleichen Namen. Ersteres, nicht weit von der Métro *Daumesnil,* ist montags, letzteres sonntags geschlossen. Für den Abend ist eine Reservierung empfehlenswert.
Nur ein paar Schritte weiter beherrschen gesichtslose Plattenbauten die *Avenue Daumesnil.* Der gleichnamige Platz hingegen, dominiert von einem majestätischen Springbrunnen mit acht wasserspeienden Löwen, gehört zweifellos zu den schönsten der Stadt. Hier hat Violette das dritte Röhrchen Schlaftabletten gekauft und ist dann durch die *Rue de Charenton* in eine Brasserie an der Ecke B*oulevard de Reuilly* gegangen, an dieser Ecke befindet sich noch heute ein Café-Tabac.

Tod in der Métro

Tatzeit: 16. Mai 1937
Tatort: Métro-Station Porte de Charenton (XII. Arrondis sement)
Schlüsselort: 28, rue des Vertus (III. Arrondissement)

Der 16. Mai des Jahres 1937 ist für die Jahreszeit außergewöhnlich warm. Die Pariser nutzen den herrlichen Pfingstsonntag und strömen in die Wälder am Rande der Stadt, so auch in den *Bois de Vincennes*, mit seinen Gartenlokalen und dem See ein beliebtes Ausflugsziel im Pariser Südosten. Ein Gläschen Pernod für Monsieur, einen Milchkaffee und hausgemachte Pâtisseries für Madame, Eis oder Limonade für die Kinder und anschließend eine Kahnpartie auf dem *Lac Daumesnil*.

Am späten Nachmittag verdüstert sich von Westen her der Himmel, der Wind frischt böig auf, und dunkle, graugelbe Gewitterwolken schieben sich vor die Sonne. »Schau nur«, mit seinem Spazierstock deutet der ältere Monsieur, eine blutjunge Mademoiselle am Arm, auf die Wolkenwand. »Im Bois de Boulogne regnet es sicher schon.« Skeptische Blicke zum westlichen Horizont gerichtet, strömt die Masse der Ausflügler, wie von einer unsichtbaren Kraft angezogen, vorsichtshalber zur nahegelegenen Métro-Station *Porte de Charenton*, die Endstation der Linie 8.

Um 18 Uhr 28 fährt der Zug Nr. 382 ein. Etwa 150 Menschen steigen in die Waggons der 2. Klasse. Um 18 Uhr 31 fährt der Zug ab und erreicht nach 55 Sekunden die Station *Porte Dorée*.

Unter einem von der Decke hängenden Metallschild, das auf jedem Bahnsteig signalisiert, auf welcher Höhe der Wagen mit der 1. Klasse hält, wartet, in Begleitung zweier Mädchen, ein junger Militärarzt. Die drei sind bester Laune, plaudern und lachen. Rein zufällig fällt der Blick des Arztes auf eine junge Frau, die auf einem Fensterplatz der 1. Klasse des in Schrittempo einfahrenden Zuges sitzt und den Kopf seltsam hin und her bewegt. Sie ist elegant gekleidet, trägt ein grünes Seidenkleid mit weißen Tupfen, dazu auf ihrem blonden Haar einen modischen weißen Hut. Als der Zug mit einem kurzen Ruck zum Stehen kommt, fällt sie plötzlich vornüber. Wahrscheinlich ohnmächtig geworden, denkt der Mediziner und eilt ihr, gefolgt von den beiden Mädchen, sofort zu Hilfe. »Madame, ist Ihnen übel? Ich bin Arzt.« Der junge Mann versucht, die Frau aufzurichten. Erst jetzt bemerkt er, daß im Hals der Frau ein Messer steckt. An der starken Blutung erkennt er mit dem Blick des Arztes sofort, daß die Halsschlagader getroffen sein muß. »Was steht ihr hier rum!« brüllt er die entsetzten Mädchen an. »Schnell, die Ambulanz!«

Vorsichtig zieht der Mediziner das Messer aus der Wunde und versucht, die Blutung mit Hilfe seines Taschentuches zum Stillstand zu bringen. Die Frau ist noch am Leben, aber ihre Atmung ist flach, und sie hat kaum Puls. Mit weit aufgerissenen Augen schaut sie den Arzt an und versucht, etwas zu sagen. Will sie den Namen des Täters nennen? Der Mediziner beugt sich zu ihr herab und legt sein Ohr dicht an ihren Mund. Ihr Flüstern ist zu schwach. Er kann sie nicht verstehen. Wenige Minuten später bringt ein Krankenwagen die Schwerverletzte ins Hôpital Saint-Antoine. Doch die Hilfe kommt zu spät: Sie stirbt während des Transports.

Inzwischen hat die Polizei die Métro-Station abgesperrt; Inspecteur Baillet vom Kommissariat Picpus beginnt mit der Befragung der Fahrgäste. Ergebnislos. Niemand hat die Frau an der *Porte de Charenton* einsteigen sehen. Ein Mordfall wie dieser ist ohnehin Sache der Police Judiciaire, und Inspecteur Baillet benachrichtigt umgehend den *Quai des Orfèvres*.

Commissaire Charles Chenevier, einer der populärsten Kriminalbeamten von Paris, übernimmt die Leitung der Ermittlungen. »Es will mir einfach nicht in den Kopf«, sinniert Chenevier, der zusammen mit Inspecteur Badin soeben am Tatort eingetroffen ist, »daß niemand etwas gesehen haben will. Konnte der Mörder zusammen mit seinem Opfer wirklich unbemerkt in das Abteil 1. Klasse einsteigen? Hat er die Frau erstochen und ist wieder ausgestiegen, noch bevor der Zug abgefahren ist?«

»Hätte er den Bahnsteig hier an der Endstation gleich wieder verlassen, wäre er sicher aufgefallen«, wendet sein Kollege zögernd ein.

»Das ist wohl wahr«, stimmt Chenevier ihm zu, gibt jedoch zu bedenken: »Andererseits ahnte ja zu diesem Zeitpunkt noch niemand etwas von dem Mord, und so hat auch nie-

mand auf den eventuellen Täter geachtet ... Vielleicht ist er durch die Zwischentür in den anderen Waggon geklettert und hat sich dann hier an der *Porte Dorée* unerkannt in die Menge gemischt«, überlegt er laut weiter.
Bis auf das Messer werden keinerlei Spuren gefunden. Nicht einmal die Tatwaffe weist verwertbare Fingerabdrücke auf. Wahrscheinlich hat sie der junge Arzt, als er das Messer aus der Wunde gezogen hat, verwischt. Aber niemand will ihm daraus einen Vorwurf machen. Immerhin hat er versucht, das Leben der Frau zu retten.
Über das Tatmotiv läßt sich zur Stunde nur spekulieren: Die Frau könnte das zufällige Opfer eines Psychopathen geworden sein; vorstellbar wäre auch ein Eifersuchtsdrama, etwa die Tat eines abgewiesenen Liebhabers. Ein Raubmord ist von vornherein ausgeschlossen, denn die Handtasche der Frau ist nicht angerührt worden.
Die Kommissare untersuchen deren Inhalt: Ausweispapiere, Schlüssel, ein Portemonnaie, das rund 60 Francs enthält, eine Puderdose, ein Taschentuch sowie ein kleiner Blauer, ein Rohrpostbrief, der in Paris aufgegeben worden ist. Die Kommissare lesen ihn gespannt: Es handelt sich um eine Einladung für den heutigen Abend um 22 Uhr in ein Café in der *Rue du Faubourg du Temple,* gleich an der *Place de la Republique.* Unterzeichnet ist er von einem gewissen Jean. Zufrieden steckt Chenevier den Brief ein. Hat er hier schon einen wichtigen Hinweis auf den Mörder in der Hand?
Inspecteur Badin hat sich inzwischen den Ausweispapieren der Frau gewidmet und murmelt vor sich hin: »Lætitia Toureaux, geborene Nourissat. Jahrgang 1907.« Er hält dem Commissaire das Dokument hin und tippt auf das Paßbild: »Hätten Sie das gedacht? Die schöne Blondine ist – oder war vielmehr – Italienerin, geboren in einem kleinen Nest im Aosta-Tal, das ist in den italienischen Alpen. Ihre Wohnung ist im XX. Arrondissement, in der *Rue Pierre-Bayle Nr. 3.*«
Chenevier überlegt einen Augenblick und fügt dann hinzu: »Das muß nahe dem *Boulevard de Charonne* am Friedhof *Père Lachaise* sein. Kommen Sie, wir fahren da gleich mal hin.«

»Halt, Messieurs, wo wollen Sie denn hin? Sie können hier nicht mir nichts dir nichts hereinspazieren!« Die Concierge kommt aus ihrer Loge und schlurft in Filzpantoffeln den beiden Männern hinterher, die schon den ersten Treppenabsatz erreicht haben. Chenevier geht noch einmal ein paar Stufen hinunter, um ihr seinen Ausweis zu zeigen. »Bonsoir, Madame, es tut uns leid, aber wir müssen uns die Wohnung von Madame Toureaux ansehen.« Sie schiebt den Arm des Commissaires zurück. »Sie müssen hier gar nichts. Sagen Sie mir gefälligst, wer Sie sind, ich habe meine Lesebrille nicht dabei.«

»Pardon, Madame, Kriminalpolizei. Ich bin Commissaire Chenevier, das ist mein Kollege, Inspecteur Badin.«

»Wer sagt mir, daß Sie wirklich von der Polizei sind? Ich habe das Recht Sie hinauszuwerfen.«

»Tut mir schrecklich leid, Madame, daß wir Ihnen Umstände machen«, Chenevier wird jetzt laut, »aber ich muß darauf bestehen, daß Sie Ihre verdammte Lesebrille holen, sonst muß ich Sie leider wegen Widerstands einsperren lassen.«

»Na schön«, murmelt die Concierge unwillig, »aber warten Sie hier!« fügt sie drohend hinzu.

Nachdem sie die Ausweise der Kommissare in aller Ruhe studiert hat, wird sie ein wenig freundlicher und fragt, eher neugierig als besorgt: »Ist etwas mit Madame?«

»Madame Toureaux hatte einen Unfall.« Noch wollen die Kommissare nicht sagen, was vorgefallen ist.

»Sie hat sich doch hoffentlich nichts angetan?«

»Hatten Sie denn den Eindruck, daß sie sich das Leben nehmen wollte?« fragt Badin irritiert.

»Ach wissen Sie, man steckt doch nicht drin in den Menschen. Aber manchmal war sie so niedergeschlagen, völlig am Boden zerstört ...«

»Ach ja? Hatte sie Probleme? Vielleicht mit ihrem Mann?«

»Ja wissen Sie das denn nicht?« fällt die Concierge dem Commissaire ins Wort »Die Ärmste ist doch Witwe. Es ist aber auch tragisch, so jung und schon den Mann verloren ...«

»Hat sie oft Besuch bekommen? Männerbesuch vielleicht?«

»Gott bewahre, doch keinen Männerbesuch! Sie ist ja noch

immer in Trauer gegangen. Nur ihre Mutter und ihr Bruder sind öfter vorbeigekommen.«
Mit dem Versprechen, später noch einmal bei ihr vorbeizuschauen, verabschieden sich die Beamten erst einmal von der Concierge und steigen die Treppe hinauf.

Die Italienerin Lætitia Toureaux wohnte im XX. Arrondissement, in der Rue Pierre-Bayle Nr. 3, gleich am Friedhof Père Lachaise.

Die Wohnung der Ermordeten ist geschmackvoll eingerichtet. An den Fenstern blütenweiße Stores, hellgrüne geraffte Übergardinen aus schwerer Seide, zierliche Mahagoni-Möbel, frische Blumen, geschmackvolle Teppiche auf dem ge-

pflegten Parkettboden. Die Küche ist blitzsauber. Propre comme un sou neuf, sauber wie ein neuer Sou, wie es der Commissaire ausdrückt. Die Schränke sind vorbildlich aufgeräumt. Die Kleider im Schrank tragen Etiketten renommierter Geschäfte, Die Wäsche und die Nachthemden sind aus Seide und Batist – alles von edelster Qualität.
In der Schublade eines kleinen Sekretärs finden die Beamten Briefe, zwei kleine, jeweils mit einem grünen und einem blauen Band zusammengebundene Bündel. Die einen tragen die Unterschrift eines Jean Martin und sind in Toulon abgestempelt, die anderen sind mit René Schramm unterzeichnet und in Longwy abgeschickt worden. Ersterer ist der Handschrift nach zu urteilen eben jener Jean, der Lætitia für den Mordabend in ein Café an der *Place de la Republique* eingeladen hat ...
Schon bevor sie sich auf den Weg in die *Rue Pierre-Bayle* gemacht haben, hat Chenevier veranlaßt, daß zwei Beamte in besagtem Café Posten beziehen, um den mysteriösen Jean eventuell zu identifizieren und, wenn auch nicht zu verhaften, so doch wenigstens zur Befragung zum *Quai des Orfèvres* zu bringen. Aber niemand, der den Eindruck macht, als würde er auf jemanden warten, erscheint an diesem Abend. Ist Jean nicht gekommen, weil er weiß, daß Lætitia nicht mehr am Leben ist? Hat er etwas mit dem Mord zu tun?
Zwar sind die Verwandten des Opfers noch am Abend des Mordes benachrichtigt worden, mit ihrer Befragung wollen die Ermittler jedoch lieber bis zum nächsten Tag warten. Zuerst will Chenevier mit der Mutter der Ermordeten sprechen: In ihrer Wohnung in der *Rue d'Avron*, ebenfalls im XX. Arrondissement, hat sich Madame Nourissat ein kleines Atelier eingerichtet. Die Schneiderin arbeitet in erster Linie für Privatkunden und kann sich über Mangel an Aufträgen nicht beklagen. Als der Commissaire erscheint, ist sie gerade damit beschäftigt, den Saum eines geblümten Sommerkleides zu heften. Interessiert schaut sich der Beamte in dem scheinbaren Durcheinander von Stoffen, Schnittmustern, Schneiderpuppen und halbfertigen Kleidern um. »Sie leben schon lange in Paris?« beginnt er das Gespräch. Madame Nourissat

nickt. »Mein Mann war Landwirt. Er ist im Krieg gefallen, und ich konnte den Hof nicht allein führen. Von Landwirtschaft verstehe ich nichts, dafür von Mode. Verwandte, die in Paris lebten, schlugen uns vor, zu ihnen zu ziehen; und so bin ich schließlich mit meinen vier Kindern nach Frankreich gekommen.«
»Pflegte Lætitia engen Kontakt zu Ihnen und ihren Geschwistern?«
»Wie man's nimmt. Engeren Kontakt hatte sie eigentlich nur zu mir und zu ihrem Lieblingsbruder Henry. Mit ihm ist sie oft ausgegangen.«
Chenevier hört ihr nur mit halbem Ohr zu. Ihm geht gerade noch einmal durch den Kopf, was er gestern abend noch von der Concierge erfahren hat und fragt völlig unvermittelt: »Ihr Schwiegersohn ist verstorben?«
»Eine schreckliche Geschichte.«
»Ein Unfall?«
»Schlimmer«, murmelt die Frau und blickt nur kurz von ihrer Arbeit auf. Dann fügt sie auf den fragenden Blick des Commissaires hinzu: »Wollen Sie wirklich die ganze Geschichte hören?«
Chenevier zuckt mit den Schultern: »Im Moment ist jedes Detail aus der Vergangenheit Ihrer Tochter wichtig.«
»Na schön, wie Sie wollen«, seufzt sie und legt das Kleid zur Seite. Was Madame Nourissat ihm jetzt erzählt, gleicht einem Familiendrama aus einem italienischen Trivial-Roman: »Lætitia arbeitete damals in der Töpferei Toureaux. Jules, der einzige Sohn des Hauses und natürlich der Alleinerbe, verliebte sich, zum Entsetzen seiner Eltern, in die kleine Angestellte. Die wollten nur eine standesgemäße Braut akzeptieren, keine arme Italienerin und untersagten ihrem Sohn jeglichen Umgang mit Lætitia. Jules aber hatte Charakter und hielt zu ihr. 1930 haben sie in aller Heimlichkeit geheiratet und eine kleine Wohnung am Montparnasse bezogen. Die Familie Toureaux ahnte von all dem nichts. Anfang 1934 erkrankte Jules. Lætitia kümmerte sich rührend um ihren Mann, konnte ihm aber nicht helfen. Manchmal frage ich mich, wer von den beiden mehr litt, er oder sie ... Erst auf

dem Sterbebett hat Jules seinem Vater gestanden, daß er mit Lætitia verheiratet war. Der alte Toureaux wollte die Ehe annullieren lassen, was ihm aber nicht gelang. Lætitia zog sich zurück, suchte sich eine Arbeit und eine neue Wohnung. Den Tod ihres Mannes hat sie nie verwunden …Seltsam, bis gestern noch ging sie in Schwarz. Das grüne Kleid mit den weißen Tupfen hatte ich ihr gerade erst genäht. Gestern trug sie es zum ersten Mal …«

»Ihr Mann hat ihr sicher ein komfortables finanzielles Polster hinterlassen.«

»Wo denken Sie hin! Keinen Sou hat sie geerbt. Dafür haben ihre sauberen Schwiegereltern schon gesorgt.«

»Demnach hatte Ihre Tochter eine gut bezahlte Stellung?«

»Sie arbeitete in einer Schuhcrème-Fabrik in Saint-Ouen.«

»Der Lebensstandard Ihrer Tochter entsprach aber nicht dem einer Fabrikarbeiterin.« Chenevier vermag seine Verwunderung kaum zu verbergen. »Sie ist teuer eingerichtet, und ihre Garderobe ist vom Feinsten. Woher hatte sie das Geld, wenn sie nichts geerbt hat?«

»Sie verdiente sich halt hier und da etwas dazu. Seit einiger Zeit war sie Garderobiere in einem Bal Musette, dem *L'As de cœur* …«

Dem Commissaire verschlägt es fast die Sprache. Das *L'As de cœur* in der *Rue des Vertus* im III. Arrondissement ist ihm nur allzu bekannt. Und es gehört nicht eben zu den exquisitesten Etablissements der Stadt. Die schöne, elegante Lætitia kann er sich in dieser Umgebung beim besten Willen nicht vorstellen.

Auf dem Weg zurück zum *Quai des Orfèvres* überlegt er, ob nicht die Familie Toureaux mit dem Mord an der jungen Frau in Verbindung stehen könnte. Vielleicht eine offene Rechnung? Hat Lætitia von ihren Schwiegereltern Geld gefordert oder sie gar erpreßt? Später eingeleitete Nachforschungen bleiben jedoch ergebnislos. Die Toureaux behaupten, Lætitia seit Jahren nicht mehr gesehen zu haben. Das Gegenteil wird ihnen kaum zu beweisen sein.

Wie Lætitia den Pfingstsonntag bis zu ihrem gewaltsamen Tod verbracht hat, läßt sich recht genau rekonstruieren: Sie ist spät aufgestanden, hat gefrühstückt, ihren Haushalt in Ordnung gebracht, dann ein Bad genommen und sich die Haare gewaschen. Danach hat sie sich geschminkt, ihr neues Kleid angezogen und den weißen Hut, den sie erst am Sonnabend gekauft hat, aufgesetzt, schließlich ist sie zu ihrer Mutter gegangen, wo sie und ihre Geschwister um 14 Uhr zum Essen eingeladen waren. Um das schöne Wetter zu nutzen, ist sie nach dem Essen zusammen mit ihrem Bruder Henry nach Maisons-Alfort gefahren, einem kleinen Ort in der Pariser Banlieue, südlich des *Bois de Vincennes*. Hier haben sie Lætitias Lieblingslokal, die *L'Ermitage*, in der *Rue des deux Moulins Nr. 17* aufgesucht, ein idyllisch an der Marne gelegenes Ausflugslokal mit Festsaal und großem Garten. Gegen 18 Uhr ist sie dann allein fortgegangen, denn sie wollte, so sagt ihr Bruder aus, in der *Rue du Faubourg du Temple* noch etwas essen gehen. Personal und einige Gäste können bestätigen, daß sie das Lokal um diese Zeit allein verlassen hat. Auch der Schaffner der Buslinie E1 von Maisons-Alfort zur *Porte de Charenton* kann sich an Lætitia genau erinnern. Kurz nach 18 Uhr ist die Frau in seinen Bus gestiegen und hat ein Carnet, ein Heftchen mit zehn Fahrkarten, gelöst.

Inzwischen hat die Polizei auch die Schreiber der Briefe ausfindig gemacht. Jean Martin, ein Seemann aus Toulon, hat, so sagt er, eigentlich vorgehabt, am Pfingstsonntag nach Paris zu fahren, weshalb er seinem Bruder aus Paris, der für einige Tage in Toulon zu Besuch gewesen ist, einen Brief für Lætitia mitgegeben hat, den er ihr dann per Rohrpost geschickt hat. Im letzten Moment ist sein Urlaub aber doch nicht genehmigt worden, und er ist in Toulon geblieben. Die Verabredung wieder abzusagen, dazu ist es schon zu spät gewesen. Sein Vorgesetzter bestätigt diese Aussage. René Schramm, ein Soldat aus Longwy, hat ebenfalls seine Einheit über Pfingsten nachweislich nicht verlassen. Somit scheiden beide als Verdächtige aus. Überdies sind die beiden Männer wohl nicht Lætitias Liebhaber gewesen, sondern allenfalls gute Freunde. Und somit steht die Polizei wieder am Nullpunkt.

Ob sich in der Schuhcreme-Fabrik ein Hinweis finden läßt? Bereitwillig gibt der Geschäftsführer des Laboratoire Maxi in

Saint-Ouen Auskunft über seine Mitarbeiterin: Seit September letzten Jahres ist Lætitia in der Fabrik als Lagerarbeiterin beschäftigt gewesen, und ihr Ruf ist makellos. »Wir werden sie sehr vermissen«, bemerkt der Geschäftsführer sichtlich betroffen. Auch bei ihren Kollegen hat sich Lætitia überaus großer Beliebtheit erfreut. »Sie war immer so hilfsbereit«, eine ihrer Kolleginnen wischt verstohlen eine Träne weg. »Jederzeit konnte man mit all seinen Sorgen zu ihr kommen, sie hatte für jeden ein nettes Wort übrig.«
»Diese Lætitia muß ein wahrer Engel gewesen sein«, brummt Inspecteur Badin auf der Rückfahrt nach Paris vor sich hin. »Scheint so«, entgegnet Chenevier nachdenklich. »Offensichtlich hat aber jemand Grund genug gehabt, mit dem Engel kurzen Prozeß zu machen.«
Die Ermittler sind bis jetzt keinen Schritt weitergekommen. Noch immer gibt es keinen Hinweis auf den Täter.
Eines Morgens, es ist in den letzten Tagen noch heißer geworden und die Schwüle in der Métro ist unerträglich, steigt Commissaire Chenevier unausgeschlafen und schlecht gelaunt in einen der überfüllten, stickigen Züge. Eher aus Langeweile als aus Interesse schaut er einem zeitunglesenden Fahrgast über die Schulter. Als er die Schlagzeile liest, ist er plötzlich hellwach: »SENSATIONELLE WENDE IM FALL TOUREAUX: ERMORDETE ARBEITETE ALS DETEKTIVIN«. Das Gesicht des Commissaires läuft rot an – nicht etwa wegen der Hitze, sondern vor Zorn. Auf dem Weg zum *Quai des Orfèvres* kauft er schnell ein paar Zeitungen: »France-Soir«, »Paris-Soir«, »Paris-Journal«, »Le Parisien« und sicherheitshalber noch den »Figaro«.
Wutschnaubend poltert er in das Büro von Inspecteur Badin und wirft die Blätter auf den Tisch: »Das ist eine unglaubliche Schweinerei! Ist es jetzt schon so weit, daß wir uns von dahergelaufenen Reportern zeigen lassen müssen, wie man Polizeiarbeit macht? Haben Sie nicht selbst gesagt, daß die schöne Signora weit über ihre Verhältnisse gelebt hat? Haben Sie nicht nachgeforscht, woher das Geld eigentlich kommt?« herrscht er den armen Badin an, der gar nicht weiß, wie ihm geschieht.

»Mehr als die gesamte Nachbarschaft vernehmen können wir auch nicht«, antwortet der Inspecteur ruhig. »Es ist nun mal leider so, daß die Leute den Journalisten eher etwas erzählen als uns.«

Chenevier weiß natürlich, daß sein Kollege recht hat, murmelt ein paar versöhnliche Worte, und die beiden beschließen, das Detektivbüro aufzusuchen. In der Tat haben die Journalisten ja gute Vorarbeit geleistet. Den Namen und die Adresse des Detektivbüros brauchen sie nur noch der Presse zu entnehmen: Es handelt sich um die Agence Rouff in der *Rue Le Peletier 31* im IX. Arrondissement, nicht weit vom *Boulevard Haussmann* in unmittelbarer Nähe der großen Warenhäuser. Eine attraktive Geschäftsgegend.

Monsieur Rouffignac, der Inhaber der Detektei, scheint keineswegs überrascht zu sein, als die Kriminalpolizei vor seiner Tür steht. Chenevier kann sich sogar des Eindrucks nicht erwehren, daß der Detektiv auf eine eigentümliche Weise unsicher und verlegen ist. Auf die Frage, warum er nicht gleich, als er in der Zeitung von dem Mord an seiner Mitarbeiterin gelesen habe, zum *Quai des Orfèvres* gekommen sei, antwortet er mit gekränktem Unterton: »Ich bin davon ausgegangen, daß Sie wissen, daß Madame Toureaux für mich gearbeitet hat. Es war ja schließlich kein Geheimnis.«

»Und welcher Art war Madame Toureaux' Tätigkeit?« wollen die Beamten wissen.

Hinter seinem Schreibtisch geht Rouffignac, die Hände auf dem Rücken verschränkt, auf und ab. Der Parkettboden knarrt. Nach einer kurzen Pause, als müsse er sich genau überlegen, was er jetzt sagt, beginnt er: »Sie war mit recht harmlosen Dingen betraut. Sie wissen doch, womit man uns so beauftragt: Eifersüchtige Ehemänner lassen ihre Ehefrauen überwachen, mißtrauische Ehefrauen wollen wissen, ob der teure Gatte eine Geliebte hat. Es ist fast immer das gleiche Lied. Reine Routine, nichts Außergewöhnliches. Manchmal bitten uns auch Versicherungsgesellschaften um Hilfe, aber damit hatte sie nichts zu tun.«

»Seit wann hat Madame Toureaux für Sie gearbeitet?«

»Seit März 1936.«

»Und vorher?«
»Ich habe nicht die geringste Ahnung. Jedenfalls war sie keine Anfängerin, soviel kann ich Ihnen mit Sicherheit sagen. Sie war meine beste Mitarbeiterin. Ja, ich möchte fast sagen, die Detektivarbeit lag ihr im Blut. Sie hatte ein natürliches Talent dafür, Sie verstehen, was ich meine … So manchem Geheimdienst hätte sie noch nützliche Dienste erweisen können.« Die Beamten werfen sich vielsagende Blicke zu. Rouffignac setzt sich wieder an seinen Schreibtisch und fügt nach einer kurzen Pause hinzu: »Messieurs, ich mache Ihnen einen Vorschlag. Sie werden verstehen, daß auch ich großes Interesse daran habe, daß der Mörder meiner Mitarbeiterin gefaßt wird. Darum biete ich Ihnen meine Mitarbeit an. Ich werde meinerseits Ermittlungen anstellen und Sie regelmäßig unterrichten. Ich nehme an, Sie werden mein Angebot nicht ausschlagen.«
Chenevier und Badin sind sich im Moment noch nicht darüber im klaren, was sie von dieser großzügigen Offerte halten sollen. Auf dem Weg zurück zum *Quai des Orfèvres* sinniert Chenevier: »Will er uns wirklich helfen, oder will er nur ablenken? Es wird sicherlich nichts schaden, wenn wir ihn im Auge behalten.«
Badin zuckt nur mit den Schultern. »Wenn Sie mich fragen, dann liegt der Schlüssel zur Aufklärung des Mordes im *L'As de cœur*. Ich werde mich in dem Laden heute Abend mal ein wenig umhören …«
»Nehmen Sie mich mit?« fragt Chenevier mehr im Scherz.
Am späten Nachmittag sind die beiden gerade im Begriff, ihr Büro zu verlassen, als eine junge Frau zielstrebig auf sie zukommt. »Sie wollen zu mir?« fragt der Commissaire.
»Wenn Sie Commissaire Chenevier sind, dann ja. Es geht um meine Freundin, um Lætitia Toureaux.« Die Beamten gehen mit der Besucherin zurück ins Büro, und Badin bietet ihr ein Glas Mineralwasser an. Die Hitze in dem kleinen Raum ist fast unerträglich.
»In der Zeitung habe ich die Berichte über Lætitias Detektivarbeit gelesen«, beginnt das Mädchen, das sich als Yvonne C. vorstellt »Ich bin wohl die einzige, die davon gewußt hat.

Nicht einmal ihren abgöttisch geliebten Bruder Henry hat sie eingeweiht.«
»Und wie kommt es, daß ausgerechnet Sie im Bilde waren?« Der Commissaire ist skeptisch.
»Sie wollte mich für die Agence Rouff anwerben. Ich sollte in ein Lokal am Montmartre als Serviererin eingeschleust werden, um die Gäste auszuspionieren. Aber ich kann so etwas nicht. Lætitia war da ganz anders. Sicher sind Sie ja schon in Saint-Ouen gewesen ...«
Der Commissaire versteht den Zusammenhang nicht, und Yvonne erklärt: »Die Geschäftsleitung des Laboratoire Maxi hatte sich an Rouffignac gewandt. Sicher erinnern Sie sich an die Streiks im vergangenen Jahr und an die sozialen Unruhen. Lætitia sollte die Belegschaft beobachten und auskundschaften. Ihre Anstellung als Lagerarbeiterin war nur Tarnung.«
Chenevier und Badin sind sprachlos. Nicht nur, daß Rouffignac, was den Aufgabenbereich seiner Mitarbeiterin angeht, gelogen hat; mehr noch erstaunt sie, daß Lætitia wohl tatsächlich eine Meisterspionin gewesen ist, die es – denkt man an die Aussagen ihrer Kollegen – bestens verstanden hat, ihre wahre Tätigkeit in der Fabrik zu verschleiern. Darüberhinaus erfahren die Beamten, daß Madame Toureaux schon während ihrer Ehe für verschiedene Detekteien, sozusagen »freischaffend«, tätig gewesen ist. Ob sie aber auch im *L'As de cœur* spioniert hat, vermag Mademoiselle Yvonne nicht zu sagen. Denkbar indes sei es schon.
Mit diesem Wissen ausgerüstet, begeben sich die beiden Beamten in die *Rue des Vertus*. Das *L'As de cœur* ist in der Tat ein schäbiges, drittklassiges Etablissement. Billiger, schon reichlich schmuddeliger roter Velours dominiert die Ausstattung, der Stuck ist mit Goldbronze angepinselt. Für Unterhaltung sorgt ein Akkordeonspieler. Trotz der Hitze ist das Lokal recht gut besucht, und auf der Tanzfläche wiegen sich sogar einige Paare im Takt.
Ob Personal oder Gäste, jeder kennt Lætitia, die schöne Garderobiere. Bevor sie ins *L'As de cœur* kam, weiß der Chef zu erzählen, ist sie in dem Tanzlokal *Chez les Vikings* in der *Rue*

Die Rue des Vertus, hier mit Blick auf die Rue des Gravilliers, war in den dreißiger Jahren die Hochburg der Bals Musette.

Vavin am Montparnasse beschäftigt gewesen. Jean, der Akkordeonspieler, hat sie am besten von allen gekannt. »Ich bin, müssen Sie wissen, mit Riton befreundet, so nennen wir Lætitias Bruder Henry. Von mir bekommt er regelmäßig Unterricht im Akkordeonspielen«, beginnt Jean zu erzählen. »Sie war hier übrigens nicht nur Garderobiere, sondern kam auch, wenn sie keinen Dienst hatte, um zu tanzen. Ob Lætitia Freunde hatte? Wie soll ich sagen – sie hat gern getanzt und wohl auch mit dem einen oder anderen Gast geflirtet, aber was Bekanntschaften anging, war sie eher zurückhaltend. Niemals hätte sie sich außerhalb des Lokals mit jemandem verabredet. Dazu war sie viel zu mißtrauisch. Die Bals Musettes waren ja ihre große Leidenschaft, besonders die im Bastille-Viertel. Im Bal Musette Au petit Balcon, ganz in der Nähe der *Rue de Lappe*, in der *Passage Thiéré*, war sie Stammgast. Aber ohne ihren Bruder wäre sie auch da nie hingegangen ...«

»Hatte sie Feinde?« unterbricht ihn Badin.

Jean überlegt einen Augenblick: »Da möchte ich mich lieber raushalten. Es ist nämlich so: Obwohl sie sonst ihren Mitmenschen gegenüber eher mißtrauisch war, hatte sie ziemlich enge Kontakte zur Unterwelt. An dem Tisch da drüben hat sie immer mit Leuten beisammen gesessen, mit denen ich lieber nichts zu tun haben möchte. Stadtbekannte Gangsterbosse und solche Leute. Wenn sie mich nach ihrem Mörder fragen, kann ich nur sagen, schauen Sie sich doch mal bei den Neapolitanern um, die hier herumlaufen und mit Drogen und solchen Sachen handeln. Vielleicht wußte sie einfach nur zu viel ...«

Die Aussage des Akkordeonspielers bringt den Commissaire auf eine Idee, und am nächsten Morgen läßt er sich die Akte eines ebenfalls noch ungeklärten Mordfalls kommen: Im März dieses Jahres ist im Wald von Fontainebleau der einschlägig vorbestrafte Pierre Decormin, genannt Pierre le Bancal, ein bekannter Drogenhändler, ermordet, ja regelrecht hingerichtet worden. Er war, wie damals ermittelt werden konnte, Stammgast im *L'As de cœur*. Ist es Lætitia gewesen, die ihn verraten hat? Der Tat dringend verdächtig ist der inzwischen untergetauchte René Blondeau, ein berüchtigter Zuhälter und Chef einer Einbrecherbande, gegen den unter anderem wegen Polizistenmordes ein Haftbefehl läuft. Hat er Lætitia umgebracht? Nach reiflicher Überlegung rückt Chenevier von dieser These allerdings wieder ab. Der Grund: Blondeau hat bei all seinen Verbrechen einen Revolver benutzt. Das Springmesser paßt absolut nicht ins Bild.

Am 26. Mai erscheint im *Quai des Orfèvres* eine auffällig gekleidete Frau mittleren Alters. Ihre Haare sind zu schwarz, die Lippen zu rot, der Lidschatten ist zu grün und ihre Kleider sind zu bunt. In ihrer folkloristischen Aufmachung gleicht sie einer Zigeunerin. Vorzustellen braucht sie sich indes niemandem. Madame Romanuelas ist eine stadtbekannte Hellseherin von exzellentem Ruf. In ihrer »Praxis« gibt sich, so sagt man, die Prominenz die Klinke in die Hand, und sie soll sich dabei eine goldene Nase verdienen. Sie will zu Commissaire Chenevier.

»Dieses Foto hier, das ist Mademoiselle Yolande. Da bin ich ganz sicher. Sie war meine Kundin.« Mit diesen Worten legt sie dem Commissaire, der sich inzwischen über gar nichts mehr wundert, das aus einer Tageszeitung ausgeschnittene Foto von Lætitia Toureaux auf den Tisch. Erst später wird die Polizei erfahren, daß Madame Toureaux als Detektivin nur unter diesem Pseudonym gearbeitet hat.

»Sie gehörte nicht zu meinen gewöhnlichen Kundinnen«, fährt Madame Romanuelas fort, »nur ein einziges Mal ist sie bei mir gewesen. Das war am 14. Mai.«

»Da haben Sie ihr natürlich vorausgesagt, daß sie in zwei Tagen ermordet werden wird. Das dumme Ding hat es nicht ernst genommen und nun wollen Sie mir den Namen des Täters nennen, nicht wahr?« Badin grinst sarkastisch.

Madame Romanuelas überhört die boshafte Bemerkung und wendet sich in sachlichem Ton an Chenevier: »Sie wollte nichts über ihre Zukunft wissen, sie wollte vielmehr, daß ich sie in die Magie einweihe.«

»Was wollte sie damit?«

»Jemanden töten!«

»Wie bitte?«

»Jemanden töten!«

»Und wie sollte das geschehen?«

»Darüber darf ich nicht reden.«

»Gut. Dann werde ich Sie wegen Strafvereitelung und Nichtanzeige eines Verbrechens festnehmen.«

»Na schön, Sie haben gewonnen. Man stellt also aus Wachs eine Statue in der Gestalt des Opfers her, in das man einen kleinen Gegenstand einschmilzt, der dem Opfer gehört. Dann durchbohrt man diese Statue mit Nadeln und spricht

dabei magische Worte. Mademoiselle Yolande wußte zwar über diese Praxis des Tötens Bescheid, aber die Worte kannte sie nicht.«
»Und das soll funktionieren?«
»Wollen Sie es ausprobieren?«
»Ja, gerne, aber erst wenn unsere Gefängnisse Luxushotel-Standard erreicht haben. Aber Spaß beiseite, wen wollte sie töten?«
»Einen Mann, von dem sie sich bedroht fühlte.«
»Hat sie einen Namen genannt?«
»Nein, natürlich nicht, aber ich glaube, es handelte sich um einen Südamerikaner, einen Medizinstudenten. Sie hatte ihn wohl abgewiesen. Mehr kann ich leider nicht dazu sagen.«
Die Beamten zweifeln keinen Augenblick an der Glaubwürdigkeit der Hellseherin, denn sie gehört gewiß nicht zu jenen Vertretern ihrer Spezies, die es nötig haben, sich wichtig zu tun.
Von nun an muß der Fall wohl unter einem völlig neuen Aspekt betrachtet werden: Lætitia Toureaux hat sich demnach massiv bedroht gefühlt. Doch wo soll man mit der Suche nach dem »großen Unbekannten« anfangen?
Die Presseberichte über die Aussage der Hellseherin lösen eine Art Kettenreaktion aus: Plötzlich erinnert sich die Billet-Verkäuferin der nur wenige Schritte von Lætitias Wohnung entfernt gelegenen Métro-Station *Philippe-Auguste*, daß Madame Toureaux am 13. Mai, also am Tag vor dem Mord, auf ihre Frage, weshalb sie bei dem schönen Wetter einen Regenschirm mitnehme, geantwortet habe, sie sei vor ihrer Haustür von einem Unbekannten attackiert worden, habe den Angreifer aber in die Flucht geschlagen und darum nehme sie jetzt immer, zu ihrer Verteidigung, den Regenschirm mit.
Andere Zeugen wollen auf einmal beobachtet haben, daß ihr am Sonntag, nachdem sie die *L'Ermitage* verlassen habe, zwei Limousinen, eine kaffeebraune und eine schwarze, bis zur *Porte de Charenton* wie ein Schatten gefolgt seien. In unmittelbarer Nähe der Métro-Station haben die Fahrzeuge dann gehalten. Aus dem kaffeebraunen sei ein Mann ausgestiegen

und Lætitia bis in die Métro gefolgt. Nach kaum fünf Minuten sei er zurückgekommen und wieder eingestiegen. Dann seien beide Autos, in jedem saßen übrigens zwei Männer, in Richtung *Porte Dorée* in ziemlich hohem Tempo davongefahren. Ist es also doch ein Auftragsmord gewesen? Der Fall wird immer nebulöser.

Nach zwei Wochen ist die Polizei noch immer keinen Schritt weitergekommen. Insgesamt sind 23 Ermittler mit der Aufklärung des Falles betraut: Ein Untersuchungsrichter, ein Kommissar, ein leitender Inspektor und 20 weitere Inspektoren. 56 Zeugen sind vernommen, 307 Personen befragt worden. Insgesamt sind ca. 2000 Briefe bei der Polizei eingegangen, fast alle anonym. Die Presse hegt derweil sogar den Verdacht, daß im Fall Toureaux ganz bewußt etwas verschwiegen wird. Eine These, die vom *Quai des Orfèvres* natürlich mit aller Entschiedenheit zurückgewiesen wird.

Ohnehin hat die Polizei derzeit gegen einen vehementen Image-Verlust zu kämpfen. So berichtet das »Petit Journal« in seiner Ausgabe vom 6. Juni 1937, daß innerhalb der letzten 18 Monate 20 schwere Verbrechen unaufgeklärt geblieben sind, von November 1936 bis Mai 1937 sind es allein schon fünf ungeklärte Mordfälle.

Aus dem Blickfeld der Öffentlichkeit wird der Fall vorübergehend durch andere Ereignisse verdrängt. Inzwischen ist die Weltausstellung eröffnet worden, und in Paris ist wahrlich die Hölle los. Überdies erregt gerade eine neue, besonders brutale Verbrechensserie das Publikum, mit deren Aufklärung sich die Polizei ebenfalls sehr schwer tut. Doch davon soll erst im nächsten Kapitel die Rede sein …

Auch in den nächsten Monaten kommen die Ermittlungen im Fall Toureaux keinen einzigen Schritt weiter. Anfang Oktober widmet sich erstaunlicherweise eine Londoner Tageszeitung dem noch immer unaufgeklärten Verbrechen und gibt brisante Informationen aus angeblich »erster Hand« preis. Es geht dabei um einen Londoner Mordfall, der ebenfalls noch nicht hundertprozentig geklärt ist, nämlich um den Mord an dem König der Prostituierten-Szene von Soho, dem französischen Gangsterboß Max le Rouquin. Der Tat dringend verdächtig ist sein Kontrahent Pierre le Bancal, der vermutlich wenig später von Max' Freunden im Wald von Fontainebleau hingerichtet worden ist. Angeblich ist es Lætitia Toureaux gewesen, die ihn verraten hat. 1936 soll sie sich nämlich im Auftrag der italienischen Botschaft für einige Wochen in London aufgehalten und in dieser Zeit sowohl für Scotland-Yard als auch für die französische Polizei das Rotlicht-Milieu ausspioniert haben.

Der Hinweis auf die Tätigkeit für die italienische Botschaft macht Chenevier hellhörig. Jetzt hält er sogar als Motiv einen politischen Mord nicht mehr für ausgeschlossen. Viel zu lange schon ermittelt er gegen terroristische Gruppierungen und weiß, daß besonders die militante rechtsextreme Terrorgruppe C.S.A.R. (Comité secret d'action révolutionnaire), kurz auch La Cagoule genannt, zu morden versteht, ohne Spuren zu hinterlassen. Die 1932 entstandene Gruppierung hat in den letzten Jahren besonders durch Bombenattentate und politische Morde von sich reden gemacht. Auch die Morde an dem Russen Dimitri Navachine und an den Brüdern Rosselli, den italienischen Sozialisten, gehen auf das Konto der Cagoulards, der Kapuzenmänner – so genannt, weil sie in der Regel maskiert agieren. Navachine, die Brüder Rosselli und Lætitia Toureaux sind erstochen worden. Gibt es demnach einen Zusammenhang zwischen diesen Morden? Lætitia war immerhin Mitglied der Ligue du Bien Public, einer linken humanistischen Organisation. War sie vielleicht Doppel- ja sogar Dreifach-Agentin, hat sie für die italienische Botschaft, beziehungsweise für Mussolinis Polizei, die Cagoule und das Deuxième Buro, den französischen Geheimdienst, gleichzeitig gearbeitet? Eine These, die gar nicht so sehr aus der Luft gegriffen zu sein scheint, wie sich bald herausstellen soll.

Am 21. Oktober 1937 wird an der Grenze zu Belgien ein Waffenschmuggler verhaftet. Er legt ein umfassendes Geständnis ab und behauptet im Verlaufe des Verhörs, er wisse, wer Lætitia Toureaux getötet habe. Sie sei die Geliebte eines Mitgliedes der Cagoule gewesen, der damit betraut war, die Organisation mit Waffen zu versorgen. Als er herausbekommen hat, daß sie außerdem für das Deuxième Buro arbeitet, ist ihr Todesurteil besiegelt gewesen. Ihr Mörder, ein bezahlter Killer der Cagoule, habe sich inzwischen nach Spanien abgesetzt. Die Ermittlungen werden jedoch nicht wieder aufgenommen ...

25 Jahre später soll der Fall Toureaux indes noch einmal Schlagzeilen machen. 1962 geht bei der Police Judiciaire ein anonymer Brief ein, dessen Schreiber sich des Mordes an Lætitia Toureaux bezichtigt. Er erscheint glaubwürdig, enthält er doch wichtige Einzelheiten, von denen nie in der Presse die Rede war und die somit nur der wirkliche Täter wissen kann. Er gibt sich zwar als Mediziner aus Perpignan zu erkennen, ansonsten bleiben seine Angaben aber nebulös. Er will ein verschmähter Liebhaber Lætitias gewesen sein, die ihn ob seines Heiratsantrages ausgelacht habe. Ein groß aufgemachter Aufruf des »France-Soir« an den anonymen Schreiber, sein Gewissen endlich zu erleichtern und sich zu melden, bleibt unbeantwortet.

1978 nimmt sich sogar das französische Fernsehen des Falles noch einmal an. Antenne 2 bereitet den Mord an Lætitia Toureaux als dokumentarisches Fernsehspiel auf und hofft, auf diese Weise vielleicht auf die Spur des Mörders zu kommen. Tage vorher kündigen die Boulevard-Zeitungen das Fernseh-Ereignis in großer Aufmachung an. Am 29. Juni 1978, kurz vor der Sendung, meldet sich um 19 Uhr 30 ein anonymer Anrufer, der etwas über den Mord zu sagen hat. Er meldet sich dann um 20 Uhr 12 noch einmal, bleibt aber stumm ...

Der Mord an Lætitia Toureaux ist nie aufgeklärt worden.

*

Die Métro-Station *Porte de Charenton* ist erst seit 1931 die Endstation der Linie 8. Eine Brasserie mit dem Namen Terminus auf dem *Boulevard Poniatowski* erinnert noch daran. Wo es damals in den *Bois de Vincennes* ging, befindet sich jetzt ein Sportstadion. Wer heute einen Ausflug in den Wald machen möchte, steigt eine Station früher aus, an der *Porte Dorée*, wo

Die Métro-Station Porte de Charenton. Hier ist Lætitia Toureaux, wahrscheinlich verfolgt von ihrem Mörder, in ein damals noch übliches Abteil der 1. Klasse eingestiegen.

Lætitia Toureaux erstochen aufgefunden wurde. Damals, 1937, gab es in der Métro noch 1.-Klasse-Abteile. Erst rund 50 Jahre später wurden sie abgeschafft. Der Tatort spielt in diesem Fall nur eine untergeordnete Rolle, war er doch eher zufällig. Lætitia hatte keinerlei Beziehung zu dieser eher abgelegenen Gegend.

Den Schlüssel zu diesem Verbrechen suchte die Polizei in der als Unterwelttreffpunkt verrufenen *Rue des Vertus* im III. Arrondissement. Finden konnte sie ihn indes auch hier nicht. Fahren wir zunächst mit der Métro der Linie 2 bis *Philippe-*

Auguste, einem kleinen Platz, wo *Boulevard de Charonne*, *Avenue Philippe Auguste* und *Boulevard Ménilmontant* aufeinanderstoßen. Bis zu Lætitias Wohnung sind es nur ein paar Schritte. Wir gehen nach rechts in die *Rue Pierre-Bayle*, eine kleine Straße am Friedhof *Père Lachaise*. Gleich das zweite Haus auf der linken Seite ist die Nr. 3, in der Lætitia gewohnt hat. Die Straße führt direkt auf die Friedhofsmauer zu, an der die *Rue de Repos* entlangführt. Hier gehen wir nach links. Unscheinbare zweistöckige Häuser legen noch heute Zeugnis davon ab, daß dies einst die Gegend der kleinen Leute war. Ein unförmiger Neubaublock gleich daneben hat den kleinstädtischen Charakter des Viertels weitgehend zerstört.
Die *Rue de Repos* macht einen kleinen Bogen und bringt uns wieder auf den *Boulevard Ménilmontant*, den *Boulevard Menilmuche*, wie man damals sagte und wie ihn ältere Pariser noch heute nennen. Wir überqueren ihn zunächst und gehen dann nach rechts. Nach einigen Metern kommen wir an der *Rue de la Roquette* vorbei, die bis zur Bastille führt. Bald gelangen wir an die *Passage de la Folie Regnault*. Es lohnt, einen Blick

Ein Stück altes Paris, das noch nicht der Spitzhacke zum Opfer gefallen ist: Die Passage de la Folie Regnault am Boulevard Ménilmontant.

in diese Gasse zu werfen. Obwohl auch hier, die Bauzäune belegen es, die Abrißbirne schon gewütet hat und statt der schmalen, windschiefen Häuser gesichtslose Neubauten entstehen. Einige kleinere zwei- und dreistöckige Häuser aber sind der Sanierungswut noch nicht zum Opfer gefallen und lassen ahnen, wie es zur Zeit Lætitia Toureaux' ausgesehen haben mag.

Zurück auf den *Boulevard Ménilmontant*. Hier gibt es außer Bestattungsinstituten und einigen Geschäften für Heimwerker und Küchengeräte nicht viel zu sehen. Wir setzen unseren Weg fort bis zur Métro *Père Lachaise*. Bei der Gelegenheit werfen wir gleich noch einen Blick in die *Avenue de la République*. Neben dem großen Eckkomplex, der in den achtziger Jahren des 19. Jahrhunderts errichtet worden ist, fällt ein Haus ins Auge, das offensichtlich aus den dreißiger Jahren dieses Jahrhunderts stammt. Es ist die Nr. 105, in der der »Herr mit dem Regenschirm« gewohnt hat, von dem später noch die Rede sein wird.

Wer Lust dazu hat, kann hier gleich in die Métro steigen und mit der Linie 11 in Richtung *Châtelet* bis *Arts-et-Métiers* fahren. Das Quartier *Les Arts-et-les-Métiers* hat seinen Namen nach der nahegelegenen Technischen Hochschule. Hier ist auch das Technische Museum – mit dem Foucault'schen Pendel – zu finden, das seit 1974 teilweise in einer Kirche untergebracht ist. Allein schon diese Station der Métro Linie 11 ist sehenwert. Man glaubt, in ein kupfernes U-Boot zu steigen. In den Bullaugen sind technische Gerätschaften ausgestellt.

Wir nehmen den Ausgang *Rue des Vertus* und stehen auf der Rue Reaumur gleich an der Einmündung der *Rue des Vertus*. In den zwanziger und dreißiger Jahren genoß diese Gegend einen überaus zweifelhaften Ruf. Gleich am Anfang stoßen wir auf die Nr. 28, wo einst das berüchtigte *L'As de cœur* zu finden war. Diese Gegend, einst als einer der Brennpunkte der Unterwelt berühmt-berüchtigt, macht auch heute noch einen düsteren Eindruck. Baufällige Häuser und blätternde Fassaden allüberall. Sicher nicht mehr lange: auch hier ist Sanierung angesagt. In der jüngsten Zeit sieht man mehr und mehr Baugerüste in der kleinen Straße. Noch immer hat die Straße etwas Anrüchiges, mit kleinen schmuddeligen Hotels, wobei das *Alhotel Vertus* in der Nr. 5, einem renovierten Haus aus dem 17. Jahrhundert, ein ruhiges, nett ausgestattetes, gepflegtes Haus, die Ausnahme bildet. Auch hier wird es nicht gerne gesehen, wenn jemand die Straße fotografiert. Wir gehen die *Rue des Vertus* bis zu ihrem Ende, zur *Rue Gravilliers*, biegen nach rechts und stoßen auf der linken Straßenseite auf die *Passage Gravilliers*, eine düstere Gasse. Hier ist vor allem der Großhandel mit Lederwaren angesiedelt, obwohl das edle Material zunehmend durch Stoff und Kunststoff ersetzt

Das Fachwerkhaus Rue de Volta Nr. 3 wurde lange Zeit fälschlicherweise für das älteste von Paris gehalten.

wird. Auch diese Straße war in den dreißiger Jahren berühmt für ihre Bals Musettes und in der Unterwelt eine gefragte Adresse.
Wir schlendern wieder zurück in die *Rue des Vertus* und biegen nach links in die *Rue au Maire* ein. Auch hier gab es früher zahlreiche Tanzlokale, wie zum Beispiel Le Tango, das noch bis in die neunziger Jahre überlebte. An der Ecke *Rue Volta* fällt ein Fachwerkhaus ins Auge, das man lange Jahre für das älteste in Paris gehalten hat. Inzwischen weiß man, daß es sich dabei um einen Nachbau aus dem 17. Jahrhundert handelt. Heute beherbergt es im Erdgeschoß ein vietnamesisches Restaurant. Die Gegend ist beherrscht von Asiaten, Flüchtlinge aus Indochina, in erster Linie von Vietnamesen. Die zahllosen asiatischen Supermärkte und vietnamesisch-chinesischen Restaurants legen davon beredtes Zeugnis ab.
Am Ende der *Rue au Maire* kommen wir auf die *Rue Beaubourg*, die zum *Centre Pompidou* führt. Man kann jetzt nach links die Straße hinuntergehen und immer wieder einen Blick in die eine oder andere schmale Nebenstraße werfen, ein lohnendes Unternehmen für den passionierten Stadtwanderer. Oder man wählt die andere Richtung, die *Rue Reaumur*, dann die *Rue de Bretagne* am *Square du Temple* vorbei, rechts in die *Rue de Turenne* und kommt zur *Place des Vosges*; wenn man den Platz überquert und durch die kleine *Rue Birague* zur *Rue St. Antoine* geht, gelangt man bis zur Bastille. Von hier kann man noch einen Abstecher in die *Rue de la Roquette*, beziehungsweise in die *Rue de Lappe* und die *Passage Thiéré* machen, wo Lætitia Toureaux verschiedene Tanzlokale besucht hat. Wer sich diesen Fußmarsch bis zur *Bastille* aber wirklich zugemutet hat, kann in einem der Cafés, rechts gleich an der Ecke, im *Café Français*, erst einmal entspannen. Es sei an dieser Stelle verraten, daß es ein Stammcafé der Autorin ist. Nach dieser Tour hat man sich ein Erdbeertörtchen verdient. An anderen Orten bekommt man für sein Geld zwar ein ganzes Kuchenpaket, aber die Erdbeertörtchen im *Café Français* sind wirklich ungewöhnlich lecker.

Eine Tänzerin verschwindet

Tatzeit: Mai 1937
Tatort: Verschiedene Tatorte in der Umgebung von Paris
Schlüsselort: Hotel Ambassador, 16, boulevard Haussmann (IX. Arrondissement)

Paris während der Weltausstellung im Jahre 1937. Das gigantische Spektakel, am 24. Mai von Staatspräsident Albert Lebrun mit allem nur erdenklichen Pomp eröffnet, wird in diesem Sommer mehr als eine Million Touristen, vornehmlich aus Übersee, in die Seine-Metropole locken. So auch die beiden New Yorkerinnen Jean de Koven und ihre Tante Ida Sackheim, die im Studio Hotel in der *Rue du Vieux-Colombier* im Quartier Latin abgestiegen sind. Die 23jährige Jean, in New York eine bekannte Tänzerin und geschätzte Jung-Choreographin, ist eine außergewöhnlich hübsche und zudem gebildete junge Amerikanerin, die gewiß nicht zu jenen unkritischen Übersee-Touristinnen zählt, die in Paris einfach alles »wonderful« und »marvellous« finden. Wieviel hat sie nicht vor der Reise über Paris gelesen! Endlich sieht sie nun die *Ville Lumière,* die Lichterstadt, mit eigenen Augen und muß ernüchtert feststellen, daß sie dem Ruf, der ihr vorauseilt, leider doch nicht so recht entspricht. »Schau nur, wie schmutzig und heruntergekommen viele Stadtviertel sind.« Kopfschüttelnd weist sie in der *Rue Saint-Antoine* im Marais auf die windschiefen Häuserfronten mit den bröckelnden Fassaden. Nur wenige Schritte von hier indes, in der *Rue des Rosiers* mit ihren koscheren Fleischereien und Restaurants und den jüdischen Buchhandlungen, bis unter die Decke vollgestopft mit Literatur in hebräischer und jiddischer Sprache, jenem unvergleichlichen Mittelpunkt jüdischen Lebens in einem von Antisemitismus und Rassenwahn immer stärker bedrohten Europa, glaubt sie sich nach New York in die Hester Street versetzt und ist wieder versöhnt.

Es versteht sich von selbst, daß die beiden auch, wie fast alle Fremden, eine Art touristisches Pflichtprogramm absolvieren, wobei sie sich vom schönen Schein aber nicht so leicht täuschen lassen. Nichts, worüber es sich nicht trefflich lästern ließe, entgeht Jeans kritischem Blick. »Wo ist er eigentlich, der vielgerühmte Schick der Pariserinnen?« fragt sie, nicht ohne eine gewisse Häme, während eines Bummels über die frühsommerlichen Champs-Élysées. »Begegnest du einer elegant gekleideten Dame, dann warte nur, bis sie den Mund aufmacht, und du wirst sehen, es ist eine Ausländе-

rin!« Was die berühmten Warenhäuser, seien es die Galéries Lafayettes, das Printemps oder Le bon Marché betrifft, so stimmt sie der von ihr so hochgeschätzten spitzzüngigen amerikanischen Journalistin Dunja Barnes uneingeschränkt zu, die vor Jahren einmal geschrieben hat, sie seien gräßlich wie unsere schlimmsten Warenhäuser an einem arbeitsfreien Nachmittag. Nicht einmal die Tänzerinnen in den Folies-Bergère vermögen vor dem kritischen Blick der Kennerin zu bestehen. »Diese Mädchen sind unmusikalisch und verstehen es nicht einmal, sich richtig zu bewegen. In New York hätten sie keine Chance. Für mich sind das allenfalls Hupfdohlen«, spottet sie.
Das alles soll freilich nicht heißen, daß es ihr in Paris nicht gefällt. Ganz im Gegenteil: Jean de Koven findet diese Stadt einfach unvergleichlich. Nur leider sprechen weder sie noch ihre Tante Ida französisch und mit Englisch kommt man im Paris des Jahres 1937 nicht weit. Diesen Mangel an Konversation mit geistreichen Menschen vermißt die kontaktfreudige Jean ganz besonders.
Eines Nachmittags sucht Ida Sackheim im Hotel Ambassador auf dem *Boulevard Haussmann Nr. 16* eine alte Freundin aus New York auf. Jean mag die Dame nicht sonderlich und zieht es deshalb vor, in der Hotelhalle zu warten. In der Hoffnung, unter den Gästen Landsleute zu finden, mit denen sie ein wenig plaudern kann, schaut sie sich um und bemerkt sogleich einen jungen Mann, der die »New York Herald Tribune« liest. Ein Amerikaner? Jean möchte mit ihm ins Gespräch kommen und setzt sich in einen Sessel in seiner Nähe, so daß er unweigerlich auf sie aufmerksam werden muß. Umständlich kramt sie aus ihrem Handtäschchen ein Zigaretten-Etui, nimmt eine Zigarette heraus und fingert auffällig nach Streichhölzern oder einem Feuerzeug, ohne jedoch etwas dergleichen zu finden. Der junge Mann legt die Zeitung beiseite, holt sein Feuerzeug aus der Tasche und geht zu ihr hinüber. »Mademoiselle, Sie gestatten?« fragt er zwar auf französisch, aber mit unüberhörbarem Akzent. Der junge Mann ist ziemlich groß, hat dunkles, leicht gewelltes Haar, dunkle Augen, einen dezent gebräunten und für einen Mann

ungewöhnlich zarten Teint; seine schlanken Hände sind gepflegt. Unter einem modischen, gut geschnittenen Anzug trägt er eine Weste.
»Sie sind Amerikaner?« fragt Jean, irritiert von dem hinreißenden Lächeln, mit dem der junge Mann sie anschaut, auf englisch. »Es tut mir leid, daß ich Sie enttäuschen muß, Mademoiselle, aber ich komme aus Kanada. Mein Name ist Bobby Hunter. Ich bin bei der Weltausstellung als Dolmetscher tätig.« Mister Hunter spricht zwar fließend englisch, allerdings mit einem starken, undefinierbaren Akzent. Das stört Jean wenig; die Hauptsache, sie kann sich endlich mit jemandem unterhalten. »Hi, Bobby, ich bin Jean, Jean de Koven aus New York. Nett, Sie kennenzulernen!« stellt sie sich vor und fügt hinzu: »Sie erlauben, daß ich einen Blick in Ihre Zeitung werfe? Ich habe schon so lange nichts mehr aus Amerika gehört.«
»Behalten Sie sie nur«, Bobby reicht ihr das Blatt. »Ich hatte sie ohnehin fast ausgelesen.« Die beiden geraten ins Plaudern, unterhalten sich über dies und das, die Weltausstellung und die Schwierigkeit, ohne Französischkenntnisse in Paris zurechtzukommen.
Als Mrs. Sackheim von ihrem Besuch zurückkommt, hat Bobby gerade zwei Cocktails bestellt. Er stellt sich der Tante vor, sie setzt sich zu ihnen, und er bestellt noch einen dritten Cocktail. Von dem jungen Mann mit den guten Manieren ist Ida sogleich angetan und hat nichts dagegen, daß Jean mit ihm ausgeht. Dieser Bobby Hunter macht in der Tat einen ausgezeichneten Eindruck. Außerdem ist das Ambassador eine renommierte Adresse. Hier verkehren gewiß keine Spitzbuben. So gehen Jean und Bobby am Abend aus, besuchen verschiedene Tanzlokale auf den *Champs-Élysées* und amüsieren sich prächtig.
Am Freitag, dem 23. Juli, trennen sich Ida Sackheim und ihre Nichte schon nach dem Mittagessen. Ida ist von ihrer alten Freundin zum Abendessen eingeladen und wird erst spät nach Hause kommen. Jean wird den Nachmittag ebenfalls mit einer Freundin aus New York verbringen, der sie zufällig in Paris begegnet ist. »Um fünf Uhr bin ich dann mit

Mister Hunter verabredet. Wir treffen uns wieder im Ambassador«, verkündet sie ihrer Tante. »Er hat mich zum Dinner eingeladen, aber es wird sicher nicht spät werden. Gegen acht Uhr bin ich bestimmt wieder da.«

Das Hotel Ambassador am Boulevard Haussmann Nr. 16. Hier hat Jean de Koven ihren Mörder kennengelernt.

Erst kurz nach Mitternacht kehrt Ida Sackheim wieder ins Hotel zurück und stellt zu ihrem Erstaunen fest, daß Jean noch immer fort ist. Zwar ist sie beunruhigt, sagt sich aber, daß Jean eine selbstbewußte junge Frau ist, die sehr gut selbst auf sich aufzupassen vermag.
Aber schlafen kann sie dennoch nicht. Gegen Morgen nickt sie dann doch noch ein wenig ein. Als sie erwacht, ist Jean noch immer nicht zurück. Soll sie die Polizei verständigen? In diesem Augenblick klopft es an der Tür. »Jean, bist du endlich ...« Mitten im Satz bricht sie ab. Es ist der Page, der ein Telegramm bringt. Ida liest es immer wieder: »Don't worry, I'm allright. Letter will follow. Jean.« Was ist davon zu halten? Immerhin ist das Telegramm an Sacky adressiert. So pflegt sie nur ihre Nichte zu nennen. Wer sonst als Jean soll das Telegramm also aufgegeben haben? Obgleich dieses Verhalten ganz und gar Jeans Charakter widerspricht, bemüht

sich Ida, die Ruhe zu bewahren und nichts Unüberlegtes zu tun.

Tatsächlich kommt am Nachmittag der angekündigte Brief. Erwartungsvoll reißt Ida das Kuvert auf und überfliegt den Inhalt. Angst und Sorge stehen ihr ins Gesicht geschrieben. In schlechtem Englisch teilt der anonyme Schreiber die Entführung ihrer Nichte mit und fordert ein Lösegeld von 500 Dollar. Falls sie die Forderung akzeptiert, solle sie in der »New York Herald Tribune« eine Annonce folgenden Inhalts aufgeben: »Jean, please come back.« Falls sie die Polizei einschalten sollte, werden alle Verhandlungen sofort abgebrochen ...

So leicht läßt sich Mrs. Sackheim jedoch nicht einschüchtern. Zwar geht sie nicht zur Polizei, denn sie spricht ja so gut wie kein französisch, sondern läßt sich sofort ein Taxi kommen und fährt ins Konsulat der Vereinigten Staaten von Amerika. Hier rät man ihr, angesichts der geringen Lösegeldforderung, jedes Risiko auszuschließen und auf die Bedingungen der Entführer einzugehen. So erscheint die Annonce, auf die die Kidnapper warten, jeweils in der Sonntags- und der Montagsausgabe besagter Zeitung. Aber es geschieht nichts. Am Dienstag geht Mrs. Sackheim, begleitet von einem Dolmetscher des Konsulats schließlich doch zur Polizei. Die französischen Beamten reagieren indes skeptisch und wollen an eine wirkliche Entführung nicht recht glauben. »An Ihrer Stelle würde ich ganz ruhig bleiben und abwarten, Mrs. Sackheim«, nuschelt, eine Zigarette im Mundwinkel, der Revier-Polizist. »Die beiden wollen mal ein paar Tage allein sein und haben sich mit Tantchen einen Spaß gemacht. Schauen Sie sich doch die Lösegeldforderung an. Für läppische 500 Dollar organisiert niemand eine Entführung. Das ist doch völlig hirnrissig, oder etwa nicht? Ich sage Ihnen, die beiden haben bald genug und kommen quietschfidel zurück.«

Ida ist empört über soviel Ignoranz. Außerdem weiß sie es besser, denn sie kennt die Vorlieben ihrer Nichte nur zu gut. Nicht im Traum würde es ihr einfallen, mit einem Mann durchzubrennen. Das ist wirklich lächerlich. Jean macht sich nun einmal nichts aus Männern. Davon erzählt sie den Beamten freilich nichts. Sie möchte obendrein nicht auch noch Vorurteile schüren.

Nach fünf Tagen endlich meldet sich der mutmaßliche Entführer telefonisch und fordert Ida Sackheim auf, das Lösegeld einem Taxi-Chauffeur zu übergeben, der sie in Kürze im Hotel aufsuchen wird. Sofort setzt sich Ida mit ihrem Konsulat in Verbindung, das seinerseits die Kriminalpolizei am Quai des Orfèvres benachrichtigt. Diesmal nimmt die Polizei die Angelegenheit ernst und schickt sofort einige Kripobeamte ins Hotel.

Eine Stunde später erscheint tatsächlich ein Taxi-Chauffeur. Der Commissaire, der die Ermittlungen leitet, ist inzwischen in die Rolle des Portiers geschlüpft. Er sieht sich den Taxi-Chauffeur genau an und beobachtet dessen Verhalten. Seine in langen Dienstjahren gewonnene Menschenkenntnis sagt dem Beamten schließlich, daß er wohl das Risiko eingehen und den Mann ins Vertrauen ziehen kann. Letzterer ist in der Tat völlig ahnungslos und erzählt bereitwillig, daß er den Auftrag habe, das Paket in der Rue d'Assas an jemanden zu übergeben. Als ihm der Commissaire kurz umreißt, worum es geht, erklärt er sich sofort bereit, mit der Polizei zusammenzuarbeiten. So verbergen sich zwei Polizisten im Fond seines Taxis, und ein Zivilfahrzeug mit mehreren Beamten folgt ihnen.

Über eine Stunde warten sie, aber niemand kommt, um das Geld abzuholen. Die Polizei hat die Entführer offenbar unterschätzt. Diese haben nämlich geahnt, daß die Kriminalpolizei inzwischen informiert ist und das Taxi die ganze Zeit nicht aus den Augen gelassen hat. Die Lösegeldübergabe ist somit gründlich mißglückt. Erneut ein Grund für Mrs. Sackheim, sich über das Unvermögen der französischen Polizei zu empören.

Drei Tage später starten die Entführer einen erneuten Versuch. Diesmal wird »Sacky« in einem Brief aufgefordert, das Lösegeld in einer Bar an der *Place Clichy* für einen »Monsieur Jean« zu hinterlegen. Wieder ist die Polizei mit von der Partie. Die Beamten postieren sich jedoch derart auffällig, daß auch dieser Versuch der Geldübergabe jämmerlich scheitert. Erst im nachhinein wird den Polizisten klar, daß der Mann, der nur schnell an der Bar einen Kaffee getrunken hat und dann wieder gegangen ist, höchstwahrscheinlich derjenige gewesen ist, der das Lösegeld hat abholen wollen …

Als vom 2. August an Jean de Kovens Travellerschecks eingelöst werden, kann von einer amourösen Eskapade der jungen Frau beim besten Willen nicht mehr die Rede sein. Es steht zu befürchten, daß sie tatsächlich Opfer eines Verbrechens geworden ist. – Ist sie überhaupt noch am Leben? Mit einigen ihrer Reiseschecks hat, wie die Polizei bald erfahren wird, eine männliche Person in teuren Geschäften auf den *Champs-Élysées* eingekauft; die restlichen sind bei Banken auf dem Gelände der Weltausstellung eingelöst worden. Diesmal von einer Frau. Hierher kommen ausschließlich Touristen, und so können sich die Angestellten beim besten Willen nicht mehr erinnern, ob es sich dabei nicht vielleicht doch um Jean de Koven selbst, deren Fotografie ihnen vorgelegt wird, gehandelt haben kann. Erst jetzt berichtet die Tagespresse ausführlich von dem Verschwinden der jungen Amerikanerin.

Am 7. August trifft Jeans Bruder Henry aus den USA in Paris ein. Er ist bereit, alles für seine geliebte Schwester zu tun und setzt eine Belohnung von 25 000 Francs für Hinweise aus, die zur Befreiung von Jean de Koven, beziehungsweise zur Ergreifung der Kidnapper führen. Die Entführer nehmen jedoch nicht noch einmal Kontakt zu den de Kovens auf. Für die französische Polizei eine ziemlich peinliche Angelegenheit, zumal sie noch immer keinerlei Anhaltspunkte hat und völlig im dunkeln tappt. Niedergeschlagen und ohne Hoffnung reisen Ida Sackheim und Henry de Koven am 17. September zurück nach New York. Am 30. November 1937 wird der Fall zu den Akten gelegt …

Das mysteriöse Verschwinden der Tänzerin ist bald vergessen. Noch immer macht ja der Fall Lætitia Toureaux Schlagzeilen, deren Mörder ebenfalls noch nicht gefaßt ist. Dieser Fall bewegt die Öffentlichkeit weitaus mehr als das Verschwinden einer amerikanischen Touristin. Außerdem be-

herrscht gerade eine ganze Reihe von neuerlichen rätselhaften Morden das öffentliche Interesse. Die Polizei hat alle Hände voll zu tun.
Am Vormittag des 8. September 1937 ist auf der Nationalstraße 20 ein Landwirt mit seinem Fahrrad unterwegs. Wenige Kilometer südlich von Orléans erblickt er schon von weitem ein Auto, das am Straßenrand abgestellt ist. Ein Mann sitzt im Gras und pfeift irgendein Chanson. Neben ihm liegt ein zweiter Mann im Gras, der sich eine Zeitung auf das Gesicht gelegt hat, offensichtlich, um ein Nickerchen zu halten. »Sie werden ihren Kameraden noch aufwecken!« ruft der muntere Radler im Vorbeifahren dem Pfeifenden zu. »Keine Soge«, erwidert letzterer, »der schläft wie ein Toter.«
Gegen 18 Uhr 15 kommt derselbe Landwirt auf seinem Rückweg wieder an der Stelle vorbei. Das Auto ist zwar verschwunden, der pfeifende junge Mann ebenfalls, der andere Mann liegt aber noch immer im Gras, die Zeitung über dem Gesicht. »Der muß doch verrückt sein, der kann doch hier nicht die ganze Nacht pennen, das ist ja viel zu kalt«, murmelt der Landwirt vor sich hin, hält an und steigt vom Fahrrad. »He, Monsieur, Sie werden sich noch den Tod holen, wenn Sie jetzt nicht endlich aufwachen!« Er geht zu dem anscheinend Schlafenden, nimmt die Zeitung weg und schreckt zurück, als er das Gesicht ist Mannes sieht. Es ist blutverschmiert, die Augen sind weit aufgerissen. Kein Zweifel: der Mann ist tot. Wie die Polizei feststellen wird, ist er aus nächster Nähe durch einen Genickschuß getötet worden. Das Opfer hat noch seine Papiere bei sich und ist somit schnell identifiziert. Es handelt sich um Josephe Couffy aus Paris. Der Mittvierziger, er ist verheiratet und Vater von vier Kindern, arbeitet als Taxi-Chauffeur. Er fährt aber nicht mit einem gewöhnlichen Taxi durch die Stadt, sondern chauffiert wohlhabende Ausländer, die ihn und seinen Wagen für längere Zeit mieten können, nicht nur durch Paris, sondern vornehmlich in die französische Provinz. An einem Touristenschwerpunkt, gleich an der *Opéra*, hat er seinen Standort. Madame Couffy weiß zu berichten, daß er an diesem Tag einen Kunden an die Côte-d'Azur habe fahren sollen. Um

8 Uhr sei er aus dem Haus gegangen, um den Kunden, einen gewissen Mister Dickson, um 8 Uhr 30 im Hôtel Daniel in der *Rue Caulaincourt* abzuholen. Offenbar handelt es sich um einen Raubmord, denn außer seinem Wagen, einem komfortabel ausgestatteten Renault, sind ihm rund 1 500 Francs aus seiner Brieftasche gestohlen worden …

Die Polizei ist noch mit dem Chauffeur-Mord beschäftigt, als erneut ein Mordfall Schlagzeilen macht:

Am 17. Oktober 1937 wird die Polizei in den vornehmen Pariser Vorort Neuilly gerufen. Ein Anwohner berichtet, daß an der Friedhofsmauer schon die ganze Nacht ein olivgrüner Talbot mit eingeschaltetem Standlicht abgestellt sei; offenbar liege da auch etwas, in eine Decke gehüllt, auf dem Rücksitz. Ob da jemand in dem Wagen übernachtet hat? Jedenfalls sei das alles doch sehr verdächtig. Die Polizei bricht die Türen auf, und ein Beamter, der vermutet, hier könnte eventuell Diebesgut versteckt sein, lüftet ein wenig die Decke. Er unterdrückt einen Aufschrei. Damit hat er beim besten Willen nicht gerechnet. Darunter liegt ein nur spärlich bekleideter Mann. Er ist vermutlich schon mehrere Stunden tot. Der herbeigerufene Arzt stellt als Todesursache Genickschuß fest. Die Papiere des Opfers liegen im Auto. Es handelt sich um den 24jährigen Roger Leblond, Impressario des *Théâtre de la Gaîté-Montparnasse*. Der Wagen ist auf seinen Namen zugelassen.

Leblonds Mitarbeiterin kann der Polizei, nachdem sie den ersten Schreck überwunden hat, einige nützliche Hinweise geben: Leblond habe sich am Vorabend mit einem zukünftigen Sponsor getroffen, einem gewissen Monsieur Pradier. Sie gibt den Beamten auch gleich seine Anschrift. Zwar wird die Adresse sofort überprüft, doch besteht sie lediglich aus einem Briefkasten in der *Rue de la Chaussée d'Antin*.

»Was haben dieser Pradier und Monsieur Leblond miteinander zu tun gehabt?« möchte der Inspecteur wissen.

»Eigentlich ein reiner Zufall«, beginnt Leblonds Mitarbeiterin zu erzählen. »Robert hatte eine Annonce im »Paris-Soir« aufgegeben. Er hoffte, auf diese Weise einen finanzkräftigen Teilhaber für ein neues Projekt gewinnen zu können. Pradier

Das Théâtre de la Gaité Montparnasse. Der Impressario des Theaters wird ermordet aufgefunden.

war, glaube ich, der erste, der sich daraufhin gemeldet hat. Sie wollten wohl einen gemeinsamen Fonds gründen, in den Roger 10000 Francs Eigenkapital einbringen wollte. Soviel ich weiß, hatte er das Geld gestern auch bei sich.«

Also wieder ein Raubmord. Ein Zufall, daß Leblond ebenfalls durch Genickschuß getötet worden ist?

Die Polizei setzt alles daran, den mysteriösen Pradier ausfindig zu machen. In Paris und Umgebung gibt es rund 700 Personen mit diesem Namen. Mit unbeschreiblichem Aufwand werden alle »Pradier« eingehend überprüft. Unter ihnen fin-

det sich aber nicht ein einziger, der als Täter in Frage kommen könnte.
Zeugen aus der *Rue de la Chaussée d'Antin*, die den Mann des öfteren an seinem Briefkasten beobachtet haben wollen, sagen aus, er sei ziemlich groß gewesen und habe mit einem starken deutschen Akzent gesprochen. Der Besucher bei Leblond hingegen soll klein und mit Sicherheit ein Franzose gewesen sein. Die Personenbeschreibungen sind auch in diesem Fall nicht sonderlich hilfreich. Die Polizei kommt keinen Schritt weiter ...
Am 28. November verschwindet der Immobilienmakler Raymond Lesobre aus Saint-Cloud. Gegen Mittag hat er einem Kunden einige Objekte in dem Pariser Vorort gezeigt, ist aber nicht ins Büro zurückgekehrt. Die Polizei sieht sich gleich die drei Objekte an. In den ersten beiden können sie nichts Verdächtiges feststellen. Erst im dritten, einer Villa mit dem Namen Mon Plaisir, findet die Polizei im Keller einen Toten. Ohne jeden Zweifel handelt es sich um den vermißten Immobilienmakler. Die Taschen seines Jacketts sind nach außen gedreht, seine Brieftasche, er soll etwa 5000 Francs bei sich gehabt haben sowie sein goldenes Feuerzeug, sind verschwunden, ebenso sein Auto. Auch er wurde durch einen Genickschuß getötet. Schon wieder ein Raubmord nach demselben Muster?
Lesobres Sekretärin sagt aus, der letzte Kunde habe sich als Arthur Schott vorgestellt und sogar eine Visitenkarte dagelassen: *Arthur Schott. Handelsvertreter. Boulevard Impérial, Nizza.* Leider kann sie keine Beschreibung von ihm geben. Am vergangenen Donnerstag, als er ins Büro kam, habe sie ihren freien Tag gehabt. Aber am Telefon habe sie mit ihm gesprochen, um den Termin abzustimmen. Sie kann nur soviel sagen, daß er mit einem starken nordischen Akzent gesprochen habe.
Die Visitenkarte soll sich tatsächlich als echt erweisen. Einen Handelsvertreter Arthur Schott, er vertritt eine Firma für Dessous, gibt es wirklich, und er kann schnell ermittelt werden. Mit Sicherheit aber ist er nicht der Besucher gewesen, der mit Lesobre nach Saint-Cloud gefahren ist, denn zur Tatzeit hat

er sich nachweislich nicht in Paris aufgehalten. Aber wie ist der Täter in den Besitz von Schotts Visitenkarte gekommen? Soll man nun etwa alle seine Kunden überprüfen?
Bald bekommt die Polizei einen verheißungsvollen Hinweis. Ein Bekannter Lesobres, er ist Polizist, hat ihn am Tag des Mordes zusammen mit einem ihm unbekannten Mann gesehen. Der Polizist hat gerade den Verkehr geregelt, als Lesobre, er saß am Steuer seines Wagens, direkt vor ihm anhalten mußte. So hat er den Unbekannten neben ihm gut sehen können und gibt nun eine ziemlich präzise Beschreibung des Mannes: Er ist von kleinem Wuchs gewesen, hat breite Schultern, ist 20 bis 30 Jahre alt und hat einen Oberlippenbart, der jedoch falsch gewesen sein könnte.
Mit dieser Beschreibung läßt sich schon etwas anfangen. Noch einmal wird Schott nach den Kunden gefragt, denen er eine Visitenkarte gegeben hat. Schott überlegt eine Weile. »Ja, die Beschreibung könnte eventuell auf meinen deutschen Neffen passen, auf Fritz Frommer!«
Im Januar dieses Jahres ist besagter Frommer nach Paris gekommen, aber seit dem 22. November verschwunden. Also fünf Tage vor dem Mord an Lesobre. Bis dahin hat er in einem möblierten Zimmer in der Rue Saint-Sébastien Nr. 57 gewohnt. »Mehr kann ich Ihnen leider nicht sagen«, endet Schott seine Ausführungen und fügt noch ergänzend hinzu, »um eine Aufenthaltsgenehmigung zu bekommen, hat er einen Bürgen gebraucht. Das war ein anderer Onkel, ein gewisser Hugo Weber. Am besten, Sie fragen ihn nach seinem Neffen Fritz.«
Beunruhigt wegen des plötzlichen Verschwindens seines Neffens, ist Weber inzwischen selbst am *Quai des Orfèvres* erschienen, um Vermißtenanzeige zu erstatten. Kein Geringerer als der uns schon bekannte Commissaire Belin wird ihn in Sachen Fritz Frommer befragen.
»Ich habe guten Grund anzunehmen, daß meinem Neffen etwas zugestoßen ist«, erklärt Weber, »denn leider ist er, wie man so sagt, in schlechte Gesellschaft geraten. Mein Neffe ist Jude und obendrein noch Kommunist. Er hat in Deutschland aus politischen Gründen im Gefängnis gesessen. Da hat

er ein paar zwielichtige Typen kennengelernt, die er hier in Paris wiedergetroffen hat.«

Weber kann nur soviel sagen, daß einer von ihnen, ein gewisser Karrer, ein Landhaus in La Celle-Saint-Cloud angemietet hat.

Schnell hat die Polizei ermittelt, daß jener Karrer tatsächlich in La Celle-Saint-Cloud, in der westlichen Pariser Banlieue, die Villa La Voulzie gemietet hat. Ihr Besitzer, er wohnt in Paris, ist auf Karrer nicht sonderlich gut zu sprechen, denn er hat jedesmal seine liebe Not, von Karrer den Mietszins pünktlich zu bekommen. Vielleicht bessert sich das ja jetzt. Vor einer Woche ungefähr, am 29. November, hat er jedenfalls endlich, so erzählt der Vermieter der Polizei, seine Schulden in Höhe von 15 000 Francs bezahlt.

Am 8. Dezember machen sich die Kriminalbeamten Bourquin und Poignant auf nach La Voulzie, wo sie gegen 13 Uhr 45 eintreffen. Im Haus ist niemand, und die Beamten nutzen die Gelegenheit, sich auf dem Grundstück umzusehen. In einem Schuppen hinter dem Haus, der als Garage dient, sind zwei Autos abgestellt. Das eine ist zweifellos das des Mordopfers Lesobre, das andere könnte, was Marke und Modell angeht, das von Couffy sein. Die beiden beschließen zu warten. Nach einer Stunde etwa kommt der mutmaßliche Bewohner des Hauses zurück. »Monsieur Josef Karrer?« spricht Bourquin ihn an. »Kriminalpolizei, wir würden Sie gern einmal sprechen.« Der Mann gibt zu, Karrer zu sein und bittet die beiden Polizisten mit einer freundlichen Geste ins Haus. Noch in der Tür dreht er sich lächelnd um: »Ich möchte Sie aber bitten, sich auszuweisen. Sie wissen, man kann heutzutage gar nicht vorsichtig genug sein. Es passiert so viel in dieser Gegend.«

»Aber selbstverständlich«, gibt Bourquin zurück, »da haben Sie völlig recht.« Sie holen ihre Ausweise hervor. Im selben Augenblick zieht Karrer einen Revolver aus der Tasche. »Das sind meine Papiere!« ruft er und schießt auf die Beamten. Er schießt fünfmal. Poignant wird von einem Streifschuß an der Schläfe getroffen, ein anderer Schuß durchlöchert den neuen Hut von Bourquin. Geistesgegenwärtig greift letzterer nach einem Hammer, der in der kleinen Diele auf einem Tisch liegt, schlägt damit auf den Angreifer ein und fügt ihm eine Kopfverletzung zu. Karrer wird verbunden und aufs Kommissariat gebracht, wo er am nächsten Tag vernommen wird. Karrers Aussage beginnt mit einer Überraschung: Er stellt zunächst klar, daß er Eugène Weidmann heiße. Als er eine Gefängnisstrafe in Preungesheim bei Frankfurt am Main abgesessen hat, hat er zwei mitgefangene Franzosen kennengelernt, Jean Blanc und Roger Million, mit denen er sich schnell angefreundet und die ihm auch französisch beigebracht haben. Sie hätten damals beschlossen, sich nach ihrer Freilassung in Paris zu treffen und dann gemeinsam eine Gang zu gründen. 1937 sei er mit gefälschten Papieren nach Frankreich eingereist. In La Celle-Saint-Cloud hätten die drei zusammen die Villa gemietet, in die dann auch noch Millions Freundin Colette Tricot eingezogen sei. Offiziell haben sie ein »Schönheitsstudio« in der Villa einrichten wollen, dachten aber eher an das Drucken von Falschgeld oder das Entführen wohlhabender Persönlichkeiten aus der Gesellschaft. Die Villa ist abgelegen und somit ein ideales Versteck …

Nun will der Commissaire wissen, was mit Raymond Lesobre geschehen ist. Weidmann gibt den Mord sofort zu. Er hat dringend Geld gebraucht, und da er davon ausgegangen ist, daß Immobilienmakler immer viel Bargeld bei sich haben, hat er ihn unter der Vorspiegelung eines Kaufinteresses nach Mon Plaisir gelockt, um ihn zu ermorden und zu berauben. Leider habe der Mann aber weniger Geld bei sich gehabt als erhofft, weshalb er noch sein goldenes Feuerzeug mitgenommen habe.

Der Commissaire ist mit diesem Geständnis zwar zufrieden, möglicherweise hat Weidmann aber auch mit dem Mord an Couffy und Leblond zu tun, alle drei sind durch Genickschüsse aus nächster Nähe getötet worden. »Haben Sie sonst noch irgendwelche Aussagen zu machen?« fragt er ihn. Weidmann zögert, überlegt offenbar, ob er etwas sagen soll oder nicht. Dann nimmt er vom Schreibtisch des Commissaire Bleistift und Zettel und notiert etwas. Er schiebt ihn dem

Commissaire hin. Der starrt Weidmann fassungslos an und murmelt: »Das kann doch nicht wahr sein!« Auf dem Zettel steht nur ein Name: Jean de Koven! Weidmann erzählt, er habe die Amerikanerin nach La Voulzie zu einer Tasse Tee eingeladen, in die er Veronal geschüttet habe. Als sie eingeschlafen sei, habe er sie gefesselt. Von ihrer Tante wollte er Lösegeld erpressen. In der Nacht sei er plötzlich von einem Geräusch wach geworden. Miss de Koven habe sich inzwischen befreit, den Schlüssel gefunden und versucht zu fliehen. Es sei zu einem Kampf gekommen, in dessen Verlauf er sie erwürgt habe.

Es war, so Weidmann, ein Unfall. An dem Tag, dem 23. Juli, seien die anderen nicht im Haus gewesen. Seinen Kameraden wollte er nicht gestehen, was geschehen sei. und so habe er die Leiche vor dem Haus unter der Freitreppe vergraben. Am nächsten Tag will er die 200 Francs, die Miss de Koven in der Tasche gehabt hat, Million gegeben und diesem gegenüber behauptet haben, er habe die Entführte einer Gang übergeben, die er noch aus Kanada kennt. So könnten sie sich besser um die Übergabe des Lösegeldes kümmern. Mit einem Teil der Reiseschecks habe er selbst eingekauft, die anderen habe Colette Tricot bei verschiedenen Banken eingelöst.

Plötzlich fällt der Name Fritz Frommer. Da die Polizei die Zusammenhänge ja bereits kennt, wird der Commissaire hellhörig. Angeblich ist er der Mann gewesen, der in dem Café an der *Place Clichy* das Lösegeld entgegennehmen sollte, dann aber Verdacht schöpfte und wieder gegangen ist.

Völlig unerwartet gesteht Weidmann gleich noch einen weiteren Mord, nämlich den an dem Chauffeur Josephe Couffy. Das Motiv: Er wollte ihn ausrauben und sein Auto stehlen. Der Commissaire hört ihm geduldig zu und stellt ihm nur selten eine Zwischenfrage. Nun gesteht Weidmann auch noch einen vierten Mord, nämlich den an dem Impressario Roger Leblond. Es ist übrigens Roger Million gewesen, der in die Rolle des Monsieur Pradier geschlüpft ist.

»Und wo ist Ihr Freund Fritz Frommer jetzt?« möchte der Commissaire wissen.

»Ich habe ihn erschossen und im Keller vergraben.« Damit hat Weidmann seinen fünften Mord gestanden.
Der attraktive junge Mann mit den guten Manieren gibt den Psychologen Rätsel auf, denn er ist ein intelligenter, sensibler Mensch. Dabei ist der 1908 in Frankfurt am Main geborene Eugène (eigentlich Siegfried Eugen) Weidmann schon als Knabe ins kriminelle Milieu abgerutscht. Nach einer wegen Diebstahls verbüßten Jugendstrafe will er ein neues Leben anfangen und beschließt, nach Kanada auszuwandern. Auf der Farm eines deutschstämmigen Bauern in Saskatchewan findet er auch gleich Arbeit. Doch aus dem »neuen Leben« wird nichts; er schließt sich einer Gangsterbande an und landet im Gefängnis, was automatisch bedeutet, daß er aus Kanada ausgewiesen wird.
1931 kehrt er nach Frankfurt zurück, wo er sogleich eine Gang gründet, deren erster großer Coup, die Entführung eines finanzkräftigen Geschäftsmannes, kläglich scheitert. Er und seine beiden Komplizen landen im Knast.
Der Untersuchungsrichter Jean-Georges Berry hegt starke Zweifel am Wahrheitsgehalt von Weidmanns Aussagen. Der attraktive junge Mann mit den guten Manieren ist offenbar nicht nur ein kaltblütiger Mörder, sondern auch ein abgebrühter Lügner.
Da sind zum einen die Ungereimtheiten im Mordfall Jean de Koven. Die exhumierte Leiche ist geknebelt gewesen. Wenn sie sich befreit hätte, wie Weidmann behauptet hat, hätte sie auch den Knebel entfernt. Er sprach von einem Kampf. Der Pathologe sagt aber, der Tod sei plötzlich eingetreten. Spuren eines Kampfes lassen sich nicht finden. Vermutlich hat er sie gleich nach ihrem Eintreffen in der Villa getötet, denn sie hat sogar noch ihren Mantel angehabt.
Für den Mord an Lesobre bezeichnet er sich als allein verantwortlich. Die Beschreibung des Kunden paßt aber nicht auf ihn. Warum Weidmann einerseits gesteht, andererseits lügt, bleibt unklar.
Warum hat er Fritz Frommer getötet? Er behauptet in einer ersten Version, um ihm 300 Francs zu stehlen. In einer zweiten verdächtigt er ihn, Polizeispitzel gewesen zu sein.

Seine widersprüchlichen Aussagen geben der Öffentlichkeit zu umfangreichen Spekulationen Anlaß. Ist Weidmann ein ausländischer Agent? Zur Zeit agieren in ganz Europa zahlreiche kleinere terroristische Gruppierungen, die sich besonders durch Gewalttaten und Terroranschläge Gehör zu verschaffen suchen. Ist er vielleicht ein Handlanger der Cagoule? Viele glauben eher, Weidmann sei ein Provokateur, ein eingeschleuster Agent Hitlerdeutschlands, der Unsicherheit und Unruhe in Frankreich zu säen versuche.

Besonders der mysteriöse Mord an Frommer gibt den Gerüchten Nahrung. War Frommer, der Jude und Kommunist, Opfer eines politischen Mordes? War Weidmann vielleicht ein Handlanger der Gestapo? Beweise gibt es dafür allerdings nicht.

Aber es gibt noch etwas, das nie geklärt werden wird: Bei seiner Festnahme hat Weidmann fünfmal auf die Beamten geschossen, sie aber nicht, beziehungsweise nur unerheblich getroffen. Es wäre kein Problem für ihn gewesen, die Polizisten zu töten. Offenbar hat er absichtlich daneben geschossen. Später wird nämlich, von ihm selbst geschürt, das Gerücht auftauchen, im Haus habe sich noch ein Komplize befunden, der gerade geschlafen habe. Mit den Schüssen wollte er ihn warnen und die Möglichkeit geben zu flüchten, was jener dann auch getan habe. Ob es diesen Komplicen wirklich gegeben hat, wird nie ermittelt.

Fünf Morde hat Weidmann gestanden. Hat er damit aber wirklich alles gesagt oder war das etwa nur die Spitze des Eisberges? Bei der Durchsuchung der Villa finden die Ermittler jede Menge ausgeschnittener Annoncen, Briefe an Ausländer, Telegramme und Namenslisten. Dies alles muß erst in mühsamer Kleinarbeit ausgewertet werden. Würde man noch mehr Opfer finden? Die Polizei bleibt jedenfalls skeptisch. Ein Foto, das der Commissaire findet, interessiert ihn besonders. Es trägt keinen Namen, nur die Adresse eines Fotografen aus Strasbourg. Die Identität des Mädchens auf dem Foto ist mit Hilfe des Fotografen schnell ermittelt. Es handelt sich um die Krankenschwester Janine Keller. Seit mehreren Wochen schon ist die Frau als vermißt gemeldet. Sie wollte sich beruflich und vor allem finanziell verbessern und suchte in einer Annonce eine Stellung als Gouvernante. Mehr, als daß sie nach Paris gefahren ist, läßt sich nicht über sie in Erfahrung bringen.

Von seiner Anwältin befragt, gibt Weidmann zu, auch Janine Keller umgebracht zu haben. Er habe es vergessen zu erzählen. Der Mord sei geschehen, kurz nachdem er Josephe Couffy umgebracht habe. In einer Grotte im Wald von Fontainebleau hatte er sie durch Genickschuß getötet. Die Beute: 500 Francs und wertloser Schmuck. Warum hat er sie getötet? Wieder neue Spekulationen über Weidmanns Motive. Aus purer Lust am Töten?

Am 10. März 1939 wird in Versailles der Prozeß gegen Eugène Weidmann und seine Komplicen eröffnet. Seine Verteidigung haben der uns schon aus dem Landru-Prozeß bekannte Anwalt Maître Moro-Giafferi und die bis dahin völlig unbekannte junge Anwältin Maître Renée Jardin übernommen.

Schon vor Prozeßbeginn hat das Interesse an dem Fall Weidmann sonderbare Blüten getrieben. Hunderte von Briefen gehen im Gefängnis für Weidmann ein, Liebesbriefe und Heiratsanträge von glühenden Verehrerinnen. Seine beiden Anwälte werden unentwegt von Leuten bedrängt, die Weidmann im Gefängnis besuchen und mit ihm reden wollen. Das Landhaus La Voulzie wird zur regelrechten Pilgerstätte, die Tausende von Schaulustigen anzieht.

Wie nicht anders zu erwarten, ist das Publikumsinteresse an diesem spektakulären Mordprozeß überwältigend. Auch die Prominenz will sich dieses Spektakel nicht entgehen lassen. So finden wir auch diesmal wieder Maurice Chevalier im Gerichtssaal und die Schriftstellerin Colette fungiert als Prozeßbeobachterin für den »Paris-Soir«.

Am 31. März 1939 werden die Urteile verkündet. Colette Tricot wird freigesprochen, Jean Blanc muß für 21 Monate ins Gefängnis. Weidmann und Million werden zum Tode verurteilt, letzterer wird jedoch zu einer lebenslänglichen Zuchthausstrafe begnadigt. Für Weidmann indes wird es keine Gnade geben. Er wird am 16. Juni 1939 vor dem Portal des

Gefängnisses Saint-Pierre in Versailles öffentlich hingerichtet.
Am Tag der Exekution kommt es zu einer Art Massenhysterie. Am Vorabend schon versammeln sich Tausende von Schaulustigen vor den Toren des Gefängnisses. Acht Stunden vor Beginn der Hinrichtung sieht sich die Polizei nicht mehr in der Lage, der Menge Herr zu werden und fordert die Armee zur Verstärkung an. Inzwischen herrscht Jahrmarktstimmung auf dem Platz. Findige Geschäftsleute verkaufen den Wartenden Speisen und Getränke und überschreien sich gegenseitig. Unerbittlich wird der Kampf um die besten Plätze geführt. Jeder will der Guillotine möglichst nahe sein; es kommt zu Massenschlägereien. Als die Klinge fällt, knallen auf den Balkons der umliegenden Wohnhäuser die Champagnerkorken. Hysterische Frauen durchbrechen die Absperrungen und tauchen ihre Taschentücher in Weidmanns Blut.
Sogar Fotos gibt es von der Hinrichtung. Fotoapparate waren eigentlich auf dem Platz verboten, ein Bildreporter von »France-Soir« umging das Verbot jedoch, indem er sich auf dem Balkon einer Privatwohnung postiert hat.
Der Skandal, der durch diese Aufnahmen ausgelöst wurde, hat wohl mit dazu beigetragen, daß Eugène Weidmann der letzte Todeskandidat war, der öffentlich hingerichtet worden ist.
Niemand will noch einmal solch ein unwürdiges Spektakel erleben müssen. Schon wenige Tage später bringen die Verantwortlichen einen Gesetzentwurf ein, und am 24. Juni 1939 verkündet Staatspräsident Lebrun das neue Dekret, nachdem Todesurteile nur noch unter Ausschluß der Öffentlichkeit vollstreckt werden dürfen. Die letzte Hinrichtung in Frankreich findet 1977 statt, erst 1981 wird die Todesstrafe abgeschafft.

*

Das Hotel Ambassador, wo Jean de Koven ihren Mörder kennengelernt hat, gibt es noch heute. Es befindet sich im IX. Arrondissement auf dem *Boulevard Haussmann Nr. 16*, unweit der Métro-Station *Chaussée d'Antin*. Geht man den *Boulevard Haussmann* in Richtung Osten, dann stößt man auf den *Boulevard Montmartre* und hat Gelegenheit, noch einige Passagen zu besichtigen: die derzeit leerstehende, aufwendig restaurierte *Passage des Princes* am *Boulevard des Italiens* sowie die *Passagen Jouffroy, Verdeau* und *Panoramas*.

Der Boulevard Haussmann auf der Höhe der Galeries Lafayettes. Damals wie heute eine belebte Einkaufsstraße.

In westlicher Richtung kommen wir zu den großen Kaufhäusern. Hier ist immer hektisches Leben. Ein Gemisch aus Einheimischen und Touristen. Vor den Warenhäusern haben sich eine Vielzahl fliegender Händler niedergelassen, die von der garantiert anbrennsicheren Bratpfanne über den garantiert nie stumpf werdenden Allzweckschneider über bunte Synthetik-Tücher und Krawatten, Souvenir-Kitsch, Video-Kassetten, CDs, T-Shirts bis hin zu Handtaschen und Reisegepäck eine bunte Palette von Waren mehr oder weniger lautstark anpreisen. Dazwischen immer wieder die Verkäufer der gerösteten Eßkastanien, deren mit Holzkohle beheizte Blechtonnen den eigentümlichen Geruch verbreiten. Hier bieten die Geschäfte allenfalls Ramsch für Touristen. Doch je weiter man sich von den großen Kaufhäusern entfernt, desto ruhiger und exklusiver wird der Boulevard und geht dann

Postkartenblick auf Sacré-Cœur von der Rue Laffitte aus gesehen. Im Vordergrund die Kirche Notre-Dame-de-Lorette.

als gediegene Wohn- und Geschäftsstraße in die *Avenue Friedland* über, die ihrerseits bis zur *Place d'Etoile* führt.
Vom Hotel Ambassador aus kann man gleich noch einen anderen Ort, der in unseren Kriminalgechichten eine Rolle spielt, besichtigen: Wir gehen den *Boulevard Haussmann* ein Stück in östliche Richtung, über die *Rue Laffitte*, von wo man einen herrlichen Postkartenblick auf *Sacré-Cœur* hat, bis zur nächsten Ecke, wo wir nach links in die *Rue Le Peletier* abbiegen. In der Nr. 31, die jetzt eine Außenstelle des Arbeits-

ministeriums beherbergt, hatte 1937 die Agence Rouff ihr Büro, die Privatdetektei, für die Lætitia Toureaux gearbeitet hat. Gehen wir etwas weiter, dann finden wir im Haus Nr. 25, Ecke *Rue Rossini Nr. 17* das berühmte, 1854 eröffnete Restaurant *Le Petit Riche*. Damals war die Oper im *Salle Le Peletier* untergebracht, wo 1873 ein Feuer ausbrach, das sich schnell ausbreitete und alle Häuser in der Straße zerstörte. 1880 wurde das Restaurant wieder aufgebaut. Die Dekoration, so auch die dunkle Holzverkleidung und das gravierte Glas, ist bis heute erhalten.

Der Todesengel von Paris

Tatzeit: 1942-1944
Tatort: 21, rue Le Sueur (XVI. Arrondissement)
Schlüsselorte: 66, rue Caumartin (IX. Arrondissement)
26, Rue des Marthurins (IX. Arrondissement)
93, Rue Lauriston (XVI. Arrondissement)

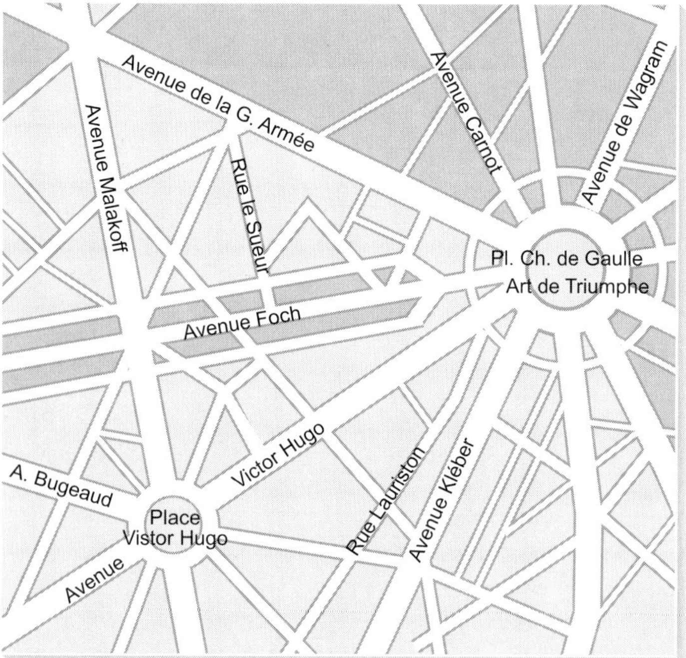

»Auch uns wird es bald erwischen, wenn wir nicht von hier fortgehen«, murmelt der 53jährige Joachim Guschinow kopfschüttelnd vor sich hin, faltet den Brief wieder zusammen und schiebt ihn unter die Schreibunterlage seines Sekretärs. Die Nachrichten aus Deutschland verheißen in der Tat nichts Gutes. Seine Frankfurter Verwandten sind, so schreibt ihm ein Geschäftsfreund, »in den Osten umgesiedelt worden«, was nichts anderes heißt, als daß sie in ein Konzentrationslager deportiert worden sind. Ihr schönes Pelzgeschäft in der Innenstadt ist schon seit langem »arisiert«.
»Ich werde doch zu Dr. Eugène gehen und ihn um Hilfe bitten«, sagt er leise und wirft seiner Frau einen besorgten Blick zu.
»Bist du sicher, daß das die richtige Lösung ist? Vielleicht stimmt das ja alles gar nicht, was über diesen Doktor erzählt wird.«
»Mach dir keine Sorgen«, versucht er sie zu beruhigen, »vorher werde ich mich natürlich genau erkundigen.« Guschinow weiß um die wahre Identität des geheimnisvollen Dr. Eugène, der sich in seiner Eigenschaft als Fluchthelfer dieses Pseudonym zugelegt hat, denn er ist ja fast sein Nachbar. Der 53jährige Joachim Guschinow, ein aus Krakau gebürtiger Jude, ist Mitinhaber des Pelzgschäftes Guédo & Guschinow in der *Rue Caumartin Nr. 69*, Ecke *Rue Saint-Lazare*. Seit dem Einmarsch der Deutschen Wehrmacht 1940 gelten nämlich auch in Frankreich, wie im Deutschen Reich, die Judengesetze. Ihm drohen nicht nur Berufsverbot und Enteignung, sondern auch Deportation.
Guschinow will sich ohnehin die Haare schneiden lassen und macht sich an einem grauen Novembermorgen des Jahres 1941 auf den Weg in die *Rue des Mathurins Nr. 26* am *Boulevard Haussmann*, nicht weit von seinem Geschäft entfernt, wo der Friseur und Perückenmacher Raoul Fourrier in der ersten Etage seinen Salon hat.
»Und Sie meinen, man kann diesem Dr. Eugène wirklich trauen?« flüstert er dem Friseur zu.
»Aber selbstverständlich! Er verfügt über die allerbesten Verbindungen und kann Ihnen in kürzester Zeit die Passage nach

In der Rue des Mathurins Nr. 26 befand sich in der ersten Etage der Salon des Friseurs und Perückenmachers Raoul Fourrier. Heute ist in diesem Haus ein Hotel.

Argentinien mit allen nötigen Papieren organisieren. Ich an Ihrer Stelle würde keinen Tag mehr warten.«
Guschinow überlegt auch wirklich nicht lange und nimmt sofort Kontakt zu dem besagten Doktor auf. Der Friseur hat recht. Dr. Eugène verfügt offenbar über gute Kontakte und kann die Reise kurzfristig planen. Nach einigen Wochen Bedenkzeit steht es für Guschinow fest. Er wird nach Argentinien flüchten. Der einzige Wermutstropfen, er wird seine Frau nicht mitnehmen können, denn der Doktor lehnt es ab, auch

Guschinows Ehefrau außer Landes zu schleusen. Sie ist ja keine Jüdin, und somit auch nicht in unmittelbarer Gefahr. Vielleicht ist es ja sogar besser so, denkt sich Guschinow. Wenn er in Buenos-Aires erst einmal Fuß gefaßt hat, wird er sie nachkommen lassen. Das Weihnachtsfest 1941 möchte er aber noch zusammen mit seiner Frau verbringen, und so wird der Tag der Abreise für den 2. Januar 1942 festgelegt. Wie mit dem Doktor abgesprochen, nimmt er fünf seiner wertvollsten Pelze mit, darunter einen Zobel, eine Million Francs in bar, Gold, Schmuck und 1000 Dollar, die er in die Schulterstücke seines Mantels eingenäht hat. Am Abend wird er Dr. Eugène an der *Rue Pergolèse*, Ecke *Avenue de la Grande Armée* treffen. Dr. Eugène muß Guschinow erst noch in der *Rue Pergolèse* zu einem Tropenarzt bringen, der ihn impfen soll, eine leider unumgängliche Maßnahme, wie der Doktor erklärt. Guschinow wundert sich, daß Dr. Eugène mit ihm nun doch nicht in die *Rue Pergolèse* geht, sondern in eine ganz andere, allerdings benachbarte Straße und schließlich in ein Haus, das leer zu stehen scheint. Guschinow hat Angst. Angst vor einer ungewissen Zukunft ...

Ungeduldig wartet am Nachmittag des 11. März 1944 Madame Marçais in der fünften Etage des Hauses *Rue Le Sueur Nr. 22* auf ihren Mann, der jeden Augenblick aus dem Büro kommen muß. So kann es schließlich nicht weitergehen. Seit fünf Tagen steigt nun schon dicker schwarzer Rauch aus dem Schornstein des gegenüberliegenden Hauses und verbreitet einen bestialischen Gestank.

»Schau dir das nur an«, schimpft sie, als ihr Mann endlich zu Hause ist, und fährt mit dem Finger über den Wasserschenkel des Fensters, der eine schwarze schmierige Schliere hinterläßt, »dieser ekelhafte fettige Ruß ist einfach nicht mehr zu ertragen und dazu auch noch dieser Gestank. Was die da wohl verbrennen? Du mußt unbedingt etwas unternehmen!«

Monsieur Marçais ist von diesem Vorschlag nicht sonderlich begeistert. Man sollte in dieser Zeit lieber nicht allzu neugierig sein und den Mund halten. Hier im noblen XVI. Ar-

rondissement wimmelt es nur so von Deutschen. Besser, man macht sich keinen Ärger.
Monsieur Marçais gibt dem Drängen seiner Frau aber schließlich doch nach und geht hinunter, um sich im Haus Nr. 21 einmal umzusehen. Die Stadtvilla aus dem 19. Jahrhundert wirkt vernächlässigt. Das schwere Doppelportal aus massivem Holz ist zwar verschlossen, aber eine Notiz ist angepinnt. Sie teilt mit, daß der Besitzer für einen Monat abwesend ist und darum bittet, die Post nach Auxerre in die *Rue des Lombards Nr. 19* zu schicken. Marçais, der nun selbst den Gestank nicht mehr ertragen kann, holt die Polizei.
Kurz darauf erscheinen zwei uniformierte Polizisten. »Nein, da ist kein Reinkommen«, bedauert der Brigadier Teyssier und rüttelt noch einmal an dem Portal, das nicht einen Millimeter nachgibt und fügt achselzuckend hinzu: »Wir können das nicht so einfach aufbrechen. Lassen Sie hier bloß die Deutschen drin sein, dann gibt es höllischen Ärger ...«
Die Polizisten erkundigen sich bei der Concierge des Nachbarhauses und erfahren, daß der Besitzer des Hauses Nr. 21 ein gewisser Dr. Marcel Petiot ist, der im IX. Arrondissement in der *Rue Caumartin 66* wohnt. Sie kann ihnen sogar seine Telefonnummer geben. Teyssier geht schnell in das Café Crokodil an der Ecke und wählt die angegebene Nummer. Dr. Petiot am anderen Ende der Leitung hört den Polizisten geduldig an und bittet ihn, nichts weiter zu unternehmen, vor allem, nicht das Portal aufzubrechen, er werde spätestens in einer Viertelstunde in der *Rue Le Sueur* sein und selbst nachsehen, was los ist. Zufrieden geht der Polizist zurück und teilt seinem Kollegen mit, daß der Besitzer in Kürze eintreffen werde. Nach einer halben Stunde ist noch immer niemand da, auch nicht nach anderthalb Stunden. »Da hat dich wohl jemand auf den Arm genommen«, murmelt der eine Polizist schadenfroh grinsend. Nach kurzer Beratung beschließen sie, nicht mehr länger zu warten und doch lieber die Feuerwehr zu holen, die schon nach wenigen Minuten eintrifft. Angesichts des ekelerregenden Qualms sieht diese sich doch gezwungen, gewaltsam in das Haus einzudringen. Die Drehleiter wird ausgefahren, und die Scheiben eines Fensters im

Die Rue Le Sueur Nr. 21. Das Haus, in dem Marcel Petiot die Leichen zerstückelt und verbrannt hat, ist Ende der vierziger Jahre abgerissen worden. Wenig später wurde das Grundstück wieder bebaut.

ersten Stock eingeschlagen. Mehrere Feuerwehrleute steigen durch das Fenster und suchen nach dem Keller, wo sie am ehesten der Ursache für die Belästigung auf die Spur zu kommen glauben. Wenige Minuten später schon wird das schwere Eingangsportal von innen geöffnet. Den Feuerwehrleuten steht das Entsetzen ins Gesicht geschrieben. Leichenblaß kämpfen sie mit kaum zu unterdrückender Übelkeit. Einer muß sich gleich übergeben, ein anderer fällt in Ohnmacht.

Der älteste der Feuerwehrmänner erlangt als erster wieder halbwegs seine Fassung und fordert die Polizisten auf, ihm in den Keller zu folgen. Der Anblick, der sich ihnen bietet, ist grausam: Der Rauch kommt aus zwei Öfen, die offenbar dazu gedacht sind, die Zentralheizung zu versorgen. Die Tür des einen ist nicht einmal geschlossen, eine Hand, vemutlich eine Frauenhand hängt heraus. Der Keller liegt voller zerstückelter Leichen.

Zitternd geht Brigadier Teyssier noch einmal zurück ins Café und benachrichtigt seinen Vorgesetzten. Während er auf die Kollegen vom *Quai des Orfèvres* vor dem Haus wartet, kommt ein Radfahrer langsam die *Rue Le Sueur* entlanggeradelt, bleibt vor dem Haus stehen und schaut besorgt in das offene Portal. Bevor der Polizist etwas sagen kann, erklärt der Radler, daß er ein Verwandter des Besitzers sei; man könne ihm ruhig sagen, was hier los sei. Der Brigadier führt ihn daraufhin in den Keller. Als die beiden wieder auf der Straße sind, schüttelt der Fremde betroffen den Kopf. »Hören Sie«, beginnt er und zieht den Polizisten näher zu sich heran, um ihn im Flüsterton zu fragen: »Sie sind doch Patriot?« Teyssier schaut ihn mit entrüstet gerunzelten Brauen an: »Aber Monsieur, welch eine Frage!«

»Gut«, meint der Fremde, »ich habe es Ihnen ja gleich angesehen, daß man Ihnen vertrauen kann. Also hören Sie: Dies hier ist ein zentraler Stützpunkt des Widerstands. Die Leute da unten, um die brauchen Sie sich nicht allzu viele Sorgen zu machen. Das waren alles Nazis und Verräter, die die Résistance hingerichtet hat. Und jetzt muß ich ganz schnell nach Hause. Bei mir liegen die Akten von mindestens 300 Widerstandskämpfern, deren Leben auf dem Spiel steht, wenn ich die Papiere nicht vernichtet habe, bevor die Deutschen von dem hier ...«, er zeigt auf den Keller »... von dem hier Wind bekommen.« Ohne die Papiere des Mannes zu überprüfen oder auch nur nach seinem Namen zu fragen, läßt ihn der Polizist gehen. Und so steigt der Fremde, es ist kein geringerer als Petiot selbst, auf sein Rad und fährt davon.

Kaum ist der Radler außer Sichtweite, erscheint auch schon Commissaire Massu vom *Quai des Orfèvres*. Georges Massu ist bereits eine Legende der Pariser Kriminalpolizei. Seit 33 Jahren im Amt, gilt er als der erfolgreichste Polizist der Brigade criminelle bei der Police judiciaire. 3257 Festnahmen soll er bisher schon durchgeführt haben. Der Pfeifenraucher Massu ist, so wird jedenfalls erzählt, das lebende Vorbild des berühmten Romanhelden »Commissaire Maigret«. Mitte der dreißiger Jahre hat Georges Simenon, der damals Kontakte zur Kriminalpolizei gesucht hat, um Kriminalromane mit realistischem Hindergrund schreiben zu können, Massu kennengelernt. Der Schriftsteller soll ihn bei vielen seiner Ermittlungen sogar begleitet haben.

Nachdem Massu das grausige Krematorium inspiziert hat, schaut er sich die anderen Räume des Hauses an. Seit langem schon scheint hier niemand mehr gewohnt zu haben. Eine dicke Staubschicht bedeckt Möbel und die Unmenge Nippes. Der Besitzer des Hauses muß all diesen Plunder gesammelt haben, denn ganze Trödelmärkte könnte man damit bestücken. Hinter dem Haupthaus, über den Hof, befinden sich mehrere Anbauten, die früher wohl einmal als Stallungen und Dienstbotenwohnungen gedient haben mögen. Die Räume in diesem Trakt hingegen, eine kleine Bibliothek und eine vollständig eingerichtete Arztpraxis, sind offensichtlich noch vor kurzem benutzt worden. Von der Praxis aus führt ein schmaler Gang in ein winziges, völlig leeres und fensterloses Zimmer, das die Form eines Dreiecks hat und an eine Gefängniszelle erinnert. Gegenüber der Praxistür befindet sich eine weitere Tür, die anscheinend in den angrenzenden Schuppen führt. Daneben ist eine Klingel. Massu will die Tür öffnen lassen – aber diese Tür ist, ebenso wie die Klingel, nur eine Attrappe. Der Commissaire schaut sich in dem kleinen Raum noch einmal um und macht dabei eine seltsame Entdeckung: In die Wand zum Korridor ist ein kleines, vom Zimmer aus kaum wahrnehmbares Loch gebohrt; ein Spion, durch den man vom Korridor aus das gesamte Zimmer im Blick hat.

Die Schuppen bergen weitere schreckliche Geheimnisse: Einen Haufen ungelöschten Kalks, etwa einen Meter hoch aufgeschichtet, aus dem noch die Reste menschlicher Glied-

maßen ragen. Daneben eine mit zwei schweren Steinplatten abgedeckte ehemalige Sickergrube. Nichts Gutes ahnend, machen sich die Beamten daran, die Platten mit Hilfe eines eigens zu diesem Zweck vorhandenen Flaschenzuges hochzuziehen. Die Grube ist voller Leichenteile – mit ungelöschtem Kalk bedeckt.
Die Leichenreste zu identifizieren wird sich als unmöglich erweisen. Der Gerichtsmediziner kann nicht einmal sagen, wieviele Leichen es sind, die im Keller und im Schuppen zerstückelt gefunden worden sind. Der Verwesungsprozeß ist schon viel zu weit fortgeschritten. Er kann nur soviel sagen, daß die Körper von jemandem zerlegt worden sein müssen, der über chirurgische Fachkenntnisse verfügt.
Commissaire Massu hat zwei Theorien. Die erste: Der Besitzer des Hauses hat seine Opfer in die Praxis gelockt, vielleicht mit Gift oder einem Schlafmittel betäubt und sie dann in dem kleinen Zimmer sterben lassen. Um nachzusehen, ob sie auch wirklich tot sind, diente ihm der Spion. Die zweite Theorie ist etwas komplizierter: Im einstmals respektablen XVI. Arrondissement hat die Gestapo ihre Quartiere aufgeschlagen, unter anderem in der *Avenue Foch*, der *Rue de la Pompe* und der *Rue Lauriston.* Hat sie hier unliebsame Gegner beseitigt? Vielleicht aus der nicht weit entfernten *Rue Lauriston Nr. 93* hierher transportiert? In diesen Zeiten ist nichts unmöglich. Die Nachbarn und die Concierge des Nachbarhauses wollen jedenfalls in der *Rue Le Sueur* verdächtiges nächtliches Treiben wahrgenommen haben …
Sicherlich wird man ihm den Fall ohnehin wieder aus der Hand nehmen; denn seit Paris von den Deutschen besetzt ist, spielt die französische Polizei eine Statistenrolle. Sie hat sich nur noch mit der Alltagskriminalität zu beschäftigen, mit Diebstahl, Einbrüchen, Sittlichkeitsdelikten und allem möglichen Kleinkram.
Commissaire Massu will gerade das Haus des Schreckens verlassen, als ihm ein Bote vom *Quai des Orfèvres* eine dringende Botschaft überbringt. Eine Nachricht der Gestapo: Marcel Petiot sei ein »gefährlicher Irrer«, der von den deutschen Behörden gesucht wird und sofort festzunehmen sei. Also

haben die Deutschen von der Sache hier schon Wind bekommen. Mit Unannehmlichkeiten ist demnach zu rechnen, und es lohnt also nicht, sich in diesem Fall besonders zu engagieren.
An diesem Abend sind dem Commissaire ohnehin die Hände gebunden. Nachts darf er ja keinen Bürger in seinen vier Wänden verhaften. Schon Inspecteur Belin hat dieses Problem gehabt, als er Landru verhaften wollte und die ganze Nacht vor dessen Tür wartete. Warum Massu aber vor dem Haus keine Wache hat aufstellen lassen, bleibt ein Rätsel. Erst am nächsten Morgen begibt sich Massu mit seinen Kollegen in die *Rue Caumartin Nr. 66,* gleich an der *Rue Saint-Lazare,* in unmittelbarer Nähe der beiden großen Häuser der Warenhauskette Printemps. Weder Dr. Petiot noch seine Frau

In der ersten Etage des Hauses Rue Caumartin Nr. 66 hatte Petiot seit 1935 seine Pariser Praxis.

sind zu Hause. Die Vögel sind längst ausgeflogen. Die Polizei verzichtet jedoch darauf, Petiots Steckbrief zu veröffentlichen. Wenn sich ohnehin die Gestapo einmischt, warum also unnütze Energie verschwenden? Diesen Leuten möchte man nun wirklich nicht behilflich sein.

Commissaire Massu fällt derweil wieder der Zettel ein, der am Eingangsportal angepinnt gewesen ist. Er beschließt, umgehend mit einem Kollegen nach Auxerre zu fahren, wo Marcel Petiots jüngerer Bruder Maurice wohnt, Inhaber eines Radiogeschäftes, der im übrigen auch den Kaufvertrag für das Haus in der *Rue Le Sueur* unterschrieben hat.

Als die Polizei bei ihm erscheint, gibt er vor, aus allen Wolken zu fallen und beteuert, nichts von dem, was sich in der *Rue Le Sueur* abgespielt hat, zu wissen und selbst auch nie in dem Haus gewesen zu sein. Überhaupt habe er seinen Bruder schon seit Monaten nicht mehr gesehen.

Der grausige Fund in der *Rue Le Sueur* macht derweil in der Presse Schlagzeilen. »Neue Affäre Landru« titeln die einen, »Das Monster aus der Rue Le Sueur« die anderen. Die Resonanz in der Öffentlichkeit ist so stark, daß sich in den ersten Tagen nach der Entdeckung des Verbrechens Hunderte, wenn nicht gar Tausende von Menschen vor Petiots Haus in der *Rue Caumartin* versammeln und wütend den Kopf des mutmaßlichen Morddoktors fordern.

Von den zahlreichen Patienten des Dr. Petiot meldet sich merkwürdigerweise kein einziger bei der Polizei. Gleich nach den ersten Berichten in der Tagespresse erscheint allerdings ein Hotelier aus der *Rue de Bercy* im Quai des Orfèvres und sagt aus, den Bruder des Doktors, Maurice Petiot, gut zu kennen. Er steige regelmäßig, nämlich immer wenn er geschäftlich in Paris zu tun habe, bei ihm ab. Das letzte Mal im Februar. Da sei er sogar mit einem Lastwagen gekommen.

Welch glücklicher Zufall: Von den sensationell aufgemachten Zeitungsberichten aufgeschreckt, meldet sich auch sogleich der Besitzer des Lastwagens bei der Polizei, ein gewisser Eustache aus Auxerre. Er sagt aus, am 19. Februar habe er zusammen mit Maurice Petiot 400 Kilo ungelöschten Kalk nach Paris geliefert. An die Adresse könne er sich allerdings nicht mehr erinnern, es ist aber nicht ausgeschlossen, daß es die *Rue Le Sueur* gewesen sei.

Nach langem Sträuben räumt Maurice schließlich ein, für seinen Bruder in der *Rue Le Sueur* Bauarbeiten überwacht und auch ungelöschten Kalk auf Wunsch seines Bruders nach Paris gebracht zu haben. Seines Wissens sollten damit Kakerlaken vernichtet werden, von denen das Haus in unerträglichem Ausmaß befallen gewesen sei.

Die Aussagen Maurice Petiots sind derart widersprüchlich und konfus, daß er am 17. März schließlich verhaftet wird. Der Vorwurf lautet: Beihilfe zum Mord. Maurice aber bleibt dabei. Er habe in der *Rue Le Sueur* lediglich Bauarbeiten überwacht, weil sein Bruder doch von Mai 1943 bis Januar 1944 in Gestapohaft gesessen habe …

Am 15. März 1944 erhält Massu die Akte Petiot von der Gestapo. Noch bevor er dazu kommt, sie zu lesen, erscheint ein gewisser Jean Guédo in seinem Büro. Nachdem, was er in den Zeitungen gelesen hat, fühlt er sich verpflichtet, den Commissaire über das Verschwinden seines Geschäftspartners Joachim Guschinow und dessen Beziehung zu einem gewissen Dr. Eugène, bei dem es sich offensichtlich um Petiot handelt, in Kenntnis zu setzen.

Es steht zu befürchten, daß Guschinow eines der Opfer des Morddoktors geworden ist: Zwei Monate nach der »Abreise« ist Guschinows besorgte Ehefrau bei Petiot vorstellig geworden, um zu erfahren, ob ihr Mann gut in Argentinien angekommen sei. Petiot erklärt, ihr Mann habe Frankreich verlassen und über Dakar Argentinien erreicht. Sogar einen Brief ihres Mannes kann er ihr vorlegen, geschrieben auf dem Papier eines Hotels in Buenos-Aires. Darin teilt er ihr mit, er sei gut angekommen; wenn er Fuß gefaßt habe, würde er sie nachkommen lassen. Madame Guschinow hat seither nichts mehr von ihrem Mann gehört …

Erst nach und nach erfährt Massu alle Einzelheiten über Petiots Aktivitäten:

Im Mai 1941, Paris ist seit knapp einem Jahr von den Deutschen besetzt, brüstet sich Petiot gegenüber dem Friseur Fourrier aus der *Rue des Mathurins*, mit einer Organisation in Ver-

bindung zu stehen, die Fluchtwilligen die Möglichkeit verschafft, aus der besetzten Zone zu entkommen und sich ins sichere Ausland, beispielsweise nach Argentinien, abzusetzen. Der Preis: 25 000 Francs. Wenn Fourrier Interessenten habe, dann könne er sich bei ihm, sein Deckname innerhalb der Organisation sei übrigens Dr. Eugène, melden. Fourrier übermittelt die sensationelle Nachricht sogleich seinem Freund Edmund Pintard, einem Varieté-Künstler, der viele Persönlichkeiten nicht nur aus dem Künstlermilieu kennt, die das Land verlassen wollen.
Als ersten »Kunden« schickt Fourrier aber offenbar den Pelzhändler Guschinow zu Dr. Eugène. Ein paar Wochen nach dem Verschwinden Guschinows bekommt Dr. Petiot erheblichen Ärger mit der Staatsanwaltschaft, allerdings wegen einer ganz anderen Angelegenheit: Im Februar 1942 wird der Student Jean-Marc van Bever verhaftet. Der junge Mann aus gutem Hause ist ein notorischer Nichtstuer, der sich, statt zu studieren, lieber mit Prostituierten herumtreibt und mit Drogen und Betäubungsmitteln dealt. Auf die Frage nach der Herkunft des bei ihm gefundenen Morphiums sagt er aus, seine Freundin lasse sich wegen ihrer Drogensucht gleich von mehreren Ärzten behandeln, darunter auch von einem gewissen Dr. Petiot. Wenig später wird auch seine morphiumsüchtige Freundin, die Prostituierte Jeanne Gaul, festgenommen. Mit der Aussage des Freundes konfrontiert, gibt sie sofort zu, von Dr. Petiot Gefälligkeitsrezepte für Morphium zu bekommen. Vom Staatsanwalt zur Sache vernommen, protestiert Dr. Petiot vehement gegen die unerhörten Anschuldigungen. Van Bever und seine Freundin werden jedoch noch vor Prozeßbeginn wieder auf freien Fuß gesetzt. Van Bever geht am 22. März noch einmal zu Dr. Petiot. Von diesem Tag an gilt er als vermißt.
Gleichzeitig muß sich Petiot wegen einer ähnlichen Sache verantworten: Ein erst 15jähriges Mädchen, Raymonde Khait, bei dem im Zuge einer Razzia eine größere Menge Morphium gefunden wird, gesteht unter Tränen, ein gewisser Dr. Petiot habe ihr das Morphium verschrieben. Die Mutter des Mädchens, Marthe Khait, begibt sich unverzüglich zu Dr. Pe-

tiot und droht, ihm erheblichen Ärger zu machen. Drei Tage nach van Bever, am 25. März, verschwindet auch Madame Khait unter mysteriösen Umständen. Am nächsten Tag findet ihr Ehemann unter der Türschwelle einen Brief von Marthe, in dem sie bekennt, schon seit Jahren drogenabhängig zu sein, was sie jedoch bis jetzt vor allen verheimlicht habe. Um ihrer Tochter nicht zu schaden, habe sie sich in die unbesetzte Zone abgesetzt. Obwohl ein Graphologe die Echtheit des Briefes bestätigt, macht Monsieur Khait, ein jüdischer Schneidermeister, den Doktor für das mysteriöse Verschwinden seiner Frau verantwortlich und will ihn zur Rechenschaft ziehen. Einige Wochen später wird Khait von der Gestapo verschleppt.

Im Juli werden die beiden Drogenangelegenheiten verhandelt. Im Fall der 15jährigen Raymonde wird Petiot zu einer Geldstrafe von 10000 Francs verurteilt, im Fall van Bever zu einem Jahr auf Bewährung.

Nun widmet sich Dr. Petiot wieder seinen Aktivitäten als »Fluchthelfer«. Anläßlich einer Soirée bei gemeinsamen Freunden lernt der 62jährige Arzt Dr. Paul Braunberger den Kollegen Petiot kennen. Auch Braunberger möchte das Land verlassen und wendet sich vertrauensvoll an den Doktor.

Am Abend des 20. Juni 1942 bekommt Dr. Braunberger einen mysteriösen Anruf. Jemand behauptet, ihn im Auftrag eines schwerkranken Patienten anzurufen, der ihn dringend sehen müsse. Er solle sofort zur Métro-Station *Étoile* kommen. Braunberger zögert nicht einmal, sondern fährt sofort los. Von diesem Treffen wird er nicht mehr zurückkommen. Seine Familie erhält am nächsten Tag einen Brief, in dem er mitteilt, nur mit knapper Not seiner Festnahme durch die Gestapo entgangen und in aller Eile geflohen zu sein. Auch in diesem Fall wird der Graphologe später feststellen, daß der Brief tatsächlich aus der Feder Braunbergers stammt.

Paul Braunberger hat übrigens einen Bruder namens Pierre. Pierre Braunberger ist in den dreißiger und vierziger Jahren in Frankreich ein berühmter Filmproduzent gewesen, der vor allem die Filme von Jean Renoir produziert hat. Oft hat er von dem Verschwinden seines Bruders und dessen Verbindung zu dem Morddoktor erzählt. In den achtziger Jahren ist er in Paris gestorben.

Im Juli 1942 verstärkt sich der Druck auf die Juden. Sie werden beraubt, enteignet, verfolgt und deportiert. In ihrer Angst wenden sich Kurt und Margarete Kneller an ihren Hausarzt, Dr. Petiot. Das jüdische Ehepaar sorgt sich besonders um die Zukunft seines kleinen Sohnes René. Am 16. Juli entkommen sie nur mit knapper Not der Gestapo und verstecken sich bei Freunden. Zwei Tage später hilft ihnen der Doktor, das Land zu verlassen. Man hört von den Knellers nie wieder etwas.

Aber nicht nur den bedrängten Juden verspricht er die Ausreise, auch in Bedrängnis geratene Kriminelle kommen in den Genuß seiner Dienste. Pintard, der Kontakte zur Unterwelt hat, vermittelt einige Leute aus dem Milieu an Petiot. Ein gewisser Joseph, genannt »Jo der Boxer«, der sowohl von der französischen Polizei als auch von der Gestapo gesucht wird, muß schleunigst untertauchen.

Joseph ist allerdings skeptisch. Er traut dem Doktor nicht. Außerdem will er nur zusammen mit seinem Kumpel François, genannt »der Korse«, und zwei Prostituierten aus dem Milieu, Claudine und Anette, das Land verlassen. Ihre Flucht ist für September geplant. Zuerst fliehen Claudia und »der Korse«. Als einige Tage später ein Telegramm der beiden mit der Nachricht eintrifft, daß sie die gefährliche Zone glücklich verlassen haben, folgen Joseph und Anette ihnen beruhigt nach. Von den vieren wird nie wieder jemand etwas hören.

Dank der Vermittlung durch Eryane Kahan, einer aus Rumänien stammenden Jüdin, die über Pintard zu Petiot Kontakt bekommen hat, kann sich der Doktor ab November 1942 vor »Kunden« kaum retten. Sie führt ihm eine große Zahl jüdischer Familien zu, denen er zur Flucht nach Südamerika verhelfen soll. Alle Familien haben eines gemeinsam: Sie sind reich.

In einschlägigen Kreisen wird die »Fluchthilfeorganisation« des Dr. Eugène bald Stadtgespräch. Die Gerüchte dringen bis zu einem gewissen Robert Jodkum vor, Sekretär bei der Ge-

In der Rue Lauriston Nr. 93 im noblen XVI. Arrondissement hatte die Gestapo ein Büro. Von hier aus agierte Robert Jodkum.

stapo in der Rue Lauriston Nr. 93. Seine Aufgabe besteht in erster Linie darin, Juden in ihren Verstecken aufzuspüren. Jodkum setzt sich das ehrgeizige Ziel, den Ring der Fluchthelfer zu zerschlagen. Er weiß zwar, daß der Frisiersalon von Raoul Fourrier als Vermittlungsbüro dient. Aber wer verbirgt sich hinter dem Decknamen Dr. Eugène, dem eigentlichen Drahtzieher?

Ein Spitzel muß in den Ring einschleust werden. Und den glaubt Jodkum in dem in Gestapohaft sitzenden Yvan Dreyfus zu finden, einem elsässischen Juden, der mit Nachrichtentechnik handelt und die Résistance mit Funkgeräten ausgestattet hat, weswegen er verhaftet wurde.

Im April 1943 gibt die Gestapo durch Mittelsmänner Dreyfus' Frau Paulette zu verstehen, daß die Freiheit ihres Mannes erkauft werden könne. Sie akzeptiert. Der Preis: 3,5 Millionen Francs. Tatsächlich wird Dreyfus freigelassen, aber es gibt da ein Problem. Er hat keine Papiere und kann somit von jeder anderen Gestapostelle erneut verhaftet werden. Dreyfus' Anwalt, der bei diesem Geschäft eine Rolle gespielt hat, Maître Guélin, rät ihm, der Abteilung von Robert Jodkum als Gegenleistung für neue Papiere eine kleine Gefälligkeit zu erweisen. Er soll in die Fluchthilfeorganisation des Dr. Eugène als Spitzel eingeschleust werden. Dreyfus zögert. Soll er wirklich, nur um seine eigene Haut zu retten, Landsleute, noch dazu aufrechte Patrioten, verraten? Guélin meint, der Ring sei so gut wie gesprengt, seine Dienste nur noch reine Formsache.

Dreyfus nimmt Kontakt zu Fourrier auf. Es wird ein Treffen mit Dr. Eugène verabredet. Fourrier wird ihn begleiten. Dreyfus weiß natürlich, daß sich die Gestapo an seine Fersen geheftet hat. In der Nähe der *Place de la Concorde* stößt ein dritter Mann zu ihnen. Das kann nur Dr. Eugène sein, sagen sich die Gestapoleute. Plötzlich beschleunigen Dreyfus und der Unbekannte ihre Schritte, Fourrier geht in eine andere Richtung. Dreyfus und der andere Mann entkommen der Gestapo im Getümmel. Für Robert Jodkum eine empfindliche Niederlage. Dreyfus wird nie wieder gesehen.

Einen Tag später gelingt es einem anderen Gestapo-Mann, einem gewissen Friedrich Berger aus dem Gestapo-Büro in der *Rue de la Pompe*, Petiots habhaft zu werden. Berger hat nämlich einen wirklich zuverlässigen Informanten, einen Franzosen namens Beretta, der nach längerer Gestapohaft zum eifrigen Kollaborateur wurde. Schon bald kann er seinem Auftraggeber einen detaillierten Bericht über die geheimen Aktivitäten in Fourriers Frisiersalon liefern. Als Beretta bei Fourrier die nötigen Reiseunterlagen ausgehändigt werden sollen, stürmt die Gestapo den Salon, verhaftet Beretta, Fourrier und Pintard. Einige handfeste Drohungen gegen die

beiden genügen, um herauszubekommen, daß es sich bei Dr. Eugène um einen gewissen Dr. Marcel Petiot handelt, *Rue Caumartin Nr. 66*. Umgehend wird Petiot, es ist der 21. Mai 1943, von der Gestapo verhaftet. Robert Jodkum besteht allerdings darauf, daß Berger ihm die Beute überläßt, und so wird Petiot in die *Rue Lauriston* überstellt.
Jodkum will die Namen all derer, die zu dem Fluchthilfering gehören, aus Petiot herauspressen. Die gesamte Organisation soll so schnell wie möglich zerschlagen werden. Aber Petiot spielt den Helden, der um keinen Preis bereit ist, seine Kameraden zu verraten und hüllt sich in Schweigen. Jodkum ahnt nicht, daß es gar keine Kameraden gibt, die Petiot verraten könnte. Er hält ihn nach wie vor für einen wichtigen Drahtzieher eines Fluchthelferringes und läßt ihn in das gefürchtete Gestapo-Gefängnis nach Fresnes bringen. Wenn Petiot später behauptet, daß er in Gestapohaft schwer mißhandelt worden sei, dann mag das sogar den Tatsachen entsprechen.
Ende 1943 teilt die Gestapo Maurice Petiot mit, daß sein Bruder für 100000 Francs freigelassen werden könne. Maurice zahlt. Am 13. Januar 1944 wird Marcel Petiot nach acht Monaten aus der Haft entlassen ...
Massu hat keine Ahnung, wo sich Dr. Petiot jetzt, Ende März 1944, verborgen hält. Kurz nach der Festnahme Maurice Petiots gelingt es ihm lediglich, Marcels Ehefrau Georgette, eine schöne Frau von 39 Jahren, ebenfalls in Auxerre festzunehmen. Bereitwillig erzählt sie der Polizei, was sie weiß. Einen Tag vor dem Verschwinden ihres Mannes aus Paris ist sie in den kleinen Ort südlich von Paris gefahren, wo ihr Sohn zur Schule geht. Zur Sache kann sie nichts aussagen. Zudem hält sie die Anschuldigungen gegen ihren Mann für völlig aus der Luft gegriffen. Anscheinend weiß Georgette wirklich nichts von den mörderischen Aktivitäten ihres Mannes.
Völlig unerwartet erscheint eines Tages ein gewisser René Nezondet in Massus Büro, ein angeblich alter Freund des Doktors. Er könne, so sagt er, nun nicht länger schweigen. Es stimme nämlich alles, was über den Doktor in den Zeitun-

gen steht. Es sei sogar alles noch viel schlimmer. Er habe Fluchtwilligen vorgegaukelt, er leite einen Fluchthelferring, sie dann in die *Rue Le Sueur* gelockt und getötet. Auf diese Weise habe er sich ihres Vermögens bemächigt. Im übrigen sei Maurice über alles auf dem laufenden gewesen. Im August 1943 habe er ihm selbst von den Leichen in der *Rue Le Sueur* erzählt. Außerdem habe er die Koffer der Toten abtransportiert und irgendwo versteckt.

Maurice ist entrüstet ob dieser ungeheuerlichen Anschuldigung, gibt dann jedoch zu, aus dem Haus eine größere Anzahl von Koffern abgeholt zu haben. Sein Bruder habe ihm versichert, sie gehörten untergetauchten Widerstandskämpfern, und er solle sie bis zu ihrer Rückkehr verwahren. Er habe sie auf dem Dachboden einer befreundeten Familie in einem kleinen Ort nicht weit von Auxerre unterstellen können. Was die Toten betrifft, so habe es sich ausschließlich um Kollaborateure und Nazis gehandelt, die von der Résistance hingerichtet worden seien.

Auf besagtem Dachboden werden in der Tat 45 Koffer sichergestellt. Die darin befindlichen Kleidungstücke können allerdings nur schwer den vermißten Personen zugeordnet werden, zumal alle Firmenzeichen aus den Kleidern herausgetrennt sind. Allein die Patentante des kleinen René Kneller erkennt zweifelsfrei den rosa Schlafanzug wieder, den sie selbst dem Jungen genäht hat.

Am 6. Juni 1944 landen die Alliierten in der Normandie, am 25. August wird Paris endlich befreit. Für Kollaborateure brechen harte Zeiten an. Unerbittlich spürt die Résistance, offiziell vertreten durch die »Forces Françaises de l'Intérieur« (FFI) Verräter in ihren Verstecken auf. Die Situation ist unübersichtlich, und es herrscht eine Art Anarchie. Commissaire Massu ist überzeugt, daß Petiot noch in Paris ist und das allgemeine Chaos nutzt, um seine Spur zu verwischen. Vielleicht hat er sich sogar mit falscher Identität in die Reihen der wirklichen Widerstandskämpfer eingeschlichen.

Massu bedient sich einer List. Er kennt einen Journalisten, der für die patriotische Zeitschrift »Résistance« schreibt und lanciert einen Artikel über Dr. Petiot mit der Überschrift: »Petiot – ein Reichssoldat«. Petiot wird darin als verabscheuenswürdiger Mörder, der für die Deutschen gearbeitet hat, beschrieben. Wenn den Doktor etwas aus seinem Vesteck treiben kann, meint Massu, dann dieser Artikel.

In der Tat meldet sich einige Tage später Maître René Floriot, der Anwalt Petiots, bei Massu. Er übermittelt ihm ein Schreiben, in dem der Doktor die Anschuldigungen energisch zurückweist. Die Schnelligkeit, mit der der Brief gekommen ist, bringt Massu zu der Überzeugung, daß Petiot noch in Paris ist.

Da trifft Massu völlig überraschend ein harter Schlag. Gegen ihn wird der Verdacht erhoben, mit den Deutschen kollaboriert zu haben, und er wird mit sofortiger Wirkung vom Dienst suspendiert.

Am 31. Oktober 1944 gelingt es dennoch, Petiot am südöstlichen Stadtrand von Paris, am Eingang der Métro-Station *Saint-Mandé-Tourelle,* mehr oder weniger durch Zufall, zu verhaften. Massu hat mit seiner Vermutung richtig gelegen. Petiot ist in der Tat in die höchsten Ränge der Résistance aufgestiegen, trägt jetzt einen dichten schwarzen Vollbart sowie eine Offiziersuniform der FFI und nennt sich »Capitaine Henri Valéry«. Bei seiner Festnahme hat er gleich mehrere falsche Papiere bei sich. Die Anschuldigung, Massu sei ein Kollaborateur, hat übrigens Petiot in die Welt gesetzt. Versteckt hatte er sich die ganze Zeit bei einem alten Patienten in der *Rue du Faubourg Saint-Denis,* dem er erzählt hat, er werde wegen seiner Aktivitäten im Widerstand gesucht.

In den Verhören leugnet Petiot und bezeichnet sich selbst als Helden der Résistance. Er sei der Gründer der Widerstandsgruppe »Fly-Tox«, die sich zur Aufgabe gemacht habe, Verräter auszuschalten. »Fly-Tox« ist übrigens der Name eines Insektenvernichtungsmittels. Er habe auch nie einen Fluchthilfering geleitet, als Widerstandskämpfer lediglich gute Beziehungen zu ihnen unterhalten.

Wer aber ist dieser Dr. Petiot, den Massu da verhört? Marcel André Henri Félix Petiot wird am 17. Januar 1897 in Auxerre als Sohn eines Postbeamten geboren. Der Junge erweist sich schon früh als überdruchschnittlich intelligent, kann mit fünf Jahren bereits fließend lesen, gilt aber als schwer erziehbares Kind. Seine Eltern werden mit ihm nicht fertig und geben ihn in die Obhut einer Erzieherin, einer älteren Dame ohne pädagogische Kenntnisse. Er neigt zum Sadismus, quält Tiere auf die schrecklichste Weise. Die Kinder aus der Nachbarschaft haben Angst vor ihm.

1916 erhält er seinen Einberufungsbescheid und wird im Mai 1917 durch einen Granatsplitter schwer verwundet. Ein Erlebnis, daß ihn offenbar traumatisiert hat. Im Lazarett zeigt er Anzeichen einer ernsten psychischen Störung und wird zur Beobachtung in eine psychiatrische Anstalt überführt. Aus medizinischen Gründen wird er als dienstuntauglich entlassen.

Er geht nach Paris, wo er sich an der Medizinischen Fakultät einschreibt. Ob sein Diplom, das vom 15. Dezember 1921 datiert, wirklich echt ist, bleibt allerdings umstritten. 1922 läßt er sich schließlich als praktischer Arzt in Villeneuve-sur-Yonne, einem kleinen Ort in der Nähe von Auxerre nieder, wo er bald Hochachtung genießt. Er macht es sich nämlich zum Prinzip, Honorare nur von den Reichen zu nehmen, und die Armen – es gibt in Frankreich noch keine Sozialversicherung – umsonst zu behandeln.

Schon bald aber wird über Petiots Privatleben getuschelt. Der Anlaß ist das plötzliche Verschwinden seiner Haushälterin Louisette, die alle für seine Geliebte halten und die zudem schwanger sein soll. Hinter vorgehaltener Hand heißt es, daß der Doktor für ihr Verschwinden verantwortlich sei. Gerüchte gehen um, man habe René Nezondet, einen treuen Freund Petiots, eines Nachts einen Handwagen mit einem seltsamen Paket ziehen sehen. Einige Tage später wird aus der Yonne eine Mädchenleiche ohne Kopf gefischt. Sie wird nie identifiziert.

Der Doktor aber pfeift auf all den Tratsch. Am 4. Juni 1927 heiratet er die reiche und hübsche 23jährige Georgette, und am 19. April 1928 kommt ihr einziger Sohn, Gérard, auf die Welt. Jetzt entschließt sich Petiot, auch noch politisch aktiv zu werden. Er tritt der Sozialistischen Partei bei und kandidiert für das Amt des Bürgermeisters. Petiot wird mit überwältigender Mehrheit gewählt. Keiner seiner Vorgänger in diesem Amt hat bisher Vergleichbares in die Wege geleitet: Er läßt Sportplätze anlegen, eine Kinderkrippe und einen modernen Kindergarten errichten, sorgt für eine hygienisch einwandfreie Kanalisation.

Eine Kuriosität am Rande: Wie ein Vampir scheint der Blutsauger Petiot eine ausgeprägte Aversion gegen christliche Symbole zu haben, insbesondere gegen Kreuze. Selbst das große Kruzifix am Friedhofseingang läßt er mit der fadenscheinigen Begründung entfernen, es behindere die Leichenwagen bei der Einfahrt. Trotz lautstarker Proteste wird es abgebaut. Systematisch läßt er, zum Teil in regelrechten Nacht-und-Nebel-Aktionen, alle Kreuze in der Region entfernen.

Eines Tages, es ist im Frühjahr 1930, bricht im Haus einer Patientin Petiots ein Feuer aus, bei dem die Frau ums Leben kommt. Die Polizei stellt allerdings fest, daß sie vorher erstochen wurde; darüberhinaus fehlen aus ihrem Safe 210000 Francs.

Ein gewisser Monsieur Frascot, Inhaber eines Lokals am Ort, verdächtigt Petiot in aller Öffentlichkeit des Raubmordes und der Brandstiftung. Aber trotzdem läßt er sich von dem Doktor wegen seiner unerträglichen Rheumaschmerzen behandeln. Petiot gibt ihm eine Spritze, ein paar Tage später stirbt er an einer Embolie.

Die Gerüchte um Petiot reißen nicht ab. Man munkelt, er beklaue seine Patienten, nehme illegale Abtreibungen vor und versorge Süchtige mit Morphium. Als er 1930 wegen der Veruntreuung öffentlicher Gelder zu einer Bewährungsstrafe verurteilt wird, tritt er schließlich von seinem Amt als Bürgermeister zurück.

1935 geht er nach Paris, wo er in der *Rue Caumartin Nr. 66* seine Praxis eröffnet. In einem Werbeprospekt verspricht er wahre Wunderdinge: Schmerzfreie Geburt, Hilfe bei Krebs, ja sogar ein Wundermittel gegen Syphilis. Von dem Geld, das er in den nächsten Jahren verdient, kauft er Immobilien, unter anderem ein Mietshaus in der *Rue de Reuilly*.

Im April 1936 klaut Petiot in der Buchhandlung Gibert auf

dem *Boulevard Saint-Michel* den Band einer medizinischen Enzyklopädie und verprügelt, als er erwischt wird, einen Angestellten. Petiot kommt für sieben Monate in die Psychiatrie nach Ivry.
1941 schließlich kauft er das Haus in der *Rue Le Sueur Nr. 21*. In dem Stadtpalais aus dem 18. Jahrhundert, das einmal einem tschechischen Prinzen gehörte, hat bis vor kurzem die Schauspielerin Cécile Sorel gewohnt, in den zwanziger und dreißiger Jahren ein gefeierter Star der Pariser Bühnen. Madame Petiot nimmt an, ihr Mann wolle in der 15-Zimmer-Villa eine Privatklinik einrichten. Er läßt sie in dem Glauben. Später erzählt man, der Doktor habe sich hierher Frauen eingeladen und regelrechte Orgien gefeiert.
Wann Petiot damit angefangen hat, in dem Haus Leichen zu verbrennen, wird nie geklärt. Zu Beginn seiner obskuren Machenschaften hat er seine Opfer möglicherweise andernorts »entsorgt«: In den letzten Jahren sind nämlich immer wieder Leichenteile im *Bois de Boulogne* oder in der Seine gefunden worden. Nicht ein einziges Mal ist eine Identifizierung möglich gewesen; stets waren die Opfer skalpiert, die Gesichter entstellt, Ohren und Fingerkuppen abgetrennt ...
Ohne mit der Wimper zu zucken gesteht Petiot den Mord an Jo dem Boxer und seinen drei Freunden. Das Motiv: Sie seien Verräter gewesen und hätten für die Gestapo gearbeitet.
In bezug auf die im Keller entdeckten zerstückelten Leichen tischt er der Polizei eine abenteuerliche Geschichte auf. Nach seiner Verhaftung hätten die Deutschen, die über alles, was er tat, Bescheid wußten, die Leichen in sein Haus geschafft. Als er aus dem Gefängnis entlassen worden sei und die *Rue Le Sueur* aufgesucht habe, sei er zutiefst schockiert gewesen über das, was er vorgefunden habe. Zur Polizei konnte er nicht gehen, denn sie sei von Kollaborateuren unterwandert. Deshalb habe er seinen Bruder Maurice gebeten, ihm ungelöschten Kalk zu liefern. Das ging aber zu langsam. Deshalb mußte er die Leichen zerlegen und verbrennen.

Es ist seltsam: Keiner der Widerstandskämpfer, zu denen er angeblich so engen Kontakt hatte, ist noch am Leben. Interne Informationen über den Widerstand hat er gewiß im Gefängnis in Fresnes erhalten. Hier hat er wohl auch die Bekanntschaft einzelner Résistance-Kämpfer gemacht, Namen gehört, Zusammenhänge erfahren.
Vermutlich hat Petiot 27 Menschen getötet, es können aber auch mehr als 60 gewesen sein. Zugeben wird er immerhin 18 Morde. Die drei Psychiater, die ihn vor dem Prozeß untersucht haben, beurteilen seinen Geisteszustand als normal.
Der Prozeß gegen Petiot wird am 18. März 1946 eröffnet. 2000 Menschen warten vor dem Justizpalast, nur 100 können eingelassen werden. Tout-Paris ist da. Schauspieler, Regisseure, Film- und Theaterleute, Damen der Gesellschaft, Vertreter des Hochadels, darunter der Prinz von Monaco und wieder Colette, wie schon bei Landru und Weidmann. Der Prozeß wird drei Wochen, vom 18. März bis zum 4. April 1946 dauern. Insgesamt gibt es sechzehn Sitzungen.
Zu den Zeugen gehören Michel und Marie Cadoret. Sie kamen mit Dr. Eugène im April 1943 in Kontakt. Nachdem sie mehr als 100000 Francs für ihre Flucht gezahlt hatten, schöpften sie Verdacht. Ihnen gelang dennoch im doppelten Sinne die Flucht: Vor Petiot und den Nazis.
Am 25. Mai 1946 um 4 Uhr 45 wird Marcel Petiot hingerichtet.

*

Die *Rue Caumartin* (Métro *Havre-Caumartin*) reicht vom *Boulevard du Capucines* bis zur *Rue Saint-Lazare*. Auch zu Petiots Zeiten war sie bereits eine belebte Geschäftsstraße. Der Teil zwischen *Boulevard Haussmann* und *Rue Saint-Lazare* ist heute allerdings Fußgängerzone. Gleich am *Boulevard Haussmann* erstrecken sich rechts und links die beiden Häuser des Warenhauses Printemps. Das linke, das bis an die *Rue du Havre* reicht, hat eine Dachterrasse, von der man einen herrlichen Blick über Paris hat.
Kommt man von der Métro *Havre-Caumartin*, geht man an

der Kirche *Saint Louis d'Antin* vorbei und am daneben gelegenen *Lycée Condorcet*. Das Haus Nr. 66 befindet sich fast gegenüber einem der Eingänge zur *Passage du Havre*. Es ist nicht mehr die alte, traditionsreiche Passage, die jahrzehntelang mit ihrem morbiden Charme das Publikum in dieser Gegend anzog. Die alte Passage ist zu Beginn der 90er Jahre abgerissen worden. Sie mußte dem Neubau der Métrolinie Méteor weichen. Die neue Passage wirkt kalt und gesichtslos. Es scheint, als sei sie weitaus weniger beliebt als die alte.
Von hier ist es nicht weit in die *Rue des Mathurins* jenseits des *Boulevard Haussmann*. Kurz vor der *Rue Tronchet* finden wir die Nr. 26, wo der Friseur Fourrier seinen Salon hatte. Heute ist hier ein Hotel.
Der eigentliche Tatort, die *Rue Le Sueur*, liegt relativ weit weg von hier, im noblen XVI. Arrondissement. Wir wollen uns aber zunächst in die *Rue Lauriston* begeben, wo die Gestapo in der Nr. 93 1943 ein Büro unterhielt.
In die *Rue Lauriston* kommen wir am besten von der *Place d'Étoile*, denn sie geht von der *Avenue Victor Hugo* an der *Rue de Presbourg*, die einen Halbkreis um die *Place d'Étoile* bildet, ab und reicht bis zur *Avenue Raymond Poincaré*. Die Nr. 93 liegt zwischen der *Rue Boissière* und der *Rue Léo-Delibes*, etwa auf halbem Weg zwischen *Place Victor Hugo* und *Trocadéro*.
In der Tat ist es, wie Commissaire Massu damals feststellte, von der *Rue Lauriston Nr. 93* in die *Rue Le Sueur* kein allzu weiter Weg. Es gibt mehrere Möglichkeiten, von hier in die *Rue Le Sueur* zu gelangen. Wir wollen aber den Weg durch die *Rue Boissière* über die *Place Victor Hugo* nehmen. In dieser Gegend sind zahlreiche Botschaften zu finden, und es ist eine der teuersten Wohngegenden von Paris. Auch an der *Place Victor Hugo* haben sich inzwischen neben den traditionellen Cafès und Restaurants, die man eher in den Nebenstraßen findet, Kettenrestaurants angesiedelt, wie beispielsweise das Bistro Romain. Hier findet sich aber auch, an der Ecke *Avenue Victor Hugo*, das traditionsreiche Schokoladengeschäft »La Marquise de Sévigné«.
In nördlicher Richtung gehen wir weiter durch die *Avenue Raymond Poincaré* bis zur *Avenue Foch*, der teuersten und ex-

Die Place Victor Hugo.

klusivsten Wohnstraße von Paris. Zu sehen gibt es hier nichts. Weder Cafés noch Geschäfte, und die Stadtpaläste der High Society sind durch meterhohen Sichtschutz gegen neugierige Blicke abgesichert. Besonders im Winter, wenn die Bäume kahl sind, ist dies eine freudlose Gegend.
Über den breiten Mittelstreifen biegen wir rechts auf besagte Avenue, von der die *Rue Le Sueur* abgeht. Die Nr. 21 steht schon lange nicht mehr, sie ist noch in den vierziger Jahren abgerissen worden. Ein Blick in die nahegelegene *Rue du Bois de Boulogne* vermittelt einen Eindruck, wie es zu Petiots Zeiten hier ausgesehen hat.

Die Glücksfee von der Place Clichy

Tatzeit: 3. November 1955
Tatort: 162, rue Ordener (XVIII. Arrondissement)
Schlüsselorte: Rue Lepic (XVIII. Arrondissement)
Place Clichy (IX. Arrondissement)

»Nun sehen Sie sich das an, Madame Gilbert, schon wieder eine Laufmasche!« jammert Madame Martin und hält der Frau hinter dem Ladentisch einen hauchdünnen Nylonstrumpf mit einer feinen Laufmasche hin. Madame Gilbert läßt vorsichtig ihre Hand durch den Strumpf gleiten, um den Schaden zu begutachten. »Kein Problem«, beruhigt sie die Kundin, »das kriegen wir schon wieder hin. Übermorgen können Sie den Strumpf abholen.« Sie steckt ihn in ein Papiertütchen und reißt von einem Block zwei Zettel mit identischen Nummern, wovon sie den einen Madame Martin gibt, den anderen heftet sie mit einer Büroklammer an das Strumpftütchen.

Inzwischen ist es 19 Uhr und Zeit für sie, den Laden zu

Im Eckhaus Rue du Mont-Cenis Nr. 101/103 hatte Blanche Gilbert ihren Strumpf- und Kurzwarenladen.

schließen. Madame Gilbert räumt noch schnell die Strümpfe weg, die sie heute zum Maschenaufnehmen angenommen hat, läßt die Rolläden herunter und löscht das Licht. Heute ist Donnerstag, der 3. November 1955. Es ist ein anstrengender Tag gewesen, und sie ist froh, endlich nach Hause gehen zu können.

Die 38jährige Blanche Gilbert ist Inhaberin eines kleinen Strumpf- und Kurzwarenladens in der *Rue du Mont-Cenis Nr. 103* im XVIII. Arrondissement. Ihre Spezialität ist das Aufnehmen von Laufmaschen, in den fünfziger Jahren, als man noch Seidenstrümpfe trägt und selbst die »Nylons« ein Vermögen kosten, eine heißbegehrte Dienstleistung. Mit dem, was der Laden einbringt, verdient sich Blanche gewiß keine goldene Nase, aber es reicht für sie und ihre 15jährige Tochter Danielle, mit der sie in der *Rue Ordener Nr. 162* ein winziges Apartment teilt. Ihr 21jähriger Sohn Michel wohnt im Haus seines Lehrherrn, eines Fleischermeisters in der *Rue de la Glacière* im XIII. Arrondissement.

Als sie 1949, kurz nach ihrer Scheidung, nach Paris gekommen ist, hat die gelernte Friseuse in der *Rue Parmentier Nr. 10* zunächst einen Frisiersalon eröffnet. Schon bald ist sie den ewigen Ärger mit dem Personal leid und gibt ihn 1952 wieder auf. Hier in der *Rue du Mont-Cenis* versucht sie ihr Glück dann mit einem Blumenladen, der allerdings trotz des großen Arbeitsaufwandes nicht viel einbringt. Jeden Tag um vier Uhr aufstehen und bis 19 Uhr abends im Geschäft stehen, das ist für eine alleinstehende Mutter von zwei Kindern sicher zuviel. Zumal sie sich im Laufe der Zeit darüber klar geworden ist, daß sie ihre Tochter mehr und mehr vernachlässigt. Auf Anraten eines Bekannten ist sie dann vor gut einem Jahr in das Geschäft mit Strümpfen und Kurzwaren eingestiegen, das ihr durch die Laufmaschenreparatur viele Stammkunden eingebracht hat.

Wie jeden Abend, so geht Blanche auch heute zu Fuß nach Hause, ein ziemlich weiter Weg, wenn man unterwegs noch einkaufen und die schweren Taschen dann nach Hause schleppen muß. Sie geht an der Kirche *Notre-Dame-de-Clignancourt* vorbei bis zur *Place Jules-Joffrin* mit dem prächtigen

Rathaus des XVIII. Arrondissement, schließlich nach rechts in die *Rue Ordener*. Hier findet sie in der Tat alles, was das Herz begehrt. Fleisch- und Wurstwaren von bester Qualität, Obst- und Gemüseläden, Käse- und Milchgeschäfte, Bäcker und Pâtisserien mit verführerischen Auslagen.
Heute Abend noch zu kochen, dazu hat Blanche beim besten Willen keine Lust. Es ist noch Roastbeef von gestern übrig, und sie wird dazu einen Salat machen. Eine Flasche Wein hat sie sozusagen nur als Zeichen des guten Willens gekauft, denn zwischen ihr und ihrer Tochter herrscht nämlich gerade »dicke Luft«. Die 15jährige bereitet ihr zur Zeit großen Kummer. Der Teenager ist aufsässig, verlogen, treibt sich herum und ist wohl auf dem besten Weg, sich zu einer kleinen Nymphomanin zu entwickeln. Blanche fühlt sich mit der Erziehung ihrer Tochter überfordert und hat sich entschlossen, das Kind nun in die Obhut ihres geschiedenen Mannes, eines Eisenbahners, der inzwischen auch wieder geheiratet hat, nach Roubaix zu geben. Dem Mädchen fehlt offenbar die starke Hand des Vaters. Aber Danielle will absolut nicht einsehen, daß es besser für sie ist, wenn sie, wenigstens vorübergehend, zu ihrem Vater zieht. Auf gar keinen Fall will sie es sich gefallen lassen, in die Provinz abgeschoben zu werden. Seit Tagen schon spielt sie die Beleidigte und spricht kein Wort mehr mit ihrer Mutter.
In den Geschäften ist heute viel los gewesen, deshalb hat sie überall lange warten müssen. So ist es auch schon acht Uhr durch, als sie endlich nach Hause kommt. Sie nimmt den linken Fahrstuhl, der gleich bis zur siebenten Etage fährt. Die eine Treppe bis in die achte muß sie laufen.
Sie kramt in der Tasche nach dem Schlüssel und schließt auf. In der winzigen Diele und im Zimmer brennt Licht. Ihre Einkaufstasche stellt sie schnell in der Küche ab, zieht Mantel und Schuhe aus und schlüpft in ihre Hausschuhe. »Salut Danielle«, ruft sie in Richtung Zimmer, »es ist heute etwas später geworden, aber ich mach uns gleich was zu essen. Ich hab auch eine Überraschung mitgebracht.« Danielle antwortet nicht. Diese verstockte Göre schmollt also immer noch. Soll sie nur! Es wird ihr ohnehin nichts nützen. In den nächsten

Tagen wird sie sie zu ihrem Vater bringen. Das ist beschlossene Sache.
Blanche packt die Einkäufe aus und stellt die Flasche Wein auf den Tisch. Den Käse packt sie gar nicht erst in den Kühlschrank, nimmt aber das Stück Roastbeef heraus und will schon das Fleischmesser bereitlegen. Wo hat sie es nur hingelegt? Es ist doch sonst immer an seinem Platz. Es wird sich schon wieder anfinden. Derweil nimmt sie halt ein anderes. Gerade ist sie dabei, den Salat zu putzen, als sie plötzlich ein Geräusch hinter sich hört. »Na, meine Kleine, willst du vielleicht doch wieder mit mir reden?« fragt sie in neckischem Ton, im Glauben, ihre Tochter sei in die Küche gekommen. Als sie keine Antwort bekommt, dreht sie sich um. Entsetzt starrt sie zur Tür. Vor Schreck ist sie nicht einmal in der Lage zu schreien. Mechanisch greift sie nach der Weinflasche und umklammert deren Hals …
Wie jeden Freitag kommt Michel auch heute zu seiner Mutter zum Essen. Er klingelt lange, aber niemand öffnet ihm. Der Junge ist beunruhigt, denn seine Mutter hätte ihn doch in jedem Fall benachrichtigt, wenn etwas dazwischen gekommen wäre. Er ist schon im Begriff wieder herunterzugehen und sich bei der Concierge zu erkundigen, als er ein Papier unter der Tür bemerkt. Es ist ein Telegramm. Hastig reißt er den Umschlag auf. Es ist von seinem Vater. »Erwarte eure Ankunft. – Robert.« Nun ist er beruhigt. Seine Mutter und seine Schwester sind also schon nach Roubaix abgefahren. Sie haben ja am Mittwoch abend lange über dieses Thema debattiert. Sogleich fingert er in seiner Hosentasche nach einem Jeton, geht in die nächste Telefonzelle und ruft seinen Vater an, um sich zu erkundigen, ob die beiden auch gut angekommen sind. Aber der Vater fällt aus allen Wolken. Nein, Blanche und Danielle sind nicht angekommen, obwohl er sie doch erwartet. Seit Mittwoch hat er nichts mehr von ihnen gehört. Deshalb hat er ja das Telegramm geschickt. Aber auch darauf haben sie noch nicht reagiert. Michel überlegt, was er tun soll. Vielleicht sind die beiden erst am Abend abgefahren und kommen in der Nacht noch in Roubaix an. Er geht nach Hause, macht aber in dieser Nacht kein Auge zu.

Am Sonnabend morgen sind seine Mutter und Schwester noch immer nicht in Roubaix angekommen. Nun vertraut sich der Junge seinem Patron an, der sich sofort bereit erklärt, mit ihm in die *Rue Ordener* zu fahren, um nachzuschauen, was geschehen ist. Auch jetzt öffnet niemand auf ihr Klopfen und Klingeln. »Ich glaube, wir sollten besser die Polizei holen«, überlegt Michels Lehrherr. Gemeinsam benachrichtigen sie die Concierge, die ebenfalls meint, man solle in jedem Fall die Polizei holen, denn schon gestern Morgen sei ein Lieferant bei ihr gewesen und habe sich nach Madame Gilbert erkundigt. Er sei äußerst erstaunt darüber gewesen, im Geschäft niemanden angetroffen zu haben.

Der Tatort: die Rue Ordener Nr. 162.

Mit Hilfe eines von der Polizei herbeigerufenen Schlossers wird die Tür geöffnet. Ein Polizist und Michels Lehrherr betreten als erste die Wohnung, ein zweiter Polizist hält den Jungen vorsichtshalber noch zurück. Der Patron kommt sogleich kreidebleich zurück, nimmt den Jungen in den Arm und führt ihn noch ein Stück von der Tür weg. »Geh da nicht rein, mein Junge, geh da nicht rein!« Michel beginnt zu weinen. Er ahnt, was geschehen ist …

Der sogleich verständigten Kriminalpolizei bietet sich ein Bild des Schreckens. In der Küche auf dem Fliesenfußboden liegt Blanche Gilbert in einer Blutlache. Offenbar wollte sie sich noch gegen ihren Angreifer zur Wehr setzen. Ihre Hand umklammert noch immer den Hals der zerborstenen Weinflasche. Zuschlagen konnte sie damit wohl nicht mehr. Sie ist erstochen worden. Im Zimmer auf dem Sofa liegt Danielle, ebenfalls erstochen.

Obwohl, wie ein Mieter sarkastisch bemerkt, die Zwischenwände in dem Haus so dünn sind, daß man hören könne, wenn der Nachbar in der Nase bohrt, hat niemand etwas Verdächtiges wahrgenommen, auch keine Schreie.

Ein Sexualverbrechen kann, dem ersten Eindruck nach, wohl ausgeschlossen werden, aber auch ein Raubmord scheidet aller Wahrscheinlichkeit nach aus. Die Wohnung ist jedenfalls nicht durchwühlt worden. Der Täter hat keinerlei Spuren hinterlassen. Fremde Fingerabdrücke werden nicht gefunden, und auch von der Tatwaffe fehlt jede Spur.

Nach Aussagen der Concierge haben Mutter und Tochter fast nie Besuch bekommen und waren zudem, was Fremde anbetrifft, überaus mißtrauisch. Niemals hätten sie einem Unbekannten auch nur die Tür geöffnet, geschweige ihn in die Wohnung gelassen. Ist der Täter also ein Vertrauter der Familie gewesen?

Um über die Lebensgewohnheiten von Mutter und Tochter mehr zu erfahren, wird Michel zum *Quai des Orfèvres* bestellt. Nur schwer kann der Junge den Tod der beiden verwinden und bricht immer wieder in Tränen aus. »In der letzten Zeit haben sich Danielle und meine Mutter heftig gestritten«, beginnt Michel. »Ich hingegen habe mich mit Mutter immer gut verstanden. Deshalb war Danielle ja auch eifersüchtig auf mich. Sie hat behauptet, daß Mutter mich bevorzugt. Aber das stimmte doch gar nicht. Danielle wollte nur immer die erste Geige spielen. Deshalb ist sie ja auch rausgeflogen.«

»Rausgeflogen?« Der Commissaire möchte es schon etwas genauer wissen.

»Danielle war in einem Blumenladen in der *Rue Lepic* angestellt. Sie hat aber kaum gearbeitet, sondern sich lieber mit Männern herumgetrieben. Und sie können sich sicher vorstellen, was sich da am *Boulevard Clichy* so herumtreibt. Deshalb hat sich Mutter ja auch solche Sorgen gemacht. Am Mittwoch abend haben wir noch einmal versucht, ihr klarzumachen, daß es besser für sie ist, wenn sie nach Roubaix zu ihrem Vater geht. Es hat einen Riesenkrach gegeben. Mit Danielle konnte man einfach nicht reden.«

»Hatten die beiden Freunde, die vielleicht öfter zu Besuch kamen?«

»Ich kenne nur Julie, das ist eine alte Freundin von Mutter. Sonst wüßte ich niemanden. Danielle hat nie Freunde mit nach Hause gebracht. Das hätte Mutter auch gar nicht erlaubt.«

Blanches Freundin Julie und ihr Ehemann werden zwar befragt, sie können aber keine weiteren Hinweise auf das Privatleben von Mutter und Tochter geben.

Am nächsten Tag begibt sich der ermittelnde Commissaire ins XII. Arrondissement zum *Quai de la Rapée*, ins »Institut Médico-Légal«, dem gerichtsmedizinischen Institut und Leichenschauhaus, wo ihm der Gerichtsmediziner Dr. Paul den Obduktionsbefund erläutert. »Die Tat ist offensichtlich von einem sadistisch veranlagten Menschen verübt worden«, beginnt er seine Ausführungen. »Beide Frauen sind mit unglaublicher Brutaltität ermordet worden. Die Mutter ist, soweit ich es feststellen konnte, mit 20 Messerstichen getötet worden, die Tochter mit 21. Madame Gilbert hat offenbar noch versucht, ihren Angreifer abzuwehren. Sehen Sie hier«, Dr. Paul weist auf die Wunden in den Handflächen der Toten. »Diese Schnittwunden rühren von der Flasche, die sie umklammert hatte und die dann, als die Frau zu Boden stürz-

te, zerbrochen ist. Aber die Verletzungen an der rechten Hand stammen zweifellos von dem Messer, mit dem auf sie eingestochen worden ist.«
»Können Sie etwas Genaueres über die Tatwaffe sagen?« unterbricht ihn der Commissaire.
»Was heißt Genaueres«, seufzt Dr. Paul, »es kann sich um ein ganz normales Küchenmesser gehandelt haben, vermutlich ein Fleischmesser. Davon gibt es Tausende ... Aber das ist noch nicht alles«, fährt der Mediziner fort. »Das Mädchen ist, bevor es erstochen wurde, offenbar schwer mißhandelt worden.« Dr. Paul nimmt das Tuch, das die Tote bedeckt, etwas zurück. »Sehen Sie sich die Würgemale am Hals an und die Hämatome hier an der Schulter. Die hat sie fast am ganzen Körper. Hinweise dafür, daß sie sich gewehrt hat, konnte ich keine entdecken. Nur das hier ...«, und er nimmt von einem Tisch ein Plastiktütchen und reicht es dem Commissaire. »Dieses dunkle Haar befand sich unter dem Nagel des rechten Ringfingers der Kleinen. Es könnte dem Mörder gehören.«
Der Commissaire möchte diese verfluchte Halle am liebsten sofort verlassen, er hat aber noch eine Frage: »Und wie sieht es mit der genauen Tatzeit aus?«
»Ja sehen Sie, gerade das ist wirklich seltsam.« Dr. Paul schaut nachdenklich ins Leere. »Zwischen dem Tod der beiden Frauen liegen mindestens vier Stunden. Die Mutter ist, das kann ich ziemlich genau sagen, gegen 21 Uhr ermordet worden, die Tochter ungefähr gegen 17 Uhr ...«
Für den Commissaire eine geradezu sensationelle Entdeckung. Das bedeutet also, daß der Mörder auf Madame Gilberts Rückkehr in der Wohnung gewartet hat. Offenbar handelt es sich bei dem Täter also doch um einen Bekannten der beiden. Hat er die Tat vorher geplant? Soviel steht jedenfalls fest: Stundenlang hat er in der Wohnung auf Blanches Rückkehr gewartet, um auch sie zu ermorden.
Er muß völlig überraschend gekommen sein, denn Danielle war offenbar nicht auf Besuch eingestellt. Sie hatte keine Strümpfe an und war mit einer alten Bluse und einem zerschlissenen Wollrock bekleidet. Sachen, die sie nur trug, wie Michel versichert, wenn sie den ganzen Tag allein zu Hause

gewesen ist. Sie ist viel zu eitel gewesen, um in diesem Aufzug einen Besucher zu empfangen, den sie erwartet hat. Kurz bevor der Mörder kam, war sie wohl gerade damit beschäftigt, Knöpfe an einen Mantel zu nähen. Die Nähutensilien haben noch auf dem Tisch gelegen, der Mantel mit einem halb angenähten Knopf, noch mit Nadel und Faden, auf dem Boden. Aber diese Erkenntnis bringt die Ermittler auch nicht weiter.

Als der Commissaire wieder im *Quai des Orfèvres* eintrifft, sitzt Michel weinend vor seiner Bürotür und schluchzt: »Ich bin an allem schuld. Ich bin schuld, daß Mutter und Danielle tot sind ...«

»Nun rede dir bloß nicht so etwas ein«, beruhigend legt der Commissaire den Arm um die Schultern des Jungen und führt ihn ins Büro. »Wie kommst du überhaupt darauf?«

»Das Messer, das Fleischmesser, das ich meiner Mutter geschenkt hatte, ist spurlos verschwunden. Der Mörder muß es genommen haben.« Wieder bricht Michel in Tränen aus.

»Dein Hinweis ist zwar wichtig für uns, aber mach dir darum keine Sorgen. Wenn es nicht dagewesen wäre, hätte der Täter ein anderes genommen.«

»Meinen Sie wirklich?« fragt der Junge, aber sofort verdüstert sich sein Blick wieder. »Dann waren bestimmt diese dämlichen Lose schuld!«

»Welche Lose?« Der Commissaire versteht nicht.

»Die Lotterielose natürlich! Danielle hat sich doch laufend neue Klamotten gekauft. Und als ich sie mal fragte, woher sie denn soviel Geld habe, sagte sie, ihr Los habe wieder gewonnen.«

»Deine Schwester hat in der Lotterie gespielt?«

»Ich weiß es nicht, sie sagte immer nur, sie hätte sich die Sachen von ihrem Anteil gekauft. Mehr hätte sie mir ohnehin nie erzählt.«

»Was meinte sie mit ihrem Anteil?«

»Das weiß ich eben nicht. Vielleicht hat sie jemanden erpreßt. Danielle war alles zuzutrauen. Ich kann ja mal versuchen herauszufinden ...«

»Du wirst gar nichts versuchen herauszufinden«, unterbricht

ihn der Commissaire. »Du liest zu viele Kriminalromane, mein Junge. Das Detektivspielen wirst du schön bleiben lassen. Deine Hinweise werden uns sicher weiterhelfen, aber du solltest jetzt besser nach Hause gehen.«

Der Commissaire findet heraus, daß Danielle ihre Lose in einer bestimmten Lotteriebude an der *Place Clichy* gekauft hat. Er fährt sofort hin.

Von der Losverkäuferin erfährt er endlich die näheren Umstände der ominösen Loskäufe:

»Ach, Sie sprechen von der Kleinen, die in der Rue Ordener ermordet worden ist. Ja, die habe ich gekannt. Wenn sie von der Arbeit kam, ist sie immer über die Place Clichy gegangen, und fast jeden Tag hat sie dann einen Blick bei mir hereingeworfen. Aber die Sache mit den Losen, das ist eine lange Geschichte«, seufzt sie und schiebt dem Commissaire einen Schemel hin, der die Sitzgelegenheit gerne wahrnimmt.

Die Place Clichy.

»Im September muß es gewesen sein. Ich war gerade dabei, Lose an einen Stammkunden zu verkaufen, als Danielle hereinkam und der Mann sagte, ›Lassen Sie lieber die Kleine die

Lose für mich ziehen, sicher hat sie eine glücklichere Hand als ich.‹ Er sah das Mädchen auffordernd an und versprach ihr: ›Wenn das Los gewinnt, darfst du das Geld auch behalten.‹ Danielle glaubte das wohl nicht so recht, zog aber trotzdem ein Los. Und was soll ich Ihnen sagen, Monsieur le Commissaire, nach ein paar Tagen erschien der Mann mit einem Briefumschlag. ›Erinnern Sie sich noch an das Mädchen neulich?‹ fragte er mich, ›Das Los hat wirklich gewonnen. In dem Umschlag sind 400 Francs. Ich habe der Kleinen doch das Geld versprochen. Und sagen Sie ihr, sie soll ab jetzt immer die Lose für mich ziehen. Sie ist meine kleine Glücksfee. Ich werde ihr auch von jedem Gewinn einen Anteil zahlen.‹ Natürlich habe ich dem Kind das Geld gegeben. Von da an hat sie regelmäßig die Lotterielose für diesen Herrn, seinen Namen kenne ich leider nicht, gezogen. Es ist seltsam, aber Danielle hatte in der Tat eine glückliche Hand. Ihre Lose haben meistens gewonnen. Und regelmäßig hat der Gewinner bei mir Geld für ›seine kleine Glücksfee‹, wie er sie nannte, hinterlegt. Mal waren es 200, mal 300 Francs, einmal sogar 2000. Eines Tages hatte er gleich 3 500 Francs gewonnen. Dieses Geld wollte er Danielle schenken, aber er bestand darauf, es ihr persönlich zu geben. Ich habe es aber abgelehnt, ihm zu sagen, wo er das Mädchen finden kann. Er hat mir daraufhin die Adresse seines Stammcafés hier an der Place Clichy auf einen Zettel geschrieben. Die Kleine könne ihn dort jeden Abend finden.«

»Und? Ist sie hingegangen?«

»Warten Sie's ab, so weit sind wir noch nicht. Natürlich habe ich Danielle von dem Geld erzählt. Alles andere wäre ja auch unfair gewesen. Ich habe ihr aber geraten, nicht in das Café zu gehen. Es könne für sie gefährlich werden, und sie solle auf das Geld lieber verzichten. Ihre Mutter hatte ihr schon seit langem verboten, das Geld von dem Mann anzunehmen. Darauf hat sie natürlich nicht gehört. Ich habe selbst eine Tochter in diesem Alter und weiß, daß Ratschläge von Außenstehenden oft ernster genommen werden als die der Eltern.«

»Das ist wohl war. Ich habe zwar einen Sohn, aber der ist

auch gerade im schwierigen Alter«, pflichtet ihr der Commissaire bei, gespannt, wie die Geschichte weitergeht.
»Ich habe Danielle dann geraten, sie solle dem Herrn einen netten Brief schreiben, daß ihre Mutter ihr verboten hätte, soviel Geld von einem Fremden anzunehmen, und daß sie auch keine Lose mehr für ihn ziehen dürfe. Danielle war einverstanden, und wir haben den Brief dann zusammen geschrieben. Als der Herr wieder zu mir kam und nach seiner Glücksfee fragte, habe ich ihm den Brief gegeben. Er hat ihn gelesen, kommentarlos eingesteckt und nie wieder nach dem Mädchen gefragt.« Damit beendet die Losverkäuferin ihre Geschichte. Aber der Commissaire bemerkt, daß sie noch über etwas nachzudenken scheint. Er läßt ihr Zeit. Nach einer längeren Pause schaut sie ihn plötzlich entsetzt an: »Jetzt, wo wir davon sprechen, fällt es mir erst auf: Der Herr ist seit dem Mordtag nicht mehr hier gewesen!«
Hat sich Danielle vielleicht doch heimlich mit dem Mann getroffen? Immerhin sind 3 500 Francs für eine 15jährige eine geradezu astronomische Summe, die man nicht so einfach mir nichts dir nichts ausschlägt. Der Beschreibung nach ist der Mann nicht sehr groß, 40 bis 45 Jahre alt, recht schäbig gekleidet, überhaupt ist sein Äußeres auffallend ungepflegt. Bei jedem Wetter trägt er einen weichen Filzhut. Sofort sucht der Commissaire das Stammcafé des Unbekannten auf. Jeder weiß sofort, wer gemeint ist. Aber seit Donnerstag, dem 3. November, ist er auch hier nicht mehr gesehen worden.
Endlich gibt es einen ersten Verdächtigen. Aber wer ist dieser Mann von der *Place Clichy*? Umgehend wird die Fahndung eingeleitet. Selbst wenn er nichts mit dem Verbrechen zu tun hat, könnte er sich als wichtiger Zeuge erweisen.
Die Losverkäuferin kann noch einen weiteren interessanten Hinweis zu dem Unbekannten geben. Der Gesuchte wohnt nicht in Paris, sondern in der Banlieue, wahrscheinlich in Versailles. Oft hat er nämlich davon gesprochen, er müsse sich beeilen, um seinen Zug am Bahnhof Montparnasse noch zu bekommen.
Am 12. November erscheint eine Nachbarin der Gilberts im

Quai des Orfèvres, die behauptet, den Mörder gesehen zu haben. Auf die Frage, warum sie denn erst jetzt komme, antwortet sie schnippisch: »Ich möchte ja schließlich nicht das dritte Opfer werden!« Der Commissaire überhört diese Bemerkung.

Die Nachbarin kann von ihrem Fenster in der 7. Etage das Küchenfenster der Madame Gilbert gut sehen. Am Mordtag, da ist sie sich ganz sicher, habe um 21.15 Uhr in der Küche noch Licht gebrannt. Auch habe sie einen Mann kurz am Fenster sehen können. Doch die Beschreibung, die sie gibt, ist völlig unbrauchbar. Der Commissaire fragt sich allerdings: Warum ist der Täter, wenn er Blanche um 21 Uhr umgebracht hat, noch so lange in der Wohnung geblieben? Er wird das Rätsel nicht lösen können.

Aber da ist noch etwas, was die Nachbarin beobachtet hat: Als sie am Abend vor dem Mord, also am 2. November, so gegen 21 Uhr 30 mit ihrem Hund von einem Spaziergang zurückgekommen ist, hat kurz vorher ein ihr unbekannter Mann das Haus betreten. Er wollte offenbar nicht gesehen werden und verbarg sein Gesicht unter einem weichen Filzhut. Er ging schnell durch den Flur, um ungesehen an der Loge der Concierge vorbeizukommen, und betrat dann den linken Fahrstuhl, der erst in der 7. Etage hält. Als sie mit dem anderen Fahrstuhl in eben jener Etage ankam, war der Fremde schon die letzten Stufen in die 8. Etage hinaufgestiegen. Gesehen hat sie ihn nicht mehr.

Niemand im Haus, so die Ermittlungen, hat an diesem Abend Besuch bekommen. Er kann also nur bei Madame Gilbert gewesen sein.

Unter den Inhaberinnen der Lotteriebuden rund um die *Place Clichy* ist der unbekannte Loskäufer schon seit Tagen das Gesprächsthema Nummer 1. Es ist Anfang Dezember, als eine der Losverkäuferinnen aufgeregt im Quai des Orfèvres erscheint. Sie glaubt einen wichtigen Hinweis geben zu können. Gestern ist ein Mann in ihrer Bude gewesen, der in der letzten Zeit schon öfter bei ihr Lotterielose gekauft hat. Sie hat mit ihm ein längeres Gespräch geführt, in dessen Verlauf er ihr erzählte, daß er sich von einer kleinen Gesellschaft in

Calvados, die Lotterielose ausgegeben hat, betrogen fühlt. Er habe sich mehrere Lose gekauft, die Ziehung sei inzwischen aber schon mehrmals aufgeschoben worden. Und das sei doch nun wirklich nicht korrekt und grenze an Betrug. Die Losverkäuferin gibt ihm in dieser Sache Recht. Der Mann hat ihr dann weiter erzählt, daß er auch nicht gewillt sei, sich das gefallen zu lassen, und daß er einen geharnischten Beschwerdebrief an die Gesellschaft geschrieben habe.
Sofort wendet sich die Kripo an besagte Gesellschaft. Etwa 300 Briefe mit Beschwerden der gleichen Art sind bei ihr eingegangen. Die Polizei überprüft alle Briefeschreiber. Als die Adressen, die von vornherein nicht in Frage kommen können, aussortiert sind, kann der gesuchte Lotterie-Mann tatsächlich ermittelt werden. Es handelt sich um einen Landwirt aus Eure-et-Loire.
Am 4. Dezember 1955 wird er im *Quai des Orfèvres* verhört. Er gibt sofort zu, das Mädchen zu kennen, da es für ihn die Lose zog, und daß er ihm auch immer einen Anteil von seinem Gewinn gegeben habe. Auch gibt er zu, seit den ersten Zeitungsberichten über den Mord nicht mehr in die Lotteriebude und auch nicht mehr in sein Stammcafé an der *Place Clichy* gegangen zu sein. Er befürchtete, mit dem Mord in Verbindung gebracht zu werden. Dabei kannte er nicht einmal den Namen des Mädchens, er hat es ja nur immer »meine kleine Glücksfee« genannt.
Der Lotterie-Mann hat jedoch ein unerschütterliches Alibi: Er war am Mordtag mit Bauern aus der Umgebung auf der Jagd, und sie sind bis in den späten Abend zusammengeblieben. Zeugen gibt es dafür mehr als genug.
Doch die Kripo will auf Nummer Sicher gehen, und er wird den Bewohnern des Hauses in der *Rue Ordener* gegenübergestellt, ebenso den Besitzern des Blumenladens. Sie alle haben diesen Mann nie zuvor gesehen.
In der Öffentlichkeit ist der Fall längst vergessen, als knapp zwei Jahre später, am 21. September 1957, »Le Parisien« berichtet, daß es im Fall des Doppelmordes in der *Rue Ordener* vom November 1955 endlich einen Verdächtigen gibt. Es handelt sich um einen dreißigjährigen Gelegenheitsarbeiter,

nennen wir ihn der Einfachkeit halber Albert. Aber wie hat er nach so langer Zeit überhaupt in Verdacht geraten können?
Im April 1957 ist er zusammen mit einem Kumpel in ein Radiogeschäft eingestiegen. Doch die beiden Gelegenheitseinbrecher haben einen derartigen Radau verursacht, daß sie die gesamte Nachbarschaft aufgeweckt haben und auf frischer Tat ertappt worden sind. Eine Haussuchung bei Albert brachte ein ganzes Warenlager ans Licht. Seitdem sitzt Albert in Fresnes in Untersuchungshaft und wartet auf seinen Prozeß. Für die Polizei ist er allerdings ein alter Bekannter, der bereits wegen Körperverletzung und verschiedener Sittlichkeitsvergehen vorbestraft ist. Vielleicht hat er ja noch mehr auf dem Kerbholz als nur diesen mißglückten Einbruch? Ganz zufällig macht ein Kommissar im Zuge seiner Recherchen eine interessante Entdeckung: Im Doppelmordfall *Rue Ordener* vor zwei Jahren sind er und seine Frau als Zeugen vernommen worden, Alberts Frau, Julie, ist nämlich eine enge Freundin der ermordeten Blanche Gilbert gewesen. Die beiden konnten damals allerdings keine sachdienlichen Hinweise geben. Sofort wird Albert nach seinem Alibi für die Tatzeit befragt. Was vor zwei Jahren war, daran kann er sich nicht mehr erinnern. Er muß erst nachdenken ...
Albert gilt als gewalttätig und sadistisch. Schon mehrfach hat er Frauen bedroht, sogar gewürgt. Zudem hat er dunkle Haare. Aber der eindeutige Beweis, daß das Haar, das unter Danielles Fingernagel gefungen worden ist, von ihm stammt, kann nicht erbracht werden, und er steitet natürlich vehement ab, mit dem Doppelmord an Blanche Gilbert und ihrer Tochter etwas zu tun zu haben.
Über ein Tatmotiv läßt sich indes nur spekulieren. Hat er mit Blanche oder etwa mit deren Tochter ein Verhältnis gehabt? Julie hält das allerdings für ausgeschlossen. Er war lediglich krankhaft eifersüchtig und vermutete stets, Julie habe einen Liebhaber. Am 2. November, am Vortag des Mordes, erinnert sie sich, sei sie bei Blanche gewesen. Als sie wieder nach Hause kam, habe Albert ihr eine Szene gemacht, er war davon überzeugt, sie sei bei einem anderen Mann gewesen. Am

Nachmittag des 3. November, also kurz bevor der Mord geschehen sein muß, ist Albert angeblich in die *Rue Ordener* gegangen, um sich von der Wahrheit zu überzeugen. Ist er wirklich hier gewesen? Hat Danielle ihn hereingelassen? Schließlich hat sie ihn gut gekannt. Doch all das sind nur Hypothesen. Auch wenn Julie ihren Mann beschuldigt, den Doppelmord verübt zu haben, so gibt es doch keinerlei Beweise.

Am 2. Oktober 1957 wird Albert wegen des Einbruchs in das Radiogeschäft zu acht Monaten Gefängnis verurteilt. Der Doppelmord kann ihm, mangels Beweises, nicht zur Last gelegt werden. Er kommt allerdings nicht ins Gefängnis, sondern wird in eine psychiatrische Anstalt eingewiesen.

*

Die *Rue Ordener* haben wir bereits im Zusammenhang mit der Bonnot-Bande etwas genauer kennengelernt. Das Haus Nr. 162, in der Nähe der *Rue Damrémont* wurde 1929 von dem Architekten L. C. Hickly erbaut. Die Häuser daneben stammen alle aus späterer Zeit.

Der wichtigste Ort in diesem Fall ist aber die *Place Clichy*, damals wie heute ein belebter Platz mit Kinos, Cafés und Restaurants. Allerdings haben sich auch hier, wie an fast allen großen Plätzen der Stadt, Restaurantketten niedergelassen: Sei es das Schnellrestaurant *Quick*, das französische Pendant zu McDonald's, das Steakrestaurant *Hippopotamus* oder das *Bistro Romain*. Ob an der *Place de la Bastille*, der *Place de la République* oder gar an der noblen *Place Victor Hugo*, man trifft sie überall. Das seit 1948 bestehende Restaurant *Charlot*, ein Spezialist für Muscheln, ist eine der wenigen Ausnahmen an der *Place Clichy*. Die Bronze-Statue auf dem Platz, 1869 errichtet, erinnert an den 28. März 1814, als viele Bewohner aus der Provinz sich in Paris vor den heranrückenden Kosaken in Sicherheit zu bringen suchten und ein Lager in der Nähe des Schutzwalls von Clichy errichteten, um den Zugang nach Paris zu verteidigen.

Jeden Tag ist Danielle von der *Rue Lepic* über die *Place Clichy* nach Hause gegangen. Sicher wird sie meistens den Bus genommen haben, denn der Weg in die *Rue Ordener* ist doch recht weit. Kurz vor der *Place Blanche* zu unserer linken finden wir das berühmte Revue-Theater *Moulin Rouge*, dessen Äußeres tagsüber einen eher freudlosen Eindruck macht. Die nächste Querstraße, gleich links, ist die steil ansteigende *Rue Lepic*, eine quirlige Marktstraße, in der sich Touristen und Einheimische die Waage halten. Lebensmittelhändler bieten

Damals wie heute ein Anziehungspunkt für Touristen: Die Place Blanche mit dem »Moulin Rouge«. Gleich rechts geht die Rue Lepic ab.

hier reiche Auswahl – und alles in ungewöhnlich großen Mengen: Nicht nur Obst und Gemüse, auch Fleisch, Geflügel und Wild sowie Molkereiprodukte und Backwaren. Inzwischen haben sich auch hier, wie überall in der Stadt, zahlreiche chinesisch-vietnamesische »Traiteurs« angesiedelt, eine Mischung von Selbstbedienungsrestaurants und Garküchen, in denen man unter einer beachtlichen Anzahl von Gerichten wählen kann. Sie werden nach Gewicht verkauft, und man kann sie entweder an Ort und Stelle essen oder mitnehmen.

Noch immer finden wir hier gleich mehrere Blumengeschäfte. Auf krummen Wegen schlängelt sich die *Rue Lepic* den Hügel von Montmartre hinauf. Wir können auf unserem Weg einen Blick in die *Rue de L'Armée d'Orient* werfen, eine idyllische Straße mit niedrigen Häusern. In der Nr. 4 befindet sich ein kleines Theater. Auch diese Straße macht einen Knick, und wir kommen automatisch wieder auf die *Rue Lepic*. Unser Weg führt uns auch an der berühmten *Moulin de la Galette* vorbei. Wir gehen weiter bis zum Ende der *Rue Lepic*, zur *Place Jean-Baptiste-Clément*. Von hier sind es dann nur noch ein paar Schritte durch die *Rue Norvins* bis zur stets von Touristen förmlich überschwemmten *Place du Tertre* mit idyllischen Cafés und kleinen Restaurants und der Unzahl von Malern, die den Fremden ihre Dienste als minutenschnelle Porträtzeichner anzubieten versuchen. Die Pariser mögen keine Touristen und meiden den Platz daher weiträumig. Direkt von der *Place du Tertre* geht die *Rue du Mont-Cenis* ab. Von hier gehen wir praktisch den Hügel von Montmartre auf seiner Rückseite wieder hinunter, durch eine ruhige Wohngegend. Immer wieder sind wir gezwungen, Treppen zu benutzen, insgesamt werden es 184 Stufen sein, die wir hinunterzusteigen haben. Die *Rue Ordener* überqueren wir an der *Place Jules-Joffrin*, kommen, wie Blanche Gilbert, am Rathaus des XVIII. Arrondissements vorbei, und an der Kirche *Notre-Dame-de-Clignancourt*. An der Ecke *Rue Versigny* finden wir das Haus Nr. 101/103. Direkt auf der Ecke ist heute ein Bäcker, eine »Boulangerie«, daneben, in der *Rue du Mont-Cenis*, wo Blanche Gilbert ihren Strumpf- und Kurz-

Die Place du Tertre, von der die Rue du Mont-Cenis abgeht.

warenladen hatte, finden wir heute ein Geschäft mit den grell-orangefarbenen Buchstaben »Eurocafard«. Auf die Scheibe sind in leuchtendem Gelb die Umrisse einiger Insekten gemalt. »Pest control« prunkt ebenfalls in grellem Orange daneben. Es ist die Filiale einer Ladenkette, die ausschließlich Schädlingsbekämpfungmittel verkauft.
Wir sollten zur *Place Jules-Joffrin* zurückgehen, uns in eines der Cafés setzen, einen Espresso trinken und nicht mehr an die Käfer und Schaben denken, die uns beim Anblick des genannten Ladens in den Sinn gekommen sein mögen.

Der Herr mit dem Regenschirm

Tatzeit: Februar 1957
Tatort: 105, avenue de la Republique (XI. Arrondissement)

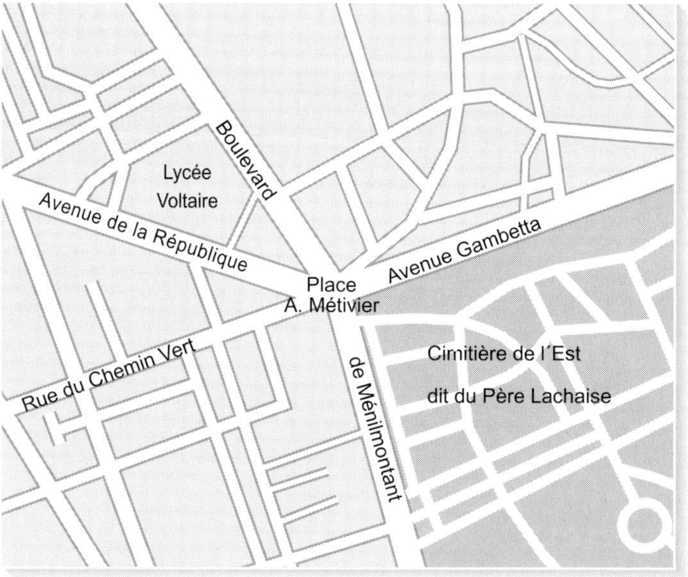

Jeder kennt ihn hier, den freundlichen älteren Herrn mit dem Regenschirm. Wenn er, seinen Regenschirm wie einen Spazierstock schwingend, von der Métro-Station *Père Lachaise* nach Hause schlendert, grüßen ihn schon von weitem die Händler, die mit verschränkten Armen in den geöffneten Ladentüren ihrer Feinkost- oder Delikatessengeschäfte stehen und auf Kunden warten. Er grüßt freundlich zurück und hält hier und da noch einen kleinen Plausch. Der ein oder andere Passant dreht sich gar nach dem so überaus gepflegt aussehenden Monsieur um. Gern erlaubt er sich nämlich einen kleinen Umweg ums Karree, geht in die *Rue du Chemin Vert* mit ihren zahllosen kleinen Geschäften, dann gleich wieder nach rechts in die *Rue Plichon,* und schon ist er auf der *Avenue de la République,* fast gegenüber von seinem Haus.

Nie würde er ohne Glacéhandschuhe und Melone aus dem Haus gehen, vor allem aber nicht ohne Regenschirm. Selbst dann nicht, wenn der Wetterbericht glaubhaft versichert, daß das ausgedehnte Hochdruckgebiet, das schon seit Tagen über Paris die Sonne scheinen läßt, auch in den nächsten Tagen seine Lage kaum verändern wird. Er ist immer wie aus dem Ei gepellt. Blütenweiße Manschetten schauen unter den Ärmeln seines teuren Jacketts hervor, das aus eben so edlem Tuch geschneidert ist wie die Weste, die er stets zu tragen pflegt. Auf eine Krawatte würde er, das versteht sich von selbst, nie im Leben verzichten. Wie ein englischer Gentleman sieht er aus, auch wenn man das in Paris nicht allzu gern hört.

Für seine Nachbarn in der *Avenue de la République Nr. 105* ist der 61jährige Charles Clément nur der »Herr mit dem Regenschirm«, der das winzige Studio, im französischen Sprachgebrauch eine Einzimmerwohnung, in der fünften Etage bewohnt. Die meisten kennen nicht einmal seinen Namen. Aber alle schätzen ihn als aufmerksamen und hilfsbereiten Nachbarn, der immer zur Stelle ist, wenn man ihn braucht. Er trägt, wenn der Fahrstuhl mal wieder seinen Dienst versagt, der Dame aus der vierten Etage die schwere Einkaufstasche nach oben, führt auch schon mal den kleinen Hund des alten Fräuleins aus der zweiten spazieren, wenn sie

sich mal wieder nicht fühlt. Ein Kavalier der alten Schule eben. So etwas findet man heute ja kaum noch, schwärmen die älteren Damen aus der Nachbarschaft.
»Bonjour Monsieur, wie geht es eigentlich Madame?« fragt die Concierge an einem schönen Sommertag des Jahres 1957. »Ich hab sie schon so lange nicht mehr gesehen, die Gattin ist doch hoffentlich nicht krank?«
»Nein, nein,« beruhigt sie Monsieur Clément lächelnd, »seien Sie ganz unbesorgt, meine Frau ist in die Provinz gefahren, ihre kranke Mutter pflegen. Ich werde ihr im nächsten Brief Grüße von Ihnen ausrichten.«
Niemand hier im Haus weiß, daß die Madame, von der die Concierge gerade gesprochen hat, gar nicht Madame Clément ist, sondern Félicie Crippa, Cléments 53jährige Lebensgefährtin. Es geht ja im Grunde auch niemanden etwas an. Was sein Privatleben betrifft, ist Monsieur Clément ziemlich verschlossen. Man weiß nur soviel über ihn, daß er wohl Handelsvertreter für eine Seifenfabrik ist, für »La Savonnerie de Pantin«.
Daß man seine vermeintliche Ehefrau schon seit Monaten nicht mehr gesehen hat, dafür gibt es ja nun eine durchaus plausible Erklärung, nämlich die kranke Mutter in der Provinz. Aber daß man auch von Monsieur Clément seit Mitte Dezember 1957 nichts mehr hört und sieht, ist schon seltsam.
Am Abend des 14. Januar 1958 klingelt Monsieur Bonnet, Cléments Nachbar, bei der Concierge. Seit einigen Tagen schon riecht es so komisch im Flur. Offenbar kommt der Geruch aus der Wohnung des Herrn mit dem Regenschirm. Ob man da nicht besser mal nachschaut? Die Concierge begleitet ihn nach oben. Bonnet hat recht. Von Geruch kann allerdings schon nicht mehr die Rede sein. Ehrlich gesagt, es stinkt bestialisch. Auf ihr Klingeln und Klopfen öffnet niemand. Soll sie nun die Polizei oder die Feuerwehr alarmieren? Sie entschließt sich für die letzteren.
Die Feuerwehrmänner ahnen sofort, was sie hier erwartet. Sie kennen diesen Geruch nur zu gut. Und noch bevor sie die Tür aufbrechen, schicken sie den Nachbarn und die Con-

cierge vorsichtshalber in ihre Wohnungen zurück. Aber so leicht läßt sich die Tür nicht aufbrechen. Sie ist von innen verschlossen und irgendwie verbarrikadiert. Als sie es endlich geschafft haben, bietet sich ihnen ein Bild der Verwüstung. Was ist hier geschehen? Da das Licht in der Wohnung nicht funktioniert, müssen sie sich zunächst mit Taschenlampen behelfen und entdecken in deren fahlen Lichtkegeln auch sogleich die auf dem Bett liegende Leiche. Sie ist zwar in Verwesung begriffen, wegen der Kälte aber, die in der ungeheizten Wohnung herrscht, noch in relativ gutem Zustand. Kein Zweifel, es handelt sich um Charles Clément, den Herrn mit dem Regenschirm. Er hat sich das Leben genommen. Neben dem Bett liegt eine Pistole Kaliber 6,35 mm. Eine Schußwunde klafft in der rechten Schläfe.

Sich umzubringen ist offenbar schwerer, als so mancher glaubt. Jedenfalls hat der arme Monsieur Clément erst alles nur Erdenkliche ausprobieren müssen, um sein Ziel zu erreichen: Wie es aussieht, hat er zuerst versucht, sich zu erhängen. Seine Größe (1,87 m) hat ihm jedoch einen Strich durch die Rechnung gemacht. Der Strick ließ sich nicht hoch genug anbringen. Die Kordel, die er dazu benutzt hat, ist noch um seinen Hals geschlungen. Dann muß er versucht haben, sich die Pulsadern aufzuschneiden, was ihm ebenfalls mißglückt ist. Lediglich eine tiefe Wunde am linken Handgelenk hat er sich dabei zugefügt. Erst als auch dieses Unterfangen gescheitert ist, hat er sich entschlossen, auf Nummer Sicher zu gehen und sich eine Kugel in den Kopf zu jagen.

Die Nachbarn werden sich später zwar daran erinnern, in der Nacht vom 10. auf den 11. Dezember 1957 eine Detonation wahrgenommen zu haben, woher der Knall gekommen ist, haben sie sich damals aber nicht erklären können. Niemand hat auch nur im Traum daran gedacht, daß in der Wohnung des netten Herrn mit dem Regenschirm ein Schuß gefallen sein könnte.

Die von der Feuerwehr benachrichtigte Kriminalpolizei ist wenig später mit großen Lampen zur Stelle. Als sie endlich aufgestellt und angeschlossen sind – der Nachbar ist so

freundlich, den Strom zur Verfügung zu stellen –, zeigt sich erst das ganze Ausmaß der Verwüstung.
Wenn die Tür nicht von innen verriegelt und verrammelt und die Ritzen obendrein noch mit den Fetzen einer zerschnittenen Wolldecke zugestopft gewesen wären, hätte man glauben können, hier sei ein brutaler Raubmord verübt worden, und der Täter habe, vielleicht aus Enttäuschung über zu magere Beute, dieses Chaos angerichtet.
Den Kriminalbeamten bietet sich ein derart bizarres Bild, daß es ihnen erst einmal die Sprache verschlägt. Die Möbel sind mit einer Axt zerhackt, die Vorhänge heruntergerissen und zerschnitten, Polstermöbel und Kissen aufgeschlitzt, die Bilder an den Wänden zerstört. Alle Spiegel sind zerschlagen, und der geflieste Fußboden der kleinen Küche ist mit einer dicken Schicht Scherben von zerschlagenem Geschirr und Gläsern bedeckt. Alle Kleidungsstücke, sowohl Männer- als auch Frauenkleider, sind zerschnitten und zerrissen, ebenso Bettwäsche und Handtücher. Gas- und Stromzähler sind mit einem Hammer zerschlagen worden, die elektrischen Leitungen zerschnitten.
In all dem Chaos finden die Kriminalbeamten auf dem Kaminsims einen Brief, der an *Monsieur le Commissaire* gerichtet ist. Der Angesprochene öffnet ihn. Was er hier zu lesen bekommt, dürfte in der Kriminalgeschichte einzigartig sein. Clément schreibt:

Monsieur le Commissaire,
Sie werden erstaunt, ja wenn nicht sogar empört sein, wenn Sie der Zerstörungen gewahr werden, die ich in meiner Wohnung angerichtet habe. Das war ganze Arbeit, nicht wahr? Aber betrachten Sie dies nicht etwa als reinen Vandalismus. Sollte ich denn meinen blutgierigen Gläubigern und dem Fiskus, die sich sofort nach meinem Ableben wie die Aasgeier auf meinen Nachlaß gestürzt hätten, meine ganze Habe überlassen? Der französische Staat, der jeden Sou aus mir herausgesaugt hat, trägt die Schuld an meinem Ruin. Ja, das muß hier endlich mal gesagt werden …
Als Postskriptum ist hinzugefügt:
Lachen Sie nicht über meine bescheidenen Zeilen, Monsieur le

Commissaire, auch Sie können Ihre Zukunft nicht voraussehen. Ich habe keine Angst vor dem Tod, er ist sozusagen fast mein Freund. Ein Frohes Neues Jahr.

Offenbar ist Clément darauf bedacht gewesen, die Entdeckung seines Selbstmordes so lange wie nur möglich hinauszuzögern, weshalb er alle Ritzen in den Fenstern und in der Tür gewissenhaft ausgestopft hat. Vielleicht hat er einfach nur verhindern wollen, daß seine Familie die Nachricht von seinem Tode noch vor Weihnachten bekommt.
Seltsam ist auch, daß die Nachbarn keinerlei Geräusche aus der Wohnung vernommen haben. Dabei muß das Zerschlagen des Geschirrs und das Zerhacken der Möbel ziemlichen Radau verursacht haben.
Eine weitere Überraschung wartet auf die Beamten im Badezimmer. Staunend stehen sie vor der Badewanne. Sie ist mit Brettern verkleidet und, wie ein Paket, fest mit dicken Stricken verschnürt. »Dann wollen wir das Paket mal auspacken«, flachst ein junger Polizist, dem das Lachen jedoch gleich vergehen wird. Die Stricke werden zerschnitten, die dicken Holzplatten entfernt. Die Polizisten weichen zurück. Bestialischer Gestank strömt ihnen entgegen. Eine Schicht aus alten Gardinen und Wolldecken wird vorsichtig entfernt. In der Badewanne, in einem Brei aus Wasser und vermutlich mehreren Kilo Kochsalz, liegt die fast bis zur Unkenntlichkeit verweste Leiche einer nackten Frau, deren Kopf durch die Salzlösung überdimensional angeschwollen ist. Blessuren an Rumpf und Kopf sind noch deutlich sichtbar.
Es handelt sich, wie eine genaue Untersuchung bestätigen wird, um Cléments Lebensgefährtin Félicie Crippa, die seit rund einem Jahr, Zeugenaussagen zufolge seit dem 20. Februar 1957, nicht mehr gesehen worden ist. Wahrscheinlich ist sie an diesem Tag auch getötet worden. Daß Monsieur Clément ihr Mörder ist, daran besteht kein Zweifel.
In der Nachbarschaft löst die Nachricht vom Mord und Selbstmord tiefe Bestürzung aus. Niemand hätte auch nur im Traum daran gedacht, daß der freundliche Herr mit dem Regenschirm zu einer solchen Tat fähig sein könnte. Sein Ruf

Der Tatort: die Avenue de la République Nr. 105.

ist doch so makellos gewesen. In den Jahren 1957/58 ist die *Avenue de la République,* besonders hier am Friedhof *Père Lachaise,* eine ruhige, gutbürgerliche Gegend, vorwiegend bewohnt von Lehrern höherer Schulen und pensionierten Professoren. Hier ist es ein wenig wie in einer Kleinstadt, wo jeder jeden kennt.

Die Concierge kann es einfach nicht fassen. »Wo er doch immer so höflich und hilfsbereit war«, erklärt sie kopfschüttelnd dem Commissaire. »Immer hat er vor den Frauen seinen Hut gezogen und ihnen die Tür aufgehalten. Wenn ich schwer zu tragen hatte, und er ist mir unterwegs begegnet, hat er mir die Taschen abgenommen und nach Hause getragen.«

Als der Commissaire sie fragt, ob sie etwas über seine Gewohnheiten wisse, muß sie erst eine Weile nachdenken. »Eigentlich wissen wir hier alle nicht sehr viel über ihn«, überlegt sie. »Morgens gegen acht ging er mit seiner Aktentasche aus dem Haus und kam am späten Nachmittag wieder.« Sie stockt und scheint wieder nachdenken zu müssen. Plötzlich steht sie von ihrem Küchenstuhl auf, haut mit der flachen Hand auf den Tisch und beginnt jetzt mit sich fast überschlagender Stimme: »Doch, Monsieur le Commissaire, wenn ich es recht überlege, ist der Herr mit dem Regenschirm ein ziemlich komischer Kauz gewesen.«

Die Concierge setzt sich wieder hin und beginnt zu erzählen: »Er ließ grundsätzlich niemanden in seine Wohnung. Nicht einmal seine Post durfte ich ihm nach oben bringen. Er hat sie sich immer am Nachmittag, wenn er nach Hause kam, aus meiner Loge geholt. Auf Klingeln reagierte er überhaupt nicht. Wenn ich ihm dann sagte, ein Besucher habe bei ihm vergeblich geklingelt, obwohl er doch zu Hause war, sagte er meistens: ›Es tut mir aufrichtig leid, aber da habe ich gerade ein Bad genommen und wollte nicht gestört werden.‹ Einmal mußte ich doch zu ihm rauf, schon seit Tagen lag da bei mir irgendein Katalog für ihn. Immer wenn er seine Post holte, hatte ich vergessen, ihn mitzugeben. Da habe ich dann bei ihm geklingelt und mich entschuldigt. Er hat sich aber geweigert, mir die Tür zu öffnen und gesagt, er sei gerade aus der Badewanne gekommen und habe nur ein Handtuch umgewickelt, ich solle den Katalog einfach vor die Tür legen. Ich bin dann nur soweit die Treppe runter, bis er mich nicht mehr sehen konnte. Was er nun macht, wollte ich wissen. Nach kaum einer Minute hat er tatsächlich die Tür geöffnet und den Katalog hereingenommen. Aber was soll ich Ihnen sagen, er war vollständig angezogen – mit Weste und Krawatte.«

Der Bericht der Conierge überrascht den Commissaire keineswegs. Der Herr mit dem Regenschirm hat ja auch einiges zu verbergen gehabt. Wenig später erfährt er dann noch, daß Clément im November 1957 versucht hat, das Studio zu verkaufen. Aber keinem der Interessenten hat er das Badezimmer gezeigt. Wenn einer danach fragte, dann erklärte er mit entschuldigender Geste: »Es tut mir aufrichtig leid, aber Madame nimmt gerade ein Bad.«

Freunde hatte Clément offenbar keine, und so ist es für die Ermittler eine nicht eben leichte Aufgabe, Informationen über sein Privatleben, seine Vorlieben und Gewohnheiten einzuholen. Die Concierge weiß nur soviel, daß Monsieur Clément im Café *L'Étoile d'Argent* an der *Place Auguste-Métivier,* also nur wenige Schritte von seiner Wohnung entfernt, Stammgast gewesen ist, wo er regelmäßig seinen Café-Crème zu trinken pflegte. Aber auch hier ist nichts über sein Privatleben zu erfahren. »Nein, der hat nichts von sich erzählt«, sagt die junge Serviererin. »Aber warten Sie, da fällt mir etwas ein. Am 7. Dezember, das war ein Sonnabend, ich kann mich so genau daran erinnern, weil mein Verlobter Geburtstag hatte. Da war der Herr mit dem Regenschirm auch hier. Er wirkte völlig verzweifelt. Soweit ich es mitbekommen habe, hat er herumgefragt, ob ihm nicht jemand 10000 Francs leihen könnte. Du meine Güte, so reich sind die Leute hier auch nicht ... Und er zeigte ein Telegramm. Irgend jemand aus der Familie war wohl gestorben, und er brauchte das Geld für die Beerdigung. Er müsse die Familiengruft auf dem *Père Lachaise* bezahlen, hat er gesagt ...«

Der Commissaire bedankt sich bei der Serviererin und überprüft sofort die Sache mit der Familiengruft. Es ist, wie er erwartet hat: Sie existiert überhaupt nicht. Wie dem auch sei, jedenfalls beweist die Begebenheit in dem Café, daß er wirklich in erheblichen finanziellen Schwierigkeiten gesteckt hat. Cléments Angehörige, seine 88jährige Mutter Victorine und seine Schwester Claudine, leben außerhalb von Paris, im Departement Seine-et-Oise. Vielleicht ist hier Näheres über ihn und sein Mordmotiv zu erfahren ...

Madame Clément ist zwar betroffen, als ihr die Nachricht von dem tragischen Tod ihres Sohnes überbracht wird, wirklich überrascht scheint sie indes nicht. »Schon seit langem sind wir beunruhigt. Wir wußten ja nicht einmal, wo er wohnt«, erklärt sie. »Letztes Jahr im Juni bin ich sogar ins ›Bureau des Recherches dans l'Intérêt des Familles‹ gegangen, weil ich seit etwa zwei Jahren kein Lebenszeichen mehr von meinem Sohn hatte. Aber er konnte nicht gefunden werden.«

Als sie von der Leiche in der Badewanne erfährt, schüttelt Victorine Clément nur den Kopf: »Seit einigen Jahren verhält sich Charles ja schon recht merkwürdig, aber daß er verrückt wird, damit habe ich beim besten Willen nicht gerechnet ... Daß er auch noch seine Frau, die arme Suzanne, umbringt.«
»Wieso Suzanne, die Ermordete hieß Félicie, Félicie Crippa und ist nicht die Frau, sondern die Geliebte Ihres Sohnes gewesen. Monsieur Clément war doch gar nicht verheiratet ...«
Der Commissaire ist im ersten Moment zwar überrascht, führt diese Verwechslung aber auf Victorines hohes Alter zurück.
Madame Clément läßt sich aber nicht beirren: »Was reden Sie denn da für einen Unsinn, junger Mann, natürlich war Charles verheiratet. In diesem Jahr wären es sogar 25 Jahre gewesen. Und zwar mit Suzanne, ihr Mädchenname ist Yvain. Ich muß es doch als Mutter schließlich wissen!«
»Meine Mutter hat recht«, mischt sich Claudine jetzt ein. »Charles ist in der Tat verheiratet, und seine Frau heißt Suzanne. Aber man wird ja schon seit Jahren nicht mehr schlau aus ihm. Es muß schon rund zwei Jahre her sein, als ich ihn das letzte Mal, rein zufällig, getroffen habe. Das war in Paris in der Métro-Station *Denfert-Rochereau*. Als ich ihn fragte, wie es ihm gehe, hat er nur gesagt, daß die Geschäfte im Moment sehr schlecht gingen und er aus der Wohnung in der *Rue Vercingétorix* ausziehen müsse ...« Der Commissaire stutzt wieder. Diese Adresse hört er im Zusammenhang mit Clément zum allerersten Mal. Aber erst läßt er Claudine weiterreden.
»Er sagte dann noch, nur so nebenbei, denn er schien in Eile zu sein, er habe veranlaßt, daß seine Post in Zukunft an meine Adresse geschickt wird. Er wolle dann vorbeikommen und sie abholen. Dann habe ich ihn noch nach seiner Frau gefragt. Er schien sich aufrichtig Sorgen zu machen und seufzte nur, der armen Suzanne gehe es sehr schlecht; er habe sie aufs Land geschickt, damit sie sich erhole. Seither hab ich nichts mehr von meinem Bruder gehört oder gesehen. Suzanne habe ich sogar schon seit mehreren Jahren nicht mehr gesehen.«

»Ist denn Post für Ihren Bruder gekommen?« möchte der Commissaire wissen. Claudine bejaht und reicht ihm einen Stoß ungeöffneter Briefe. »Muß ich die jetzt öffnen?« fragt sie unsicher.
»Ich muß leider darauf bestehen«, seufzt der Commissaire, dem derartige Aktionen stets peinlich sind. Aber persönliche Briefe sind nicht dabei. Es handelt sich ausschließlich um Rechnungen und Mahnungen, insbesondere für Gas und Strom. Ein Brief vom Fundbüro ist allerdings dabei: Die grüne Damenhandtasche, die er in der Métro gefunden hat, ist nicht abgeholt worden und somit in seinen Besitz übergegangen ... Der Mörder war also ein ehrlicher Mensch.
Den Ermittlern hat der Besuch bei Cléments Familie gleich zwei gewaltige Überraschungen gebracht: Was seine angebliche Ehe betrifft, so sind in der verwüsteten Wohnung keinerlei Hinweise darauf zu finden gewesen. Selbst im Familienbuch der Cléments ist nichts dergleichen verzeichnet. Aber was hat es mit der Wohnung in der *Rue Vercingétorix* auf sich? Hat die Concierge nicht gesagt, daß der Herr mit dem Regenschirm schon seit 13 Jahren in der *Avenue de la République* wohnt?
Die Angaben der Concierge sind richtig. Tatsächlich hat Clément seit 1944 zusammen mit Félicie Crippa, auf deren Namen auch der Mietvertrag läuft, hier gewohnt. Félicie ist damals noch Inhaberin einer kleinen Firma gewesen, die Schleifenbänder produziert hat, Schleifenbänder, wie sie von der Parfum- und Seifenindustrie sowie von Konfiserien zum Schmücken ihrer Geschenkpackungen verwendet werden. Die Geschäfte gehen jedoch schlecht und Félicie macht Pleite. Von nun an müssen die beiden mit dem Geld auskommen, das Clément als Handelsvertreter verdient. Félicie, der ein Venenleiden zu schaffen macht, kann immer schlechter laufen und nimmt, der Not gehorchend, eine Heimarbeit an. Die Wohnung verläßt sie nur noch selten.
Aber was ist mit Cléments rechtmäßiger Ehefrau? Warum ist sie nicht auffindbar? Seit Jahren hat niemand mehr etwas von ihr gehört. Hat Clément sie etwa auch getötet?
Die schlagzeilengierige Boulevard-Presse, die von Anbeginn

über den »Herrn mit dem Regenschirm« und den »Badewannenmord« in großer Aufmachung berichtet hat, stilisiert Clément bereits zum »modernen Blaubart«. Für die Sensationsblätter ist die Sache klar: Clément hat auch seine rechtmäßige Ehefrau umgebracht. »Libération« titelt am 17. Januar 1958: »MONSIEUR VERDOUX '58« und »France-Soir« fragt: »EIN NEUER LANDRU?«

Daß Clément ein Doppelleben geführt hat, daran besteht inzwischen kein Zweifel mehr. Tatsächlich besaß er eine Wohnung in der *Rue Vercingétorix Nr. 1* im XIV. Arrondissement, in der er mit Suzanne lebte – wenn er nicht gerade in der *Avenue de la République* war. Ob sich die Nachbarn noch an sie erinnern können?

»Madame Clément aus der zweiten Etage?« Die ehemalige Nachbarin ist erstaunt. »Nein, die hat hier nie jemand gesehen. Sie soll wohl sehr krank gewesen sein. Jedenfalls hat sie das Haus, soviel ich weiß, nie verlassen. Auch die Vorhänge hatte sie immer zugezogen. Aber dafür haben wir sie ja immer hören können.« Der Commissaire versteht nicht. »Na, sie hat doch so wundervoll Klavier gespielt«, erklärt sie, »manchmal stundenlang. Bis sie dann plötzlich damit aufhörte. Das muß so im Oktober 1955 gewesen sein. Seitdem war es immer still in der Wohnung. Ja, und im September 1956 ist die Wohnung ja dann an das Ehepaar vermietet worden, meine jetzigen Nachbarn. Was aus Madame Clément geworden ist, weiß ich nicht.«

Im Rathaus des XIV. Arrondissements finden sich schließlich doch noch Unterlagen über Cléments Eheschließung. 1923 hatte Charles Clément Suzanne Yvain geheiratet. Er war damals 29, sie 23 Jahre alt.

Suzannes Familie lebte in Indochina, und auf Bitten Suzannes entschloß sich Charles, dem Wunsch seiner Frau doch nachzugeben. Das Paar ließ sich 1926 in Südostasien nieder. Doch sie blieben nur knapp zwei Jahre. Charles vertrug das Klima nicht, zudem erkrankte er an Malaria, von der er sich nur schwer wieder erholte. Sie kehrten nach Frankreich zurück, wo Charles auch gleich eine Anstellung als Handelsvertreter fand.

Nachdem sie zunächst einige Jahre in Neuilly-sur-Seine und in Senlis gelebt hatten, bezogen sie 1946 ein komfortables Landhaus in Chantilly am *Square des Aigles*. Hier können sich die Nachbarn noch gut an die Cléments erinnern.
»Wir waren öfter bei ihnen eingeladen«, erzählt ein Nachbar. »Die Cléments gehörten zu den wohlhabendsten Leuten hier im Ort. Das Haus stand voller wertvoller Antiquitäten, und die Gemälde müssen ein Vermögen wert gewesen sein. Solche Leute benehmen sich ja oft borniert und hochnäsig. Aber nicht die Cléments. Die waren immer liebenswürdig. Als einmal die öffentlichen Verkehrsmittel streikten, hat er die Nachbarn in seinem Auto nach Paris mitgenommen und eine Art Mitfahrzentrale organisiert. Abends hat er dann die Leute sogar wieder von ihrer Arbeitsstelle abgeholt, auch wenn er dadurch manchmal selbst erst Stunden später nach Hause kam.«
1953 hat Clément das Haus und einen Teil der wertvollen Möbel verkauft und dafür die Wohnung in der *Rue Vercingétorix* erworben. Aber nur einen Teil des Geldes hat er für die neue Wohnung gebraucht. Möglicherweise hat er mit dem anderen Teil sein Leben mit Félicie finanziert.
Das Drama beginnt, als Suzanne plötzlich an Krebs erkrankt. Mehrere Operationen und die anschließende Behandlung kosten ein Vermögen. Charles verkauft alles, was sich nur verkaufen läßt: Möbel, Gemälde, Pelze und Schmuck. Aber auch das reicht nicht, um seiner Frau zu helfen. Er verschuldet sich hoch. Diesen wirtschaftlichen Niedergang kann er nicht verkraften.
Von seiner Familie zieht er sich immer mehr zurück, redet nicht über seine Probleme, auch nicht über Suzannes Krankheit. Wenn seine Mutter einmal nach Suzanne fragt, dann sagt er nur, sie sei sehr krank und dürfe keinen Besuch bekommen. Außerdem möge man ihn doch endlich in Ruhe lassen, er habe schließlich genug Sorgen …
»IST CHARLES CLEMENT DER MÖRDER DER ZERSTÜCKELTEN FRAU VON BIEVRES?« Mit dieser abenteuerlichen Schlagzeile wartet am 17. Januar 1958 »Le Parisien« auf. Das Blatt erinnert an einen mysteriösen Leichenfund vor

rund zwei Jahren: Am 30. August 1956 hatte ein Lastwagenfahrer auf einer Müllkippe bei Bièvres in mehreren weggeworfenen Kartons die Teile einer zerstückelten Leiche gefunden. Die Gerichtsmedizin konnte feststellen, daß es sich um die Leiche einer Frau handelte, die bereits vor mehreren Monaten getötet worden sein mußte. Die Leichenteile wiesen jedoch eine Besonderheit auf, die die Ermittler vor ein Rätsel stellte: Die Leiche war offenbar in Gips eingegossen worden, nachdem sie zuvor in einer Art Salzlösung längere Zeit konserviert worden war. Die Leichenteile waren in Küchentücher und größere Stücke eines Vorhangs gewickelt, die Pakete außerdem mit Veilchenextrakt getränkt.

Die Concierge aus der *Rue Vercingétorix* kann sich jetzt wieder erinnern: Immer, wenn sie nach Madame Clément gefragt hat, hat er wenn er nachmittags seine Post abholte, erklärt, seine Frau sei aus gesundheitlichen Gründen aufs Land gefahren. Zu der Zeit habe er auch die Badewanne installiert. Er hatte eine Zwischenwand herausgerissen und Gips gekauft. Dann hat er große Pakete in seinem Auto verstaut. »Sehen Sie«, sagte er dann zu der Concierge, »um hier keinen Schmutz zu hinterlassen und nicht alles in unsere Hausmülltonne zu werfen, kümmere ich mich selbst um die Beseitigung des Bauschutts.«

Hat er auf diese Weise Leichenteile entsorgt? Teile der Leiche, die er zunächst in Salz konserviert und mit Gips sozusagen versiegelt hat? Die Badewanne könnte Aufschluß darüber geben, ob es wirklich so gewesen ist.

Vieles spricht dafür. Die Badewanne in der Wohnung in der *Rue Vercingétorix* weist in der Tat eine Besonderheit auf: Obwohl sie fast neu ist, läßt sie sich nicht säubern. Die Glasur ist bis zur Hälfte aufgerauht, als habe jemand versucht, sie mit einer Säure zu reinigen.

Die Gipsstücke, die zusammen mit den Leichenteilen gefunden worden sind, weisen alle dieselbe Krümmung auf, und sie passen tatsächlich haargenau in die Badewanne in der *Rue Vercingétorix* …

*

Die Métrostation *Père Lachaise* ist nur wenige Meter vom Haus Nr. 105 in der *Avenue de la République* entfernt. Wir haben hier ja schon einen kleinen Spaziergang mit Lætitia Toureaux gemacht und kennen uns folglich in der Gegend schon ein wenig aus. Wie Monsieur Clément nehmen wir nicht den Métro-Ausgang *Avenue de la République,* der direkt vor seinem Haus liegt, sondern den am Eingang zum Friedhof *Père Lachaise.* Das Haus Nr. 105 ist von hier schon zu sehen. Es ist das zweite, neben dem großen Eckhaus. Offensichtlich, was den Stil betrifft, in den dreißiger Jahren erbaut.

Die Avenue de la Republique am Friedhof Père Lachaise.

Ist man schon einmal hier in der Gegend, sollte man auf einen Friedhofsspaziergang nicht verzichten. Mit seinen monumentalen Grabstätten, die teilweise aufwendigen Mausoleen gleichen, den steinernen Grabmälern aus wuchtigen Stein-, Marmor- und Granitplatten findet man hier eine fast bizarre Steinwüste vor, die denen, die eher an Friefhöfe gewöhnt ist, die gepflegten Parkanlagen oder Naturgärten ähneln, ungewohnt erscheinen mag. Aber die Anzahl der

Berühmtheiten, die hier begraben liegen, ist beeindruckend. Wir machen einen kleinen Umweg, ein Stückchen in die *Rue de la Chemin Vert,* die von hier bis zum *Boulevard Beaumarchais* führt, nicht weit von der *Bastille.* Mit ihren zahlreichen kleinen Geschäften aller Art ist sie immer voller Leben. Wir gehen gleich wieder rechts in die *Rue Plichon* und befinden uns nach einigen Metern erneut auf der *Avenue de la République.* Bis 1879 trug sie den Namen *Avenue des Amandiers,* und der letzte Teilabschnitt, auf dem wir uns jetzt befinden, wurde erst 1890 fertiggestellt. Das schon erwähnte große Eckhaus *Avenue de la République, Boulevard de Ménilmontant* datiert aus dem Jahre 1893. Die *Avenue de la République* ist genau 1 640 Meter lang und verbindet die *Place de la République* mit der *Place Auguste Métivier,* beziehungsweise dem Friedhof *Père Lachaise.*

Das Haus Nr. 105 ist 1931 von dem Architekten Henry Viet erbaut worden. Leider hat im Erdgeschoß ein Möbelgeschäft mit seiner nachtblauen Verkleidung und der gelben Schrift den Stil des Hauses zum Teil erheblich beeinträchtigt.

Wir überqueren die *Rue Spinoza* und stehen vor einem gewaltigen hellen Backsteinbau, der sich bis zum *Boulevard Ménilmontant* erstreckt. Es ist das zwischen 1884 und 1889 errichtete Lycée Voltaire, das Violette Nozière im Schuljahr 1931/32 besucht hat. Zwar bietet die *Avenue de la République* nichts Spektakuläres an Sehenswürdigkeiten, doch ist sie architektonisch durchaus sehenswert. Die meisten Häuser, charakteristisch sind die hohen Fenster und die schmiedeeisernen Gitter, entstanden in den letzten Jahren des 19. Jahrhunderts.

Ein Abstecher in die *Rue Saint-Maure* über die *Rue Oberkamp* bis zur *Rue Jean Pierre Timbaud,* ist durchaus lohnenswert. Hier befindet man sich in einem typischen Quartier, in dem die Zeit stehengeblieben und das alte Paris wieder lebendig zu werden scheint. Das Bistro *Chez Justine* und die benachbarten kleinen Geschäfte und Bistros scheinen noch aus einer anderen Zeit zu stammen.

An der *Rue Jean Pierre Timbaud* sind wir auch gleich an der *Rue de la Pierre Levée.* Hier waren früher zahlreiche Porzellanmanufakturen. Die berühmte Firma »Porcelaine de Paris« hat bis heute hier ihr Domizil. Gleich am Anfang der Straße sind noch die Häuser einer alten Manufaktur zu sehen, deren Fassaden zumindest erhalten sind. »Manufacture de Fayence J. Loebnitz« ist hier noch zu lesen. Die Gebäude sind zwischen 1834 und 1840 entstanden.

Bis zur *Place de la République* ist es von hier aus nicht mehr weit. Dank der vielen peiswerten Hotels in der Nähe ist dieser Platz ein Anziehungspunkt für Touristen. Gleich an der Ecke *Avenue de la République* kommen wir an dem für seine unzähligen Miesmuschel-Variationen bekannten *Chez Léon de Bruxelles* vorbei. Die belgische Restaurantkette hat zahlreiche Filialen in der Stadt, aber diese hier an der *République* ist eine der beliebtesten. Der Vorteil: Hier bekommt man auch zwischen 15 und 20 Uhr etwas zu essen, was in Paris sonst relativ selten ist. In dieser Gegend trifft man vorwiegend auf Restaurantketten, wie beispielsweise *La Taverne de Maître Kanter* an der Ecke *Boulevard Voltaire*.

Place de la République, Ecke Boulevard Voltaire.

Ganz in der Nähe, am *Boulevard du Temple,* finden wir das berühmte *Chez Jenny,* das sich über zwei Etagen ausdehnende Restaurant bietet elsässische Spezialitäten.
Mitte des 18. Jahrhunderts nannte der Volksmund den *Boulevard du Temple* »Boulevard du Crime«. Damals war er eine Vergnügungsmeile mit zahlreichen Theatern, Wirtshäusern und Schenken, die meist nur in provisorischen Holzbauten untergebracht waren. Die Theater spielten in erster Linie Kolportage-Stücke, in denen es vornehmlich um Mord und Totschlag ging. Die Autoren ließen sich von den sogenannten

Die düstere, vernachlässigt wirkende Passage Vendôme an der Place de la République mit ihren asiatischen Imbiß-Restaurants.

»faits divers« inspirieren, den »vermischten Meldungen«, unter die auch die Polizeiberichte fielen.
Hier sind wir auch gleich an der 1827 errichteten Passage Vendôme. Auch wenn sie zu denen gehört, die weniger gut unterhalten sind, sollte man dennoch einen Blick hineinwerfen. Neben asiatischen Schnellrestaurants, Fotogeschäften und einer Pizzeria, ist hier noch eine traditionelle Schusterwerkstatt zu finden, die uns wie ein Relikt aus dem 19. Jahrhundert erscheint.
Die Place de la République hieß zwischen 1811 und 1883 übrigens noch Place de la Château d'eau. Erst am 14. Juli des Jahres 1883 wurde die Statue der République auf dem Platz enthüllt, der von nun an ihren Namen trägt. Von seiner Volkstümlichkeit hat der Platz bis heute nichts verloren. Schlendernde Touristen und geschäftige Einheimische vermischen sich hier auf eine wohltuende Weise.

Pinpin oder das Schaf im Wolfspelz

Tatzeit: 30. Mai 1959
Tatort: Der Wald von Fontainebleau
Schlüsselorte: Place Pigalle (IX. Arrondissement)
Rue Douai/Ecke Rue Pigalle (IX. Arrondissement)
209, boulevard Saint-Germain (VII. Arrondissement)

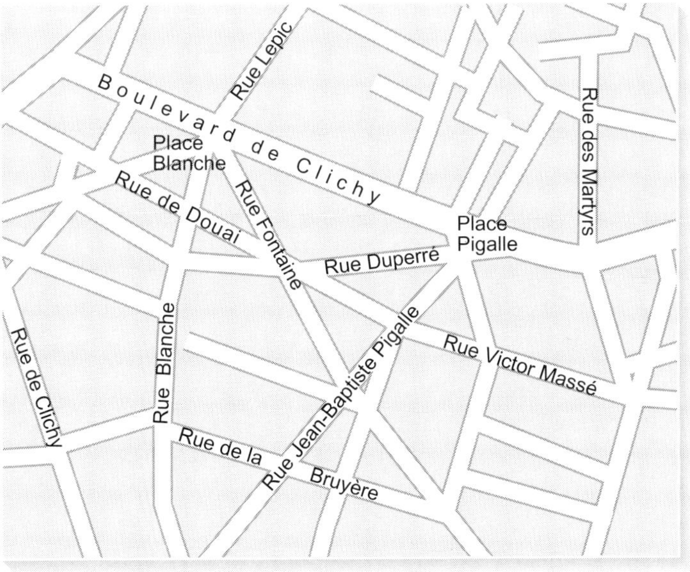

»Halt mal an, halt mal an, da ist was!«
»Ich seh nichts …«, murmelt der Fahrer des altersschwachen Citroën.
»Doch, da im Gebüsch, da muß gerade jemand was verbrannt haben. Das glimmt ja noch.«
»Ach ja, jetzt seh ichs auch.«
»Nun fahr doch schon rechts ran, ich will mir das mal aus der Nähe ansehen.«
Es ist Sonnabend, der 30. Mai 1959, gegen 4 Uhr 30. Die Nationalstraße 7, die Route Ronde, zwischen Paris und Fontainebleau ist zu dieser frühen Stunde menschenleer. Kaum hat der Fahrer des Citroën den Motor abgestellt, als sein Begleiter auch schon aus dem Auto springt. Gespenstisch knistert das glimmende Feuer in der Stille des Waldes. In der Luft liegt penetranter Benzingestank. Ein kurzer Blick auf das qualmende Bündel genügt dem Mann, um in Panik zum Auto zurückzulaufen: »Mensch, Antoine, da ist 'ne Frau verbrannt.«
Wenig später sind Mordkommission und Erkennungsdienst am Fundort der Leiche. Während der Arzt sein erstes Untersuchungsergebnis zusammenfaßt, starren die sonst nicht eben zimperlichen Kriminalbeamten entsetzt auf die verkohlte Leiche einer jungen Frau von etwa zwanzig Jahren. Das Gesicht ist bis zur Unkenntlichkeit verbrannt. »Sehen Sie sich das an, Messieurs«, führt der Arzt aus, »trotz der starken Verkohlung sind im Rücken der Leiche fünf Einschüsse deutlich zu erkennen. Keines der Geschosse hat jedoch den Tod herbeigeführt. Mit Sicherheit kann ich jetzt schon sagen«, beendet er seine Ausführungen, »daß das Mädchen von seinem Mörder mit Benzin übergossen und bei lebendigem Leibe angezündet worden ist.«
Die Spurensicherung findet keinerlei Hinweise, die auf den oder die Täter hindeuten. Nicht einmal Reifenspuren gibt es. In der Nacht hat es geregnet, und der Lehmboden ist aufgeweicht. Schließlich entdecken die Beamten wenige Meter von der Leiche entfernt aber doch noch etwas: einen lachsfarbenen, hochhackigen Lackpumps. Offenbar hat ihn das Mädchen auf der Flucht vor seinem Mörder verloren. Ein

überaus wichtiger Anhaltspunkt; denn der andere Schuh, den das Mädchen noch am Fuß hat, ist völlig verkohlt.
Wer aber ist die Tote? Der einzige konkrete Anhaltspunkt ist der Schuh, ein offensichtlich kaum getragener Lackpumps. Noch deutlich ist der Name des Herstellers auf der Innensohle zu lesen. Die Polizei wird sich von der Schuhfabrik eine Liste all der Geschäfte zusammenstellen lassen, die jenes Modell geordert haben. Mit ein wenig Glück könnte es gelingen, die Käuferin zu ermitteln.
In der letzten Zeit sind gleich mehrere junge Frauen auf unerklärliche Weise verschwunden, sowohl Prostituierte als auch brave Schulmädchen. Daß es sich bei der Ermordeten von Fontainebleau nicht um eine der Vermißten handelt, ist schnell ermittelt.
Einstweilen ist die Polizei auf die Unterstützung der von ihr ansonsten nicht eben geliebten Boulevard-Presse angewiesen. Und so berichten schon am Abend die ersten Zeitungen in großer Aufmachung auf ihren Titelseiten von dem schrecklichen Leichenfund. Anhand nicht verbrannter Reste der Kleidung hat die Kriminalpolizei ein Phantombild erstellt: ein Phantombild ohne Gesicht. Demnach hat das vermutlich brünette Mädchen eine blaue Wolljacke, einen weiß-blau-schwarz gestreiften Rock mit schwarzem Gürtel und lachsfarbene, hochhackige Lackpumps getragen.
Kaum sind die Blätter erschienen, meldet sich im *Quai des Orfèvres* ein älterer Herr. Er hält Commissaire Chaumiel, der die Ermittlungen leitet, die aktuelle Ausgabe des »France-Soir« unter die Nase, tippt vor Aufregung zitternd auf das Phantombild und erklärt, er habe sein Studio in der *Rue de La Rochefoucauld Nr. 66* einer jungen Frau vermietet, auf die die Beschreibung haargenau passe. Außerdem habe er Dominique Thirel, so der Name der Mieterin, seit Freitag nicht mehr gesehen. Leider wisse er wenig über das Mädchen, nur soviel, daß sie in einer Bar an der *Place Pigalle* arbeite.
Sogleich machen sich die Beamten auf den Weg, besagtes Studio zu inspizieren. Zwar finden sie nichts, was der Aufklärung des Verbrechens dienlich sein könnte, immerhin aber einige Fotos. »Ist das Mademoiselle Thirel?« Der Commissaire

reicht das Foto dem Vermieter. »Aber gewiß, das ist sie«, bestätigt letzterer.
Eines der Fotos wird unverzüglich an die Presse weitergegeben, mit den anderen machen sich zwei der Beamten auf den Weg, um in den Bars rund um die *Place Pigalle* Erkundigungen einzuziehen.
Die Veröffentlichung der Fotografie des Mädchens ist ein voller Erfolg. Am Dienstag vormittag erscheint eine Prostituierte von der Place Pigalle im Quai des Orfèvres, um eine Aussage zu machen: »Das Foto hier im ›Parisien‹«, sie zieht aus ihrem Handtäschchen das aus einer Zeitung ausgeschnittene Bild, »das ist Dominique Thirel. Wir waren sozusagen Freundinnen und Kolleginnen ...«
»Mademoiselle Thirel war Prostituierte?« fragt Commissaire Chaumiel, dessen Vermutungen bereits in diese Richtung gegangen sind.
»So kann man das nicht sagen. Jedenfalls ging sie nicht auf die Straße. Dominique hat im *Sans Souci* in der Rue Pigalle Ecke Rue Douai als Animiermädchen gearbeitet. Sie konnte von den Prozenten, die sie für die verkauften Getränke erhielt, ganz gut leben. Wenn ihr ein Kunde sympathisch war, dann kam es hin und wieder auch mal vor, daß sie mit einem mitging.«
»Dann ist sie vielleicht mit einem Freier nach Fontainebleau gefahren«, überlegt Chaumiel.
»Nein, so unvorsichtig ist sie nicht gewesen. Nie wäre sie mit einem Fremden in den Wald gefahren.«
»Und wer war ihr Zuhälter?«
»Das weiß ich nicht so genau. Jedenfalls war sie immer mit Stello zusammen, mit dem sie vor drei Jahren auch nach Paris gekommen ist.«
»Und wo steckt dieser Stello jetzt?«
»Der schiebt gerade Knast!« Ein schadenfrohes Grinsen huscht über ihr Gesicht, bevor sie weitererzählt: »In der letzten Zeit ist sie aber mit Monsieur Bill gegangen. Ein Mädchen braucht eben einen Beschützer ... Normalerweise hat sie abends um acht im Sans Souci angefangen. Aber am Freitag ist sie nicht in die Bar gegangen. Sie war nämlich mit Bill im

Noch heute erinnert die Neon-Reklame an einem Café in der Rue Douai, Ecke Rue (Jean-Baptiste-)Pigalle an das damalige »Sans Souci«.

L'Amiral, dem Restaurant gleich um die Ecke, in der Rue Duperré, verabredet. Das war übrigens ihr Stammlokal. Nach Feierabend, um fünf Uhr morgens also, ist sie immer noch hingegangen, um was zu essen und zu entspannen. Sie können sich nicht vorstellen, wie die Kunden einen die ganze Nacht vollquasseln ... Die beiden haben also zu Abend gegessen und sind sich dann furchtbar in die Haare geraten. Ich war gerade mal kurz im Lokal, wollte was trinken. Worum es ging, hab' ich nicht mitbekommen. Jedenfalls hatten sie mächtig Zoff miteinander. Vielleicht hat sie ihm endlich die Wahrheit gesagt.«

»Die Wahrheit?«

»Sie wollte heiraten. Einen Typen, den sie im *Sans Souci* kennengelernt hatte. Bill, diese Flasche, war wohl eifersüchtig.«

»Und wer ist dieser Monsieur Bill?«

»Monsieur Bill eben. Im Milieu kennt ihn jeder. Nicht sehr helle, aber dafür hat er ziemlich viel Kohle ... Jedenfalls kurvt er immer mit einem schwarzen Dauphine-Gordini de Luxe rum, ganz nobel mit Weißwandreifen. Dominique stand eben auf sowas ...«

Wenig später kann die Polizei einen weiteren Erfolg verbuchen: Das Schuhgeschäft, in dem die auffälligen Pumps gekauft worden sind, ist ermittelt. Die Verkäuferin eines kleinen Ladens, ebenfalls in der *Rue Duperré,* direkt gegenüber dem *L'Amiral,* erkennt in dem Mädchen auf dem Foto die Käuferin der Schuhe.

Jetzt besteht kaum noch ein Zweifel. Bei dem Mordopfer handelt es sich um Dominique Thirel. Aber warum mußte sie sterben? Die Tat eines Psychopathen? Eine Racheaktion innerhalb des Milieus, weil sie aus dem Geschäft aussteigen wollte? Der Obduktionsbefund jedenfalls bestätigt im wesentlichen die erste Einschätzung des Arztes: Nicht die Schüsse sind tödlich gewesen, der Tod ist vielmehr durch Ersticken eingetreten. Das Opfer ist tatsächlich bei lebendigem Leibe verbrannt worden.

Die unangenehmste Aufgabe für die Polizei besteht auch diesmal wieder in der Benachrichtigung der Familie des Mordopfers. Die Thirels, die ursprünglich aus der Bretagne stammen, leben seit einigen Jahren in Vaux-Montreuil. Von dem grauenhaften Verbrechen in Kenntnis gesetzt, macht sich Chantal Thirel, die 20jährige Schwester Dominiques, sofort auf nach Paris und gibt der Polizei einige aufschlußreiche Informationen: Die 22jährige Muguette Thirel, die sich Dominique genannt hat, ist zusammen mit sechs Geschwistern in recht bescheidenen Verhältnissen aufgewachsen. Als das schwarze Schaf der Familie hat sie mit 17 Jahren das Elternhaus verlassen, ist zunächst nach Reims gegangen, wo sie einen gewissen Stello, eine zwielichtige Type von fragwürdigem Ruf kennengelernt hat. Ihm ist sie, gegen den Willen ihrer Familie, nach Paris gefolgt. Jedesmal, wenn sie nach Hause gekommen ist, hat sie Eltern und Geschwister mit Geschenken förmlich überschüttet.

Auf die Frage aber, womit sie in Paris soviel Geld verdiene, hat sie keine Antwort geben wollen. Als ihre Familie schließlich erfährt, auf welche Weise sie ihren Lebensunterhalt bestreitet, soll sie mit den Worten: »Prickelnder Champagner ist mir nun mal lieber als schales Bier«, nur die Schultern gezuckt haben.

»Dominique wollte das Leben eben auf ihre Weise genießen«, seufzt Chantal kopfschüttelnd und erzählt weiter: »Einen Tag vor dem Unglück habe ich meine Schwester noch besucht. Eigentlich wollten wir gemeinsam nach Hause fahren. Dominique meinte aber, sie müsse in jedem Fall in Paris bleiben, denn sie habe eine wichtige Angelegenheit zu erledigen. Es gehe dabei um sehr viel Geld, um alles oder nichts, sozusagen um Leben oder Tod ... Es war wohl ein Fehler, daß ich ihre Worte nicht ernst genommen habe. Aber ich weiß doch, wie gern Dominique übertreibt und aus einer Mücke einen Elefanten macht ...«

Als Verdächtiger fällt der erwähnte Stello, der ja hinter Gittern sitzt, aus. Der geheimnisvolle Monsieur Bill allerdings könnte mit dem Mord durchaus etwas zu tun haben. Die Ermittlungen laufen auf Hochtouren. »WER IST MONSIEUR BILL?« fragen am nächsten Tag die Boulevard-Zeitungen in großer Aufmachung.

In der Tat ist Monsieur Bill im Milieu bekannt wie der sprichwörtliche bunte Hund. Geredet wird so allerlei über ihn. In den Rauschgifthandel soll er verstrickt sein, vielleicht sogar in Waffenschiebereien, von anderer Seite ist zu hören, er sei ein leidenschaftlicher Zocker, dem das Glück allerdings nur selten hold ist. Offenbar wird er in der Unterwelt nicht recht ernst genommen. Auch kennt niemand seinen richtigen Namen. Man weiß nur, daß er zwei Bars besitzt – vielmehr besessen hat: *Bill's Bar* in der *Rue Pascal* und *Le Porto* am *Boulevard Saint-Marcel*. Beide Bars hat er inzwischen längst wieder verkauft, und die neuen Besitzer behaupten, Monsieur Bill »schon seit einer Ewigkeit« nicht mehr gesehen zu haben.

Das Geheimnis der Identität Monsieur Bills zu lüften, ist für die Kripo anhand der gesammelten Informationen reine Routinearbeit. In kürzester Zeit weiß sie Bescheid: »Monsieur Bill« ist der 24jährige Georges Rapin, Sprößling eines erfolgreichen Geschäftsmannes und für die Polizei ein alter Bekannter. Wiederholt ist er wegen diverser Diebstähle und Einbrüche mit dem Gesetz in Konflikt geraten. Zu einer Verurteilung ist

es jedoch nie gekommen. Der reiche Papa ist stets für den Schaden, den sein mißratener Sohn angerichtet hat, aufgekommen.
Georges Rapin wohnt bei seinen Eltern in einer eleganten, sich über drei Dachetagen erstreckenden 14-Zimmerwohnung am *Boulevard Saint-Germain Nr. 209*. In dieser noblen Gegend will man jedes Aufsehen vermeiden, und so fährt die Kriminalpolizei am Mittwoch nachmittag gegen 17 Uhr 30

Pinpins Elternhaus am Boulevard Saint-Germain.

mit Zivilfahrzeugen vor. Die Nachbarn sollen schließlich nicht beunruhigt werden.
Ein Dienstbote öffnet auf das Klingeln der Beamten und fragt herablassend: »Wen darf ich bitte melden?«

»Kriminalpolizei, wir müssen den Sohn des Hauses sprechen«, erwidert der Commissaire grimmig.
»Wenn Sie mir bitte in den Salon folgen wollen, ich werde Sie dem jungen Herrn melden.« Der Diener verbeugt sich leicht und schreitet würdevoll hinaus. Der Commissaire kocht innerlich vor Wut. Schon vieles hat er in seinem Berufsleben erlebt, aber noch nie mußte er sich bei einem Mordverdächtigen von einem Dienstboten anmelden lassen.
Als er sich in dem Salon umsieht, verschlägt es ihm glatt die Sprache: Mit grünem Damast bespannte Wände, monumentale Gemälde in vergoldeten Rahmen, kostbare Antiquitäten, wertvolle Teppiche, Silber, Limoges-Porzellan, Kristall und chinesische Nippes-Figuren in den Vitrinen. Aus der Silberschale auf der chinesischen Intarsien-Anrichte nimmt der Commissaire eine Praline, steckt sie in den Mund und geht nachdenklich zum Fenster. Was veranlaßt einen jungen Mann, der in diesem Ambiente zu Hause ist, sich im Sumpf der *Place Pigalle* herumzutreiben? Als jemand den Salon betritt, wird er aus seinen Gedanken gerissen. Der Commissaire verschluckt sich fast an der Praline. Vor ihm steht ein junger Mann, der nicht größer als 1,60 Meter ist. Seine blonde Pomadetolle spielt ins rötliche, ebenso sein Schnauzbart. Der Anzug, den er trägt, ist nicht von der Stange, sondern ein Maßanzug aus teurem englischen Tuch. Dafür hat der Commissaire einen Blick. Die grüne englische Weste mit den braunen Lederknöpfen dürfte den Monatslohn eines Polizeibeamten verschlingen. Die Schuhe aus Krokodil-Leder sehen ebenfalls nach Maßarbeit aus. Die Sonnenbrille wirkt zu dieser vorgerückten Stunde lächerlich. Rapin erscheint dem Commissaire wie eine Comic-Figur. Das soll ein beinharter Gangster von der *Place Pigalle* sein? Lächerlich!
»Monsieur Bill?«
Unumwunden, ja mit unüberhörbarem Stolz gibt George Rapin zu, am Montmartre »Monsieur Bill« genannt zu werden. Ob er Mademoiselle Thirel kenne? Ja natürlich, sie ist eine gute Freundin. Der Commissaire zeigt ihm das Foto der verkohlten Leiche. Keine emotionale Reaktion von seiten Rapins, kein Anzeichen von Nervosität. Er bestreitet auch nicht,

am Freitag im Restaurant *L'Amiral* mit Dominique zu Abend gegessen zu haben. Auf die heftige Auseinandersetzung angesprochen, die inzwischen auch der Kellner des Lokals bestätigt hat, winkt er ab. Nur um eine Nichtigkeit habe er sich mit dem Mädchen gestritten. Es ging um das Ziel einer Urlaubsreise. Er habe das Gebirge vorgeschlagen, sie das Meer. Urplötzlich sei sie dann ausgerastet. Um ein Uhr etwa haben sie sich getrennt. Er sei dann zu Nadine, seiner neuen Geliebten gegangen, wo er auch übernachtet habe. – Die 18jährige Friseuse, die bei ihren Eltern, einem Concierge-Ehepaar, am Montparnasse in der *Rue de Gergovie Nr. 31* wohnt, wird diese Aussage bestätigen.
»Haben Sie eine Waffe?« will Chaumiel wissen. »Selbstverständlich. Als Geschäftsmann muß ich mich doch verteidigen können!« brüstet sich Monsieur Bill. »Darf ich sie mal sehen?« fragt der Commissaire höflich. »Das ist nun aber wirklich Pech. Bedauerlicherweise ist mir der Revolver gestohlen worden. Natürlich habe ich seinerzeit ordnungsgemäß Anzeige erstattet ...«
Wie sich wenig später herausstellt, liegt diese Anzeige tatsächlich vor. Doch handelt es sich bei der abhanden gekommenen Waffe nicht um einen Revolver, sondern um eine automatische Pistole vom Kaliber 7,65 mm. Mit einer solchen Waffe ist Dominique Thirel erschossen worden.
Die unvermeidliche Haussuchung, die die Dienerschaft pikiert hinnimmt, bringt Interessantes an den Tag: Im Wasserkasten auf einer der Toiletten ist ein kleines Päckchen versteckt. Es enthält Patronen vom Kaliber 7,65 mm.
Doch damit nicht genug: Im Kofferraum des Dauphine finden die Beamten einen leeren Benzinkanister. Rapin behauptet, am letzten Wochenende mit Dominique einen Ausflug in die Provinz gemacht zu haben und dafür brauche man schließlich sowas. Wie dem auch sei. Georges Rapin wird vorläufig festgenommen.
In großer Aufmachung berichtet die Pariser Boulevard-Presse über die Festnahme Georges Rapins. Und noch am selben Tag erscheint ein gewisser Georges Granier ziemlich zerknirscht im *Quai des Orfèvres*. Dem Commissaire kommt die-

ser Mann irgendwie bekannt vor. Ja richtig, es ist der neue Besitzer von Bill's Bar, der vor ein paar Tagen behauptet hat, Monsieur Bill schon ewig nicht mehr gesehen zu haben. Allen Ernstes entschuldigt er sich jetzt für seine anfängliche Falschaussage und legt dem Commissaire ein Päckchen auf den Tisch. Chaumiel staunt nicht schlecht: Es enthält ein Klappmesser sowie eine automatische Pistole, Kaliber 7,5 mm. Granier erklärt, Bill habe ihm beides am Sonnabend vormittag mit der Bitte übergeben, die Waffen zu verstecken. Er habe eine Nutte umgelegt und müsse vorsichtig sein. Diese haarsträubende Geschichte hat ihm Granier freilich nicht abgekauft, da er ja weiß, daß Bill ein elender Aufschneider und Wichtigtuer ist.

Das Ergebnis der ballistischen Untersuchung: Es handelt sich tatsächlich um die Waffe, mit der Dominique erschossen worden ist ...

Am Donnerstag nachmittag schließlich, es ist der 5. Juni, legt Rapin, kurz zuvor mit der Aussage Graniers konfrontiert, ein umfassendes Geständnis ab. Die Geschichte, die er erzählt, ist allerdings recht verworren:

»Dominique wollte aus dem Geschäft aussteigen«, beginnt er, »Ihr Zuhälter, ein Korse namens Stello, verlangte eine Ablösesumme von 500000 Alten Francs. Dominique war aber nicht bereit zu zahlen. Für ihren Dickkopf war sie ja überall bekannt. Ich hab ihr den Vorschlag gemacht, bei einem Bruch in Fontainebleau mitzumachen. Das würde ihr nicht nur 500000, sondern auf einen Schlag 3 Millionen einbringen. Ich mußte sie erst überzeugen, aber dann war sie doch einverstanden. Gegen Mitternacht sind wir losgefahren. Auf der Fahrt hat das blöde Ding dann wieder davon angefangen, daß sie heiraten will. Nicht nur ich war nämlich ihr Liebhaber, sondern auch ein gewisser Joseph, der ist aber längst verheiratet und hat sogar Kinder. Trotzdem wollte sie mit ihm durchbrennen. Es war aber abgemacht, daß sie für mich arbeitet. Ich bin wütend geworden und habe sie angebrüllt, daß sie sich da verrechnet hat, daß ich mir sowas nicht gefallen lasse von 'ner Nutte. Ich hab sie wohl ein bißchen zu grob angefaßt. Da hat sie ihr Klappmesser rausgeholt, das sie

immer bei sich hatte, um notfalls zudringliche Freier abzuwehren. Ich wollte ihr ein bißchen Angst machen und hab meine Pistole gezogen. Da hat sich plötzlich ganz von selbst ein Schuß gelöst. Ich konnte doch gar nichts dafür. Sie ist aus dem Auto und hat wie verrückt geschrien. Ich hab dann geschossen, aber nur in die Luft. Sie sollte doch nur aufhören zu schreien. Als sie hinfiel und ich sah, daß ich sie getroffen habe, bin ich in Panik geraten und wollte die Spuren beseitigen. Ich hab sie mit Benzin übergossen und angezündet. Daß sie noch am Leben war, wußte ich nicht.
Gegen 1 Uhr 30 bin ich zurück nach Paris zu Nadine. Ich hab ihr nur gesagt: Du, ich war dabei, wie 'ne Frau umgelegt wurde, du mußt mir ein Alibi geben. Fragen zu stellen hat sie nicht gewagt. Die hab ich fest im Griff. Ich hab sie dann noch mein blutiges Hemd waschen lassen ...«
Trotz einiger Ungereimtheiten scheint das Geständnis im wesentlichen glaubwürdig. Die große Überraschung aber steht noch bevor.
Am nächsten Tag verlangt Rapin den Untersuchungsrichter zu sprechen, und der glaubt seinen Ohren nicht zu trauen, als Rapin einen weiteren Mord gesteht:
In der Nacht des 4. April 1958 ist er mit seinem Dauphine unterwegs. In Villejuif, einem südlichen Vorort von Paris, fährt er auf die Tankstelle an der *Avenue de Stalingrad Nr. 58*. Besitzer ist der 35jährige Roger Adam. Fünf Liter will Rapin tanken. Adam nimmt den Schlauch, macht eine ungeschickte Bewegung, und ein wenig Benzin läuft über die Karosserie und tropft auf den Asphalt. Rapin brüllt den Tankwart, der mindestens zwei Köpfe größer ist als er, an: »Paß gefälligst auf, du Penner! Versau' mir ja nicht den Lack. Ich bezahle doch nicht für Benzin, das du verplemperst!«
»Markier hier nicht den dicken Otto, Kleiner, deine Karre wird's schon überleben!« kontert Adam. Es kommt zu einem heftigen Wortwechsel. Plötzlich zieht Rapin seine Pistole und feuert auf den Tankwart, der schwerverletzt zusammenbricht. Rapin springt in seinen Wagen und rast davon. Zeugen gibt es keine. Als der nächste Kunde den Niedergeschossenen entdeckt, ist Adam, Vater von drei Kindern, verblutet. Für die

Polizei ein rätselhaftes, ja absurdes Verbrechen, denn ein Raubüberfall ist es nicht gewesen. Die 142000 Francs in der Kasse hat der Täter nicht angerührt. In der Tat ist dieses Verbrechen noch immer ungeklärt.

Am Wahrheitsgehalt dieses Geständnisses gibt es kaum einen Zweifel, denn Rapin nennt Details, von denen in der Presse nie die Rede gewesen ist und die nur der Mörder selbst kennen kann.

Der Mord an Dominique Thirel ist in Fontainebleau geschehen, weshalb Rapin auch hier in Untersuchungshaft sitzt. Die besorgte Familie möchte ihrem Sohn natürlich nicht die karge Gefängniskost zumuten und läßt ihm aus einem nahegelegenen Restaurant standesgemäßes Essen liefern. Auch sonst läßt er es sich gutgehen. Alle Zeitungsartikel, die über »Den Mord von Fontainebleau« berichten, schneidet er sorgfältig aus, womit er alle Hände voll zu tun hat. Offenbar enttäuschen ihn aber die Berichte über »Monsieur Bill«. Für seinen Geschmack sind sie nicht sensationell genug. Der eigentliche Knüller fehlt noch.

Eines Sonntags unterhält sich Rapin angeregt mit dem Gefängnisaufseher und schildert noch einmal die Morde an Dominique Thirel und Roger Adam in allen Details. Als er merkt, wie interessiert der Beamte zuhört, erzählt er gleich noch von all seinen anderen Verbrechen, mindestens neun weiteren Morden, die er im Laufe der Zeit begangen haben will! Für so manchen Unterweltboß habe er unliebsame Konkurrenten aus dem Weg geräumt. Das hätte ihm niemand zugetraut, nicht wahr, daß er, der schmächtige Monsieur Bill, der erbarmungslose Killer der Unterwelt gewesen ist! Der Gefängnisaufseher staunt nicht schlecht.

»Die Namen der Opfer habe ich nicht einmal gekannt«, erzählt Rapin weiter. »Geld hab ich natürlich auch nicht genommen. Jemanden umzulegen, das hat mir einfach Spaß gemacht, verstehst du ... Ja, das waren noch Zeiten! Stell dir vor, in der Zeit, als ich die meisten Leute aus dem Weg räumen mußte, hab ich pro Nacht mindestens 30 Pastis und 10 Whisky getrunken. Geschlafen hab ich nie länger als 4 Stunden. Für jeden Mord hab ich natürlich einen anderen Re-

volver benutzt, den ich danach immer gleich in die Seine geworfen habe. Das war doch clever, oder nicht?«
»MONSIEUR BILL DER GRÖSSTE MÖRDER DES JAHRHUNDERTS?« fragt das Boulevard-Blatt »Le Parisien« am 8. Juli 1959 in großen Lettern. Um der Sensation willen ist die Presse nur allzu bereit, die zweifelhaften Mordgeschichten Georges Rapins für bare Münze zu nehmen. Schon stellt man »Monsieur Bill« mit seinen berühmten »Kollegen«, mit Landru, Petiot und Weidmann auf eine Stufe. Rapin kann jetzt noch mehr Zeitungsartikel ausschneiden. Die Polizei sieht die Sache jedoch weitaus differenzierter. Sie muß zwar seinen Angaben nachgehen, hegt aber erhebliche Zweifel.
Nicht nur die ermittelnden Beamten, auch die Öffentlichkeit stellt sich immer wieder die Frage: Wie kann ein junger Mann aus gutem Hause derart auf Abwege geraten? Die Presse hat endlich mal wieder eine Story und breitet den Werdegang des Georges Rapin in aller Ausführlichkeit vor ihren Lesern aus:
Zu Beginn der dreißiger Jahre heiratet Marcel Rapin, Sproß einer wohlhabenden großbürgerlichen Familie, eine hübsche junge Pariserin. Das Paar hat allen Grund, glücklich zu sein. Finanziell geht es ihnen blendend, und bald erblickt auch ihr erster Sohn das Licht der Welt. Doch das Familienglück ist nur von kurzer Dauer. Das Kind erkrankt lebensgefährlich an Meningitis und stirbt. Die Angst um die Gesundheit des zweiten Kindes, des 1935 geborenen Georges, wird geradezu pathologisch. Dem kleinen Georges, von Mutter und Großmutter zärtlich Pinpin genannt, wird uneingeschränkte mütterliche Fürsorge zuteil. Die Angst um den kleinen Pinpin wird um so größer, als auch er an Meningitis erkrankt. Er wird zwar geheilt, Folgeschäden bleiben aber nicht aus: Starke, krampfartige Kopfschmerzen quälen das Kind immer wieder und machen einen regelmäßigen Schulbesuch unmöglich. Hinzu kommt eine Wachstumsstörung. Noch mit 14 Jahren ist Pinpin ein Knirps von 1,45 Meter. Die teuersten und aufwendigsten Behandlungen kommen ihm zugute, und so erreicht er mit 18 Jahren wenigstens noch eine Größe von 1,62 Meter. Der kleine Pinpin wird über alle Maßen verhät-

schelt. Die übertriebene Fürsorge aber macht aus dem Muttersöhnchen einen ausgemachten Faulpelz. Das Blatt »France-Soir« weiß zum Amüsement des Publikums »aus gut informierter Quelle« zu berichten, daß Klein-Pinpin als Kind sogar zu faul gewesen sei, sein Butterbrot zum Frühstück selbst zu schmieren. Wenn seine Mutter oder das Personal dies nicht für ihn tat, dann hat er lieber gar nichts gegessen. Auch mit seiner Intelligenz ist es nicht allzuweit her. In der Schule kommt er nicht mit und wird zum Gespött seiner Klassenkameraden. Mit 15 fliegt er, nachdem mehrere Lehranstalten fast an ihm verzweifelt sind, endgültig von der Schule. Von diesem Zeitpunkt an tut er überhaupt nichts mehr und fängt an, sich an der *Place Pigalle* herumzutreiben.

Der Vater hat keine Zeit, die Erziehung seines Sohnes in die Hand zu nehmen. Oft sieht ihn seine Familie über Monate nicht, denn der honorable und überaus erfolgreiche Geschäftsmann sitzt in verschiedenen Aufsichtsräten und befindet sich fast ständig auf Geschäftsreisen.

Mutter und Großmutter setzen ihrem kleinen Liebling keine Grenzen und lassen ihm alles durchgehen. Wozu soll er also etwas lernen, wenn er auch so die Taschen stets voller Geld hat. Wenn ihm die Mutter nichts mehr geben will, dann bekommt er es von der ebenfalls vermögenden Großmutter. Seine einzige wahre Leidenschaft sind Kriminalromane der »Série Noire«, der berühmten französischen Krimibuch-Reihe aus den fünfziger Jahren. Die Fiktion der Romane wird in seinem Kopf zur Realität. Hier findet er seine Vorbilder; Helden, denen er nacheifert. Ein Gangsterboß will er werden, so gefürchtet wie die Unterweltkönige in seinen Romanen. Denen, die ihn Schwächling oder Versager geschimpft haben, wird er es schon zeigen.

Regelmäßig findet man ihn beim Pokern in Hinterzimmern verräucherter Kaschemmen an der *Place Pigalle*. So wie er es in den Krimis gelesen hat. Aber seine Gegner sind Profis, und er begreift nicht, daß man ihn anfangs absichtlich hoch gewinnen läßt, um ihn hinterher um so besser abzuzocken. Aber was soll's. Seine Spielschulden zahlt er immer pünktlich zurück. Die Großmama gibt ihm ja genug Geld.

Mit seinem Dauphine-Gordini de Luxe, den ihm die Mama spendiert hat, fährt er zwischen *Place Pigalle* und *Place Blanche* den *Boulevard de Clichy* rauf und runter. Aber das reicht bei weitem nicht, um in der Unterwelt Anerkennung zu finden. Eine Bar will er kaufen, eine richtige Verbrecher-Spelunke. Geld genug hat seine Familie ja. Der Vater denkt allerdings nicht daran, die Flausen, die sein Filius im Kopf hat, auch noch zu finanzieren. Die Großmama zeigt mehr Verständnis und gibt ihm das Geld. An der *Place Pigalle* indes ist

Der Boulevard Clichy ist eine der Hochburgen des Rotlichtmilieus.

beim besten Willen nichts zu bekommen. So kauft er ein Lokal in der *Rue Pascal* im V. Arrondissement und gibt ihm den Namen *Bill's Bar*. Er selbst nennt sich von nun an, nach einem seiner Romanhelden, »Monsieur Bill«. Rapin ist jedoch unfähig und zudem viel zu faul, um ein Lokal zu führen und verkauft es schnell wieder. 1957 unternimmt er einen zweiten Versuch und kauft die Bar *Au Porto* am *Boulevard Saint-Marcel*. Aber die biedere Kundschaft gefällt ihm nicht. Möchte er doch Besitzer einer richtigen Unterwelt-Kaschemme sein. Er verkauft sie schnell wieder.

Pinpin treibt sich jetzt nur noch an der *Place Pigalle* herum, spricht mit korsischem Akzent und hat, wie die Gangsterbosse in der »Série Noire«, immer eine Pistole im Gürtel. Die Sonnenbrille wird zu seinem Markenzeichen. Im *Sans-Souci*, wo er mit den Nutten schäkert, ist er jetzt Stammgast und träumt davon, ein geachteter Zuhälter zu werden, ein Jules, wie es im Jargon des Milieus heißt, die begehrtesten Mädchen sollen für ihn »in den Spargel« gehen.
Er versucht alles, um sich im Milieu anzubiedern. So soll er einmal für einen Unterwelt-Boß eine Leiche beseitigt haben. Ein Zuhälter, genannt der »Zigeuner«, ist im Hinterzimmer einer Bar regelrecht hingerichtet worden. In einem Kartoffelsack soll Rapin die Leiche, so wird erzählt, mit seinem Auto abtransportiert haben. Sie ist nie gefunden worden. Wahrheit oder Legende?
Sein Renommee im Milieu ist allerdings ziemlich mies! »Monsieur Bill ein Zuhälter? Daß ich nicht lache.« – »So dreckig kann es einem Mädchen gar nicht gehen, daß es für den anschaffen geht.« So oder ähnlich redet die Unterwelt über ihn. Er ist und bleibt ein »cave«, was im Argot soviel bedeutet wie jemand, der nicht dazugehört, der nicht durchblickt.
Im *Sans Souci* lernt er Dominique kennen und hält sich schon für ihren Zuhälter. Daß sie natürlich schon längst einen »Jules« hat, weiß er nicht. Die Polizei geht davon aus, daß das Mädchen in der Tat aussteigen wollte, daß es aber Rapin selbst war, der die Ablösesumme von ihr forderte. Sie wollte nicht zahlen, und deshalb hat er sie, seiner Ehre halber, denn er braucht das Geld ja gar nicht, kaltblütig ermordet.
Ganz anders verhält es sich mit Nadine. Offenbar ist seine Liebe zu diesem Mädchen aufrichtig. Deshalb verheimlicht er ihr auch seinen Lebenswandel und gibt sich ihr und ihren Eltern gegenüber als Gymnasiallehrer aus. Sie ahnt nichts von der Existenz »Monsieur Bills« und ist bis zuletzt von der Unschuld ihres Bräutigams überzeugt.
Rapins Sorge um Nadine geht so weit, daß er, als er in Untersuchungshaft sitzt, seine Eltern bittet, seine Verlobte aufzunehmen. Pinpins Mutter behandelt Nadine wie ihre eigene

Tochter, und die Boulevard-Presse weiß zu berichten, daß das Mädchen jeden Tag die Kirche *Saint-Thomas-d'Aquin* aufsucht, um für Pinpin zu beten …

Im Laufe der nächsten Wochen berichten die Zeitungen kaum noch über »Monsieur Bill«. Offenbar hat auch Pinpin keinen Spaß mehr an all dem Theater. Eines Tages, Ende August 1959, überrascht er den Untersuchungsrichter damit, daß er all seine Geständnisse zurückzieht. Er habe weder Dominique Thirel noch Roger Adam oder sonst jemanden getötet. Das alles habe er sich nur ausgedacht.

Was den Mord an Dominique Thirel betrifft, behauptet er nun, nur Zeuge gewesen zu sein. Er habe Dominique und einen gewissen Robert nach Fontainebleau gefahren. Unterwegs seien das Mädchen und der junge Mann in einen heftigen Streit geraten. Rapin habe angehalten, seine Pistole gezogen, um die Streithähne zur Raison zu bringen. Dabei habe sich ein Schuß gelöst. Dominique flüchtete aus dem Wagen. Der Unbekannte entriß ihm die Waffen und schoß auf die Flüchtende. Nachdem sie zusammengebrochen war, holte er den Reservekanister aus dem Kofferraum, begoß den Körper des Mädchens mit Benzin und zündete es an.

Seinen Kopf wird er dadurch nicht mehr retten können. Am 1. April 1960 wird Georges Rapin wegen des Mordes an Dominique Thirel und Roger Adam, die anderen Mordgeständnisse sind in der Tat nur seiner Phantasie entsprungen, zum Tode verurteilt. Georges Rapin wird am 26. Juli 1960, 13 Minuten vor Sonnenaufgang, um 4.05 durch die Guillotine hingerichtet.

*

In der Tat könnte der Kontrast größer kaum sein. Den *Boulevard Saint-Germain*, die Nr. 209 liegt zwischen den Métro-Stationen *Solferino* und *Rue du Bac*, sowie die Gegend rund um die berühmt berüchtigte *Place Pigalle* trennen Welten. Hier das Quartier der Ministerien, eine teure kultivierte Wohngegend, der vielleicht ein wenig das Leben fehlt, dort das »Milieu«, das Reich der kleinen und großen Gauner, der Zuhälter und der Verbrecherorganisationen.

Schauen wir uns ein wenig in eben jener Gegend um, die Pinpin so liebte. Die *Place Pigalle* (mit der Métro der Linie 2 bis *Pigalle*) bietet dem Auge nichts bemerkenswertes. Nachts mag der Platz wenigstens durch die Lichtreklamen etwas an Form gewinnen, tagsüber ist *Pigalle* ein unförmiger, trister Ort, den man so schnell wie möglich wieder verlassen möchte. An der Südseite des Platzes geht die *Rue Pigalle* ab, deren Name inzwischen etwas »sperriger« geworden ist, denn man hat vor einigen Jahren den Vornamen des Bildhauers, nach dem sie benannt ist, hinzugefügt und so heißt sie jetzt, als habe man die Ganoven damit ärgern wollen, *Rue Jean-Baptiste Pigalle*. Aber kein Pariser wird sie jemals so nennen.

Die Rue (Jean-Baptiste-)Pigalle hat bis heute einen Hauch von Verruchtheit.

Häßliche Neubauten haben auch hier die ursprüngliche Atmosphäre zerstört. Nur zu Beginn, auf der östlichen Seite, gewinnt man noch einen Eindruck von ihrer früheren Verkommenheit. An der Ecke *Rue Douai* hat Pinpin in der Bar *Sans Souci* das Animiermädchen Dominique kennengelernt. Das *Sans Souci* ist noch immer an dieser Ecke, wenigstens zeugt die gelbe Neonschrift davon. Heute ist es allerdings keine Animierbar mehr, sondern vielmehr ein für Paris typisches Café-Tabac, eine Mischung aus Café und Eckkneipe.
Außer Bars und Nachtclubs gibt es in diesem Viertel nicht viel zu sehen. Ein Teil der einstmals heruntergekommenen Häuser ist inzwischen einer grundlegenden Sanierung unterzogen worden. Maßnahmen, die für die Bevölkerungsstruktur dieses Gebietes nicht ohne Folgen bleiben konnte. Steigende Mieten haben die alteingesessenen Einwohner in die Banlieue verdrängt. Das eigentliche »Milieu« gibt es hier längst nicht mehr, was jedoch nicht bedeutet, daß es hier etwa keine Kriminalität mehr gäbe. Mit der Vertreibung des »Milieus«, das eine Art Staat im Staate verkörperte mit eigenen, äußerst strengen Gesetzen, die jeder beherrschte und akzeptierte, gibt es auch keine Kontrollinstanz mehr. Eine neue Form der Kriminalität ist entstanden, eine Kriminalität, die keine Tabus kennt und vor nichts zurückschreckt.
Werfen wir noch einen Blick in die *Rue de La Rochefoucauld,* in der Dominique in der Nr. 66 ein winziges Studio gemietet hatte. Gehen wir die Straße in südlicher Richtung, so kommen wir auf die *Rue Saint-Lazare,* die uns, wenn wir nach rechts einbiegen, zur Kirche *Trinité* führt.

BIBLIOGRAPHIE

BELIN, [Jean]: Commissaire Belin. Trente ans de Sûreté Nationale. Paris 1950.
BOUDARD, Alphonse: Les grands criminels. Paris 1989.
BROUSSARD, Robert: Commissaire Broussard. Mémoires. Avec la collaboration de son fils Philippe. Paris 1997.
DELARUE, Jacques: Monsieur Girard. In: Les Grandes affaires criminelles. Encyclopédie internationale du crime et de criminologie. Genève 1975, t. I, S. 49-81.
DOSSIER MEURTRE. Enquêtes sur les grands crimes de notre temps. Paris 1991. N° 2, 6, 50, 60.
DUBOIS, Claude: Apaches, voyous et gonzes poilus. Le milieu parisien du début du siècle aux années soixante. Paris 1996.
FEIX, Gerhard: Das große Ohr von Paris. Fälle der Sûreté. Berlin 1975.
FITÈRE, Jean-Marie: Violette Nozière. (Collection N'avouez jamais.) Paris 1975.
NÉAUMET, Jean-Émile: Les grandes enquêtes du commissaire Chenevier. De la Cagoule à l'affaire Dominici. Préface de Philippe Bourdrel. Paris 1995.
TAVERNIER, René: L'Affaire Petiot. Alors rôdait dans l'ombre le docteur Petiot. (Collection N'avouez jamais) Paris 1974.
TREIZE GRANDS TUEURS: 13 grands Tueurs. (Archives du crime IV. Collection dirigée par Léon Treich. Paris 1948.

Sämtliche Fotos stammen von der Autorin bzw. aus ihrem Archiv.
Karten: Karl-Heinz Döring

ISBN 3-360-00900-2

1. Auflage

Rosa-Luxemburg-Straße 39, 10178 Berlin
Umschlagentwurf: Jens Prockat
Druck und Bindung:
Offizin Andersen Nexö Leipzig